检察
行政公益诉讼
研究

李鹏飞　刘翼峰　著

JIANCHA XINGZHENG GONGYI SUSONG
YANJIU

知识产权出版社
全国百佳图书出版单位
—北京—

图书在版编目（CIP）数据

检察行政公益诉讼研究/李鹏飞，刘翼峰著．—北京：知识产权出版社，2024.5
ISBN 978-7-5130-9340-8

Ⅰ.①检…　Ⅱ.①李…②刘…　Ⅲ.①诉讼法—研究—中国　Ⅳ.①D925.04

中国国家版本馆 CIP 数据核字（2024）第 073481 号

责任编辑：韩婷婷　王海霞　　**责任校对**：潘凤越
封面设计：乾达文化　　**责任印制**：孙婷婷

检察行政公益诉讼研究

李鹏飞　刘翼峰　著

出版发行：知识产权出版社有限责任公司	**网　　址**：http://www.ipph.cn
社　　址：北京市海淀区气象路 50 号院	**邮　　编**：100081
责编电话：010-82000860 转 8790	**责编邮箱**：9376063@qq.com
发行电话：010-82000860 转 8101/8102	**发行传真**：010-82000893/82005070/82000270
印　　刷：北京中献拓方科技发展有限公司	**经　　销**：新华书店、各大网上书店及相关专业书店
开　　本：720mm×1000mm　1/16	**印　　张**：13
版　　次：2024 年 5 月第 1 版	**印　　次**：2024 年 5 月第 1 次印刷
字　　数：215 千字	**定　　价**：69.00 元

ISBN 978-7-5130-9340-8

前　言

一般认为，公益诉讼特别是行政公益诉讼是现代国家权力制约和法治政府建设背景下的产物，但从历史考察中可以发现，在古罗马文明时期就有了公益诉讼的雏形。古罗马法学家乌尔比安把法分为公法和私法，在他看来，造福于公共利益的法就是公法，而造福于私人利益的法就是私法。以此为起点，又将诉讼分为公诉和自诉，这一时期公诉和自诉的概念与现代法律中的概念大相径庭。在古罗马法中，涉及国家利益和公共利益的诉讼为公诉，罗马市民均可以提起；而涉及个人利益，保护私权的诉讼叫作自诉，又被称为私诉。在现代诉讼法的构造中，公诉是指检察机关向法院提起的为追究被追诉人刑事责任的诉讼，原告是代表国家意志的检察机关，诉讼既是为了维护必要的社会秩序，也是为了维护受害人的合法权益，而在古罗马法中，即使是刑事诉讼，只要不是直接为了维护公共利益，就应当划为自诉的范畴。在古罗马法的语境下，公诉是为了维护公共利益而设置的诉讼，诉讼结果通常是处以罚金，因此又叫作“罚金诉讼”；所有的罗马市民都是适格的原告，因此也叫作“民众诉讼”①。

公益诉讼从古罗马起源，又经过了不断的发展，在英美法系和大陆法系中都形成了相关制度。与诸多普通法国家类似，英国法律长期认为只有受到不法侵害的本人才可以提起诉讼，如丹宁法官在《法律的训诫》一书中提到：“除非某个人有着自己的个人冤情，否则，法院是不愿意让任何人跨进自己的

① 在古罗马法的公诉中，受到不法行为损害的当事人（即使只是私人利益受损）和公认较为合适提起诉讼的人具有优先诉权。参见彭梵得．罗马法教科书［M］．黄风，译．北京：中国政法大学出版社，1992：92.

大门的。一般来讲，一个人必须指出他自己的哪些合法权利受到了侵犯或者哪些财产受到了侵害，如果他仅仅是成百或成千受害者之一，他就没有足够的资格来法院起诉。”① 而随着现代经济生活的不断复杂化，政府的行政权力也日益膨胀，传统的由利害关系人提起诉讼的单一结构的诉讼制度愈发不能适应现实需要，也制约了法院对行政权滥用的监督和纠正。为了防止“政府内部”的不法行为，“告发人”诉讼在英国正式诞生，又被称为“检举诉讼”，这种诉讼针对的是行政机关的行政行为违法，有两种提起方式：第一是总检察长或者其授权的其他检察长对行政权力滥用而损害社会公共利益的行为直接提起诉讼；第二是由公民告发，总检察长或经过其授权的其他检察长对公民告发的事项进行初步审核，在审查核实后授权告发的公民以总检察长名义自行向法院提起诉讼。后者也是“告发人诉讼”这一称谓的直接由来。这两种方式有一个共同的特点，即无论是总检察长还是经过总检察长授权的其他检察长，抑或以总检察长名义提起诉讼的公民，都不是行政行为的直接利害关系人，赋予他们以公共利益的名义提起行政诉讼的资格可以防止“只是对公共利益做错事，而没有对任何具体个人做错事”② 的行政行为逍遥法外。但是，在这种“告发人诉讼”中，如果总检察长或者经过总检察长授权的其他检察长拒绝把自己的名义“授权”给告发人，告发人就不得自行提起诉讼，这说明总检察长对行政公益诉讼具有初步审核权，而且可以起到案件过滤的作用。除了上述行政公益诉讼，英国法律还逐渐在民事公益诉讼方面有所突破：例如，公共交易总局局长、种族平等委员会、平等机会委员会可以分别就垄断和不正当竞争、种族歧视、性别歧视等侵害公共利益的行为提起民事公益诉讼。民事公益诉讼和行政公益诉讼如同车之两轮共同促进了英国公益诉讼制度的进步与完善，体现在行政公益诉讼上就是原告主体范围的不断扩张，向着宽松的方向前进：在 1982 年的英国国内税收委员会案中，贵

① 丹宁勋爵．法律的训诫［M］．杨百揆，刘庸安，丁健，译．北京：法律出版社，2011：125.
② 韦德．行政法［M］．楚建，译．北京：中国大百科出版社，1997：364-365.

族院肯定了普通公众的行政公益诉讼原告资格①;《英国最高法院法》第31条明确了司法审查由申请许可阶段和全面审理阶段共同组成，并折射了“不能把起诉资格与案件事实的是非曲直区分开来”的理念，对于原告的适格问题必须综合各种因素加以考虑。在此理念的指引下，申请许可阶段的审查极为宽松，即使有证据明显地表明全面审查阶段当事人很有可能败诉，也很少有案件因为原告不适格而未通过申请许可阶段的。

在学界，美国一般被视为现代公益诉讼制度的创始国。笔者认为，美国公益诉讼制度以20世纪40年代为分界点，可以划分为两个阶段：20世纪40年代以前，美国的公益诉讼制度得到了充分的发展，但更多的是停留在民事公益诉讼方面，如1890年的《谢尔曼反托拉斯法》中就明确了从司法部门、联邦政府到社会团体甚至到个人都可以对违反该项法律的公司提起诉讼;《美国区法院民事诉讼法》中也提到保护他人利益的案件可以以美国国家的名义提起诉讼，其中的他人利益不仅包括私人利益，也包括国家利益。美国行政公益诉讼的起点是桑德斯兄弟诉联邦电讯委员会案，在这一案件中，桑德斯兄弟因为联邦电讯委员会违法向另一广播站颁发营业执照而向法院起诉，联邦电讯委员会以“桑德斯兄弟没有起诉资格”为由提出抗辩，但最高法院认为竞争者有足够的动力请求法院关注联邦电讯委员会在颁发营业执照时的违法行为，甚至可以看作“唯一有此足够动力的人”，因而肯定了桑德斯兄弟的原告资格。该案通常被看作美国公益诉讼制度发展中的里程碑式案件，即扩大了原告适格的范围，当事人即使不是被诉行政行为的相对人或利害关系人，也可以提起行政诉讼，具备原告资格。在1943年的纽约州工业联合会诉伊克斯案中，引入了“私人检察总长”的概念，以解决双方对于原告资格的争议，该案虽然在后期被撤销（原因是与之相关的立法在判决不久后就失效了）导致此案在后续的案件审判中未能被广泛援引，但“私人检察总长”的设立开

① 在本案中，税收委员会是被告，因为其同意放弃某报业印刷行业6000名职工拖欠的所得税，经过高等法院和上诉法院的审理，原告依然对结果不服，向贵族院提出了司法复审。原告认为，税收委员会没有认真履行公正征税的法律义务，屈服于印刷工人罢工可能带来的危害，请求贵族院认定税收委员会未能依法行政，并要求其征收印刷工人所拖欠的税款。虽然该案最终因为原告证据不足而宣告其败诉，但是贵族院肯定了原告的起诉资格。

创了即使当事人的权利未受到影响也可以提起诉讼的先河。[①] 在1973年联邦诉反对管理机构程序的学生案中，最高法院指出：不能因为多数人遭受了同一种损害就否定其中一人提起诉讼的权利，只要原告遭受了“可以辨识的轻微损害”就可以起诉。随着判例对原告诉讼资格的限制越来越少，相关的立法也在不断走向完善，1946年的《美国行政程序法》规定了只要是受到行政行为不利影响的人，都可以诉诸司法审查；1970年的《美国清洁空气法》创设了公民诉讼条款，规定任何人都可以以自己的名义对包含政府在内的任何主体就该法中规定的事项提出司法审查。

大陆法系的法国不仅是现代检察制度的起源地，也是最早实行由检察机关提起公益诉讼的国家。[②] 19世纪初期，当事人对于行政机关的越权行政和程序违法所作出的行政行为可以请求撤销，因此法国的行政诉讼一般又被看作“越权之诉”；19世纪中期，这一受案范围扩展到行政机关滥用职权；19世纪后期，行政诉讼不再需要律师代理，节省了当事人的诉累；进入20世纪以后，越权之诉的原告范围不断扩大，原告对违法行政行为起诉时不再要求其权利受到损害。而且法国的最高行政法院认为：申诉人提起越权之诉是当然的权利，不需要法律明文授予，而只有在法律中明文规定禁止提起越权之诉时，这项权利才受到限制。[③] 发展至今，法国的行政公益诉讼有两个特征：第一，公益诉讼所保护的法益是多元的，原告提起诉讼时并不要求其利益受到直接损害；要求得到救济的利益不局限于物质利益，可以是环境利益、宗教利益等，也不局限于现实利益，包含确实存在的将来利益。第二，提起诉讼的主体除了检察机关，还有社会团体，如家庭保护全国联合会、工会、防止酒精中毒委员会等。

另一个大陆法系国家德国并没有正式意义上的公益诉讼，而是采用了“公益代表人”模式，但公益代表人只能参与诉讼却不能提起诉讼。《德国行

---

① 该案判决书认为：出于保护公共利益的需要，国会可以授权官员（如联邦检察总长）就行政行为提起诉讼。如果不授权官员，也可以授权普通公民去提起诉讼，而这位得到授权的普通公民被称为“私人检察总长”。

② 吴家文. 检察行政公益诉讼：理论基础、实践考察和制度完善　基于比较法视野下的思考［J］. 南海法学，2018，2（2）：78-90.

③ 颜运秋. 公益诉讼法律制度研究［M］. 北京：法律出版社，2008：89.

政法院法》第35条规定，联邦行政法院中设有检察官，检察官为了维护公益可以参与行政法院中除纪律惩罚审判庭和军事审判庭以外的诉讼，检察官具有发言权但不得作为原告或者被告。第36条规定，行政法院根据州政府的规定而配设的公益代表人可以根据法院的授权在案件中代表州或州机关，只能参加诉讼而不能提起诉讼。值得注意的是，不仅公益代表人是行政机关的代言人，而且根据《德国行政法院法》，联邦行政法院的检察官也要听命于政府。这就导致他们所代表的公共利益是行政机关的“公共利益”，与典型的行政公益诉讼的构造大相径庭。但德国的宪法诉讼有着公益诉讼的一般特征，其基本内涵是任何公民认为某项法律侵犯其宪法规定的基本权利，都可以向宪法法院提起诉讼，要求判决该法律危险并进而宣布其无效，无论这项法律是否直接涉及本人的利益，都可以提起诉讼。这种以“个人之名”为了“与自己无直接关联的公共利益”起诉的诉讼形态可以被看作公益诉讼的范畴，其并不直接归属于民事公益诉讼或行政公益诉讼。但笔者认为，这类宪法诉讼的目的在于保障公民的宪法权利，对抗的是国家公权力，因而其精神内核更接近于行政公益诉讼。除了宪法诉讼，德国还有团体诉讼，如在环境保护领域，《德国联邦自然保护法》就规定以环境保护为活动宗旨、经过主管机关认可的环保团体可以以公益为目的，基于自己的行政职能就行政机关可能损害环境的行政行为提起行政公益诉讼。

除了公益诉讼的基础性原理——公益信托原理，检察行政公益诉讼还有自己独特的理论基础。首先是权力制约原理，在法学理论和制度发展的历史长河中，权力制约始终是绕不开的话题。人类政治史上的悲剧无不深刻地提示人们，权力制约是防止暴政和腐败的一剂良药。一个国家权力制约的制度源泉首先体现在该国的宪法中，《中华人民共和国宪法》（以下简称《宪法》）第127条、第140条明确了在办理监察案件和刑事案件时各机关相互配合、相互制约的职责，这直接体现了权力制约的要求；第134~137条规定了人民检察院法律监督机关的定位并独立行使检察权，这为权力制约构建了坚实的基础；权力制约是法治国家的基本要素，也是法治精神的基本内核，《宪法》第5条的依法治国原则为权力制约提供了顶层设计和法治保障。回到检察行政公益诉讼本身，其宪法性质就是检察权、行政权、审判权通过诉讼的形式进行相互制约的体现：行政权能动执法可能突破法律的界限，法律监督机关以检察权制约行政权可能存在的滥用，审判权通过支持检察权来纠正行政权，又可以通过驳回起诉来防止检察权的滥用，而检察权同时可以通过审判监督来制约审判权，以此形成权力制约的闭环。在宪法功能上，检察行政公益诉讼的起始点是检察机关以检察权的行使来履行法律监督的职责，因而检察行政公益诉讼的宪法功能既是法律监督职责的落实，也是公民合法权利的保障，由此形成制约公权力和保障私权利的法治之两翼，实现依法治国、建设社会主义法治国家的宪法目标。为了有效地落实这一宪法目标，需要使各个机关在发挥能动性的同时保持谦抑，发挥能动性体现在检察机关要切实履行法律监督的职责，主动作为，发现行政机关的苗头性违法行为就及时出击，发出检察建议，及时纠正，必要时果断提起行政公益诉讼。审判权的能动性在学界受到一定的质疑，但笔者认为，必要的能动审判并不违背中立的司法原则，在机械司法、就案办案不能实现“案结事了”甚至有可能激化社会矛盾的今天，通过能动审判实现源头预防和化解行政争议，提高依法行政水平，发扬新时代“枫桥经验”具有重要意义；行政权的能动要求行政机关不能由于被监督就畏首畏尾，不敢做事、怕担责任，行政机关及其工作人员必须在法治的框架下积极行政。保持谦抑要求检察机关和行政机关尊重审判机关在诉讼程序中的最终判断权与法律适用权；检察机关和审判机关尊重行政机关的行政裁量、政策制定与创新、专业判断等；行政机关和审判机关尊重检察机关的法律监督职责，认真对待检察建议等。此外，权力制约虽然是各国法治均认可的基本价值，但我国的权力制约是在中国共产党领导下的权力制约，有鲜明的中国特色，检察权、审判权、行政权都是在党的领导权和执政权下运行，不像西方三权分立下的相互掣肘。检察机关、审判机关、行政机关的本质都是为人民服务，有同样的政治立场和价值理念，在群众面前都代表着党的形象、国家机关的形象，因而应当通过沟通和协商广泛凝聚共识，共同服务于法治国家的理想追求。

检察行政公益诉讼的第二个特有原理是国家治理原理。治理是从管理演变而来的，虽然只有一字之差，但二者包含着不同的内涵。合作与善治应当被看作治理的最典型特征，在管理阶段，社会还未完全处在现代文明之中，公民理性仍发育不充分，依靠国家特别是行政机关的单向管理既有利于提高效率，又有利于维护社会稳定和政权稳固，但进入市场经济时代，政府行为的滞后性、非理性等因素可能造成市场和政府的双重失灵，最终将国家和社会引向灾难。而进入治理时代，不仅强调行政机关的积极作用，同时注重行政机关运用法治思维和法治手段制定政策从而实现善治。在这一时期，社会治理不再是行政机关的“独角戏”，而是各个国家机关相互合作、相互制约的过程，甚至要引入非公权力的社会力量来共同唱好这一台大戏。在治理模式中，“民告官”不再是维权的必选项，“官”告“官”的程序构造成为推动善治的有效手段。有的学者在此基础上提出要发挥个人和社会力量的作用，实现诉讼主体的多维模式建构。① 这一观点有相当的进步意义，但受制于本书检察行政公益诉讼的主题，在此不便展开讨论。同时，笔者也认为，我国长期具有“家国一体”的传统，国家机关特别是行政机关和司法机关虽然有时会受到负面评价，特别是发生相关舆情事件时更是如此。但总体而言，国家机关在群众心中仍然有着很高的信誉度。② 因而在推进国家治理体系和治理能力现代化的进程中，国家机关仍然应当处于主导位置。检察行政公益诉讼通过各个国家机关之间的良性互动，推动国家治理迈向多元化的格局，为行政权这一古老而庞大的权力戴上“紧箍咒”，展现出从有良法走向行善治、从能作为走向善作为、从政府游走在法律的边界走向法律内的政府的法治新气象。

检察行政公益诉讼的最后一个特有原理是服务行政原理，为人民服务是我们党的根本宗旨，也是各级政府的根本宗旨。民之所望，心之所盼，是我国施政的方向。改革开放以来，我国虽然进行了多轮机构改革，但促进职能转变、增进人民福祉的目标始终未发生变化。进入新时代，人民对于美好生活的向往要求各级政府把人民群众最关心的事项放在首位，谋民生之利、解民生之忧、增民生之福。在传统行政法理论中，行政行为一直作为行政法学的研究核心③，其中引申出来的依法行政的原则也成为行政法学的首要原则。

---

① 林孝文，杜烽．我国行政公益诉讼理论的“三维度”反思：国家治理现代化视野［J］．重庆理工大学学报（社会科学版），2021，35（2）：103-112.

② 全球知名公关咨询公司爱德曼发布的“爱德曼信任度晴雨表”显示，2021 年中国民众对政府信任度达 91%，在 28 个受访国中名列榜首。哈佛大学肯尼迪学院连续十年在中国开展的民调结果也显示，中国民众对政府的满意度连年保持在 90% 以上。

③ 林孝文，杜烽．我国行政公益诉讼理论的“三维度”反思：国家治理现代化视野［J］．重庆理工大学学报（社会科学版），2021，35（2）：103-112.

在这种理论基础上建立的行政公益诉讼制度，着眼于以检察权为起点，监督和制约行政权，法院在行使审判权时重点关注行政行为是否合法，最终达到行政行为法治化即秩序行政的目标。这从最初的行政公益诉讼的制度设计中可以窥见一二，行政公益诉讼的受案范围集中在生态环境和资源保护、食品药品安全、国有土地使用权出让等领域，这些领域存在着外部监管难度大、内部监管不力、受害人不特定等问题，因而也是行政不作为的高发领域。在此类案件中，检察机关作为公益诉讼的发起人，通过与行政机关对簿公堂来督促其依法履职，规范行政权力，保证行政法律秩序的稳定。这类案件虽然与公民的个人权益有着关联，但并不直接相关，公民对此的获得感大多停留在宏观的叙事中，而对于公民切身权利的保护，检察机关的介入尚显不足。传统法学的这种倾向主要是由于公民社会与政治国家相分离带来的权利与权力的二元对立，但现代科技迅猛发展、经济社会分化加剧，最终导致财富鸿沟、科技鸿沟、数字鸿沟日益明显且趋于固化。工业化与信息化的发展也带来了公民与生产资料的分离，个人所掌握的生存资源日益减少，“各凭实力、自求多福”等丛林法则不仅与现代文明大相径庭，也失去了赖以生存的社会条件。这就强调现代行政法应超越传统秩序行政的窠臼，走向服务行政，保障社会中的每一个成员特别是弱势群体平等地享受公共服务和公共资源，实现社会的共同富裕和每个人的全面发展，这构成了服务行政视域下行政机关的重要义务。作为权力制约和权力监督的检察行政公益诉讼也应当与时俱进，着眼于保障公民共享社会资源和服务的权利，有的学者称这种权利为共享权①，有的学者称之为分享权②，笔者认为称其为共享权更为妥当。原因有三：一是在官方表述中，“共享”出现的频率更高，党的十八大以来，以习近平同志为核心的党中央从推进国家治理体系和治理能力现代化的高度，加快完善共建共治共享的社会治理格局，以“人人有责、人人尽责、人人享有”为依托建设社会治理共同体，多次提出重要论述。党的二十大报告中指出，

---

① 江必新，邵长茂．共享权、给付行政程序与行政法的变革［J］．行政法学研究，2009（4）：3-12，103.

② 梁鸿飞．行政公益诉讼的功能补缺：作为秩序目标的权利保护［J］．新疆社会科学，2022（6）：97-109，178.

“健全共建共治共享的社会治理制度，提升社会治理效能”①。二是“共享”更能体现出我国的制度优势，“共”的逻辑思维有利于人民主体性的充分展现②，强调政府部门、社会组织、公民个人等力量的组合，防止社会力量的分化，展现新型举国体制和集中力量办大事的优势。三是“共享权”更加强调政府责任，契合服务行政的法治目标。“分享”的意涵是，政府是公共服务和公共资源的享有者，只是将其有限地给予公民享用；而“共享”突出政府的服务者地位，强调公共资源和公共服务为全体人民共有，政府只是将其以更方便的形式提供给个人，并保障有关秩序，后者是社会主义制度的本质和我国宪法精神的生动体现。诚然，综观我国行政法治的发展现状，传统的秩序行政尚没有实现，行政诉讼存在着“上诉率高、申诉率高、息诉服判率低”的困局、个别地方政府出于狭隘的地方利益从立案到判决“全过程”干预行政审判、行政负责人出庭应诉出庭不出声、因“维稳”需要而侵害公民合法权利的现象仍有发生，服务行政无论在理论研究还是现实实践中都处于尚不成熟的状态。在此背景下，检察行政公益诉讼既肩负着纠正行政行为违法、维护行政法治的秩序，即实现秩序行政目标的责任，又有督促行政机关依法履行促进公民“共享权”实现的职责，加强对弱势群体生存和生活的照顾。这在我国现行的检察行政公益诉讼制度设计中已有体现，如在2020年修订的《中华人民共和国未成年人保护法》（以下简称《未成年人保护法》）就增加了公益诉讼的条款，指出在未成年人合法权益受到侵害时，在满足特定条件的前提下，检察机关有权提起公益诉讼③，这就通过单行立法的模式赋予了实现未成年人合法权益保护的国家责任，消除了保护未成年人这一弱势群体的检察行政公益诉讼上位法授权不足的立法障碍。此外，在2021年《关于加强新时代检察机关法律监督工作的意见》中也倡导拓展有关妇女及残疾人权益

① 习近平．高举中国特色社会主义伟大旗帜 为全面建设社会主义现代化国家而团结奋斗：在中国共产党第二十次全国代表大会上的报告［J］．共产党员（河北），2022（Z1）：2-24.

② 刘燕妮．“共建共治共享”社会治理的生成逻辑和制度优势［J］．重庆社会科学，2022（1）：68-80.

③《未成年人保护法》第106条 未成年人合法权益受到侵犯，相关组织和个人未代为提起诉讼的，人民检察院可以督促、支持其提起诉讼；涉及公共利益的，人民检察院有权提起公益诉讼。

保护等方面的公益诉讼受案范围。① 这在检察公益诉讼的实践中也有所涉及，例如，青海省人民检察院通过检察行政公益诉讼督促行政机关给予西宁公交集团财政补助，来保障残疾人依法享有减免费用乘坐城市公交工具的权利，维护了残疾人的合法权益。但是在服务行政领域，群众意见集中的住房、教育、医疗、安全生产等方面，检察行政公益诉讼还有较大的作为空间。在服务行政原理的指导下，通过检察行政公益诉讼来促进服务行政的更好实现，保障每位公民能够平等地共享公共资源和公共服务应当成为检察行政公益诉讼的下一个聚焦点。

党的二十大报告中深刻地总结了中国式现代化建设的成功经验，提出了中国式现代化理论，中国式法治现代化既是中国式现代化的保障，起到了固根本、稳预期、利长远的作用，又是中国式现代化中的重要篇章。党的十九大以来，党中央立足中国实际，作出了中国社会主要矛盾发生变化的重大判断；党的二十大基于此指出了从现在起，党的中心任务就是团结带领全国各族人民全面建成社会主义现代化强国，实现第二个百年奋斗目标，以中国式现代化全面推进中华民族伟大复兴。基于此，中国式法治现代化更加聚焦于人民群众对公平正义的需要，人民群众在立法上更加关注立法质量，关注文本中的法律能否在现实中行之有效；检察机关可以将实践中总结的问题加以类型化和系统化，转化为立法的参考，以公益诉讼弥补制度漏洞，也可以在公益诉讼中加强对法律执行的监督，加强对行政不作为的识别和治理，实现“文本上的法律”和“实践中的法律”双向奔赴，把“应然”更多地转变为“实然”。人民群众不仅关注行政执法是否严格，而且关注行政执法的文明化、柔性化、人性化②，检察机关就可以通过行政公益诉讼来纠正行政机关的机械执法。人民群众不仅关注司法的程序公正，还追求行政争议的实质性化解，避免程序空转，检察机关在行政公益诉讼中就可以重点就相关的“老大难”

---

① 《中共中央关于加强新时代检察机关法律监督工作的意见》第 11 条　积极稳妥推进公益诉讼检察。建立公益诉讼检察与行政执法信息共享机制，加大生态环境和资源保护、食品药品安全、国有财产保护、国有土地使用权出让和英烈权益保护、未成年人权益保护等重点领域公益诉讼案件办理力度。积极稳妥拓展公益诉讼案件范围，探索办理安全生产、公共卫生、妇女及残疾人权益保护、个人信息保护、文物和文化遗产保护等领域公益损害案件，总结实践经验，完善相关立法。

② 黄文艺. 推进中国式法治现代化　构建人类法治文明新形态：对党的二十大报告的法治要义阐释［J］. 中国法学，2022（6）：5-26.

问题展开攻坚。人民群众从追求行为守法、被动守法转变为追求理解法律精神、践行法治理念，检察机关就可以在行政公益诉讼案件中以案普法、以案释法，从而促进全社会尊法、信法、守法、用法、护法。

综上所述，在中国式现代化的道路上，人民群众对法治的各个环节都提出了更高的要求，这对检察行政公益诉讼的制度探索和实践创新提出了更高的要求。回望历史，2017 年修正《中华人民共和国行政诉讼法》（以下简称《行政诉讼法》）标志着我国检察行政公益诉讼制度从试点到全面、从授权到法律的转变，经历了“顶层设计、法律授权、试点先行、立法保障、全面推进”五个阶段，堪称我国全面深化改革的典型样本。[①] 在 6 年多的实践中，我国的检察行政公益诉讼在维护国家和社会公共利益、保障公民权利、纠正违法行政行为、推进依法行政和法治政府建设方面发挥了重要作用，扩展了行政检察监督的范围，丰富了行政检察监督的手段，增强了行政检察监督的威慑力。[②] 但是在实践进程中，检察行政公益诉讼在受案范围、诉前程序、举证责任、第三人权利保障、起诉期限、判决适用等方面仍存在一些问题，在预防性环境保护、未成年人权利保护、个人信息保护、养老保险、文化遗产保护、税务等类型化适用方面的制度设计尚有待细化和完善。实践是理论的先导，笔者立足于在检察公益诉讼全面推开的这 6 年多的成功经验和存在的问题，着眼于中国式法治现代化的现实需要，不拘泥于现有法律框架和理论基础，本着“大胆探索，小心求证”的原则，希望对我国检察行政公益诉讼制度的进一步发展作出有益的贡献。由于个人水平所限，书中难免有不足之处，恳请各位读者批评指正。

---

① 王治国，史兆琨. 检察机关提起公益诉讼成为全面深化改革的一个典型样本［N］. 检察日报，2017-11-12（03）.

② 孔祥稳，王玎，余积明. 检察机关提起行政公益诉讼试点工作调研报告［J］. 行政法学研究，2017（5）：87-98.

目 录

— 上篇 检察行政公益诉讼的基础理论研究 —

上篇

检察行政公益诉讼的基础理论研究

第一章
检察行政公益诉讼的受案范围研究

1.1 检察行政公益诉讼受案范围的现状梳理

1.1.1 检察行政公益诉讼受案范围的立法现状

我国有关行政公益诉讼受案范围的制度文本最早起源于 2015 年 7 月的《全国人民代表大会常务委员会关于授权最高人民检察院在部分地区开展民事公益诉讼试点工作的决定》（以下简称《试点决定》），其中受案范围限定在了生态环境和资源保护、国有资产保护、国有土地使用权出让、食品药品安全等领域。同月，最高人民检察院发布了《检察机关提起公益诉讼改革试点方案》，在《试点决定》的基础上，特别指出在试点期间，重点是要对生态环境和资源保护领域的案件提起行政公益诉讼。此后的一年半内，最高人民检察院先后发布了《人民检察院提起公益诉讼试点工作实施办法》[①]《关于深入开展公益诉讼试点工作有关问题的意见》，最高人民法院发布了《人民法院审理人民检察院提起公益诉讼案件试点工作的实施办法》，上述三份文件对于受案范围的规定均未超出《试点决定》所划定的范围。2017 年 6 月，修订后的《行政诉讼法》正式在其第 25 条第 4 款规定了行政公益诉讼的受案范围：生

① 《人民检察院提起公益诉讼试点工作实施办法》现已废止，书中仅作为进行论证说理的依据，用于论证行政公益诉讼中举证责任的特殊性。

态环境和资源保护、食品药品安全、国有财产保护、国有土地使用权出让等领域。与《试点决定》相比，除了将“国有资产保护”改为“国有财产保护”这一微小修改，其余部分仍与《试点决定》保持一致。2018 年 3 月，《最高人民法院 最高人民检察院关于检察公益诉讼案件适用法律若干问题的解释》对于《行政诉讼法》第 25 条第 4 款中的“等”也并未扩张。直至 2020 年，《中华人民共和国未成年人保护法》（以下简称《未成年人保护法》）的修订，将未成年人保护纳入了公益诉讼的受案范围。为了配合《未成年人保护法》的修订，自 2021 年 7 月起实施的《人民检察院公益诉讼办案规则》中也提到了未成年人保护。除了国家机关颁布的在全国范围内都适用的规定，各地人大常委会对于探索“等”外领域的行政公益诉讼受案范围都进行了积极的探索。① 梳理各地的规范文本（不限于本页脚注列举），可以看出，各地均自 2019 年起开始探索行政公益诉讼的制度创新，从受案范围来看，明确将拓展后的受案范围列出的省份主要把拓展后的受案范围聚焦在历史文化遗产保护、个人信息保护等领域，并将原本限制在民事公益诉讼领域的英雄烈士公益诉讼保护也扩展到行政领域。② 还有的省份只是提出了“积极稳妥探索公益诉讼领域”，并未直接划定受案范围。例如，广西壮族自治区就将有法律明文规定的受案范围即生态环境和资源保护、食品药品安全、国有

① 例如，《云南省人民代表大会常务委员会关于加强检察机关公益诉讼工作的决定》 三、检察机关要围绕全省工作中心和大局，依法办理下列领域公益诉讼案件：……（六）安全生产、旅游消费、文物和文化遗产保护、公民个人信息保护、未成年人保护、老年人权益保护以及互联网等领域中侵害国家利益和社会公共利益的公益诉讼案件；（七）农业农村领域中侵害国家利益和社会公共利益的公益诉讼案件；

《内蒙古自治区人民代表大会常务委员会关于加强检察公益诉讼工作的决定》 二、……重点办理下列领域的公益诉讼案件：……（六）安全生产、进出口商品质量安全、铁路交通安全、互联网侵害公益和文物保护领域的公益诉讼案件；（七）违反《中华人民共和国国旗法》《中华人民共和国国徽法》《中华人民共和国国歌法》的公益诉讼案件；

《河北省人民代表大会常务委员会关于加强检察公益诉讼工作的决定》第 3 条 检察机关依法办理生态环境和资源保护、食品药品安全、国有土地使用权出让、国有财产保护、英雄烈士保护等领域公益诉讼案件；办理安全生产、防灾减灾、应急救援、文物和文化遗产保护、个人信息保护、大数据安全、互联网侵害公益、弘扬社会主义核心价值观等领域公益诉讼案件；办理法律规定的其他公益诉讼案件。

② 《中华人民共和国英雄烈士保护法》第 25 条 对侵害英雄烈士的姓名、肖像、名誉、荣誉的行为，英雄烈士的近亲属可以依法向人民法院提起诉讼。英雄烈士没有近亲属或者近亲属不提起诉讼的，检察机关依法对侵害英雄烈士的姓名、肖像、名誉、荣誉，损害社会公共利益的行为向人民法院提起诉讼。

财产保护、国有土地使用权出让、英雄烈士姓名肖像名誉荣誉保护描述为“积极开展民事公益诉讼和行政公益诉讼工作，切实维护国家利益和社会公共利益”，对于其他领域为“探索办理”，并分列两条规定，其他地方也有类似做法。① 也有地方相对较为保守，在受案范围的规定上，与《行政诉讼法》保持一致，既没有直接规定拓展出来的受案范围，也没有对“等”外领域进行延伸探索，如《黑龙江省人大常委会关于加强检察机关公益诉讼工作的决定》。

1.1.2　检察行政公益诉讼受案范围的司法现状

除了制度规范，司法实践中也对行政公益诉讼受案范围进行了能动探索，早在行政公益诉讼制度成型之前，就有类似行政公益诉讼的案件产生，如沈某诉桐乡市国税局拒不履行税务稽查职责案、严某诉椒江区文化局拒不履行监管职责案、中华环保联合会诉清镇市国土资源局不履行法定职责案，但是这些案件均发生在2015年开展试点工作之前，缺乏法律支持，其原告的适格性很难被人民法院所认可。而在试点全面铺开之后，各地检察部门开始积极、主动地探索除生态环境和资源保护、国有财产保护、食品药品安全、国有土地使用权出让这四大领域之外的行政公益诉讼的受案范围。例如，2018年上

① 《广西壮族自治区人民代表大会常务委员会关于加强检察机关公益诉讼工作的决定》 二、检察机关对生态环境和资源保护、食品药品安全、国有财产保护、国有土地使用权出让、英雄烈士姓名肖像名誉荣誉保护等领域损害国家利益和社会公共利益的违法行为，积极开展民事公益诉讼和行政公益诉讼工作，切实维护国家利益和社会公共利益。三、检察机关应当积极稳妥拓展检察公益诉讼范围，探索办理安全生产、历史文化古迹和文物保护、互联网侵害公益、众多公民信息保护、大数据安全、损害国家尊严或者民族情感等领域公益诉讼案件；

《河南省人民代表大会常务委员会关于加强检察公益诉讼工作的决定》 二、聚焦党和国家工作大局，积极服务黄河流域生态保护和高质量发展重大国家战略实施，紧紧围绕人民群众关注的切身利益问题，依法在生态环境和资源保护、食品药品安全、国有财产保护、国有土地使用权出让、英雄烈士权益保护等领域推进公益诉讼工作，在生产安全、产品质量安全、公共交通安全、文物和文化遗产保护、不特定公民个人信息保护等领域探索开展公益诉讼工作，实现政治效果、社会效果、法律效果的有机统一。

《杭州市人民代表大会常务委员会关于加强检察公益诉讼工作的决定》 一、全市检察机关应当依法履行法律监督职能，充分运用公告督促、诉前检察建议、支持起诉、提起诉讼等方式，重点围绕生态环境和资源保护、食品药品安全、国有财产保护、国有土地使用权出让、英雄烈士保护等五大领域加强监督，积极开展民事、行政公益诉讼工作，切实维护国家利益和社会公共利益。

积极稳妥探索安全生产、互联网侵害公益、个人信息保护等领域公益诉讼工作。

半年，宁波市发生120热线被骚扰事件。截至2018年5月下旬，120急救电话累计接到楼盘推销电话1600余个，严重影响了宁波市急救中心的正常工作秩序。为此，宁波市海曙区人民检察院向宁波市通信管理局发出检察建议，要求其依据《中华人民共和国电信条例》履职，2018年11月，海曙区人民检察院委托第三方机构对骚扰电话的治理情况进行社会调查，群众反馈治理效果明显。在最高人民检察院发布的2018年检察公益诉讼十大典型案例中，本案被命名为"浙江省宁波市'骚扰电话'整治公益诉讼案"，作为诉前程序典型案例成功入选，这意味着最高人民检察院对于浙江省宁波市海曙区的实践创新表示认可。从此之后，检察机关对于行政公益诉讼领域受案范围的实践创新层出不穷：黑龙江省人民检察院专项调研二次供水安全，向省政府发出检察建议；北京海淀、湖北荆门等地的检察机关就校园周边商户向孩子售烟问题发出检察建议，督促职能部门履职；贵州检察机关针对网络餐饮平台强制"二选一"的问题，督促主管部门治理不正当竞争行为，保护消费者合法权益等典型案例分别进入历年最高人民检察院的工作报告，反映了最高人民检察院对于行政公益诉讼检察范围有序拓展的推进。

1.1.3 检察行政公益诉讼受案范围现状的特征

由此可见，就目前而言，我国检察行政公益诉讼的受案范围有以下几个特征。一是法定性与职权性并存，检察行政公益诉讼的主要受案范围仍然是《行政诉讼法》中所规定的四大领域，即"生态环境和资源保护、国有财产保护、食品药品安全、国有土地使用权"，如《最高人民检察院工作报告》显示，在2020年，全国检察机关立案办理公益诉讼案件15.1万件，其中民事公益诉讼1.4万件、行政公益诉讼13.7万件，但对于群众反响强烈的新领域公益损害问题立案2.7万件；在2022年，立案办理民事、行政公益诉讼75.6万件，其中办理各类新领域案件14.8万件。由此可见，法定受案范围在检察行政公益诉讼的受案范围中应用最广，但是各级检察机关在能动履职的过程中，也聚焦群众反响强烈的公益损害问题，依据职权对受案范围作出扩展，体现了法定性与职权性的并存。二是渐进性。改革开放是当代中国最鲜明的特色，而先试点再推广是改革开放40多年来我国总结出来的十分高效的工作方法，这与我国幅员辽阔、各地区实际情况存在较大差异的国情有直接关联，在行政公益诉讼受案范围的演进上也采用了这样的方法：以《试点决定》为统领，试点地区开展生态环境和资源保护、国有财产保护、食品药品安全、国有土地使用权等领域的公益诉讼试点，随后在试点成熟后，以《行政诉讼法》修订为契机，将试点方案正式上升为法律制度，而后又以“积极稳妥”为工作思路，以法律规定、地方人大常委会决定、各级检察机关依职权探索等方式不断拓宽行政公益诉讼的受案范围。现如今，在英烈保护、未成年人保护、安全生产、个人信息保护等相关领域已经形成日趋完善的检察行政公益诉讼机制。三是有限性，尽管通过各种方式，检察行政公益诉讼的受案范围不断拓宽，但是仍不能完全涵盖“国家利益和社会公共利益”的范畴，特别是《行政诉讼法》采取了“肯定列举+概括兜底”的方式，这就决定了无论在肯定列举中设置多少具体领域的案件类型，也不可能做到“完全周延”。加之国家利益和社会利益涉及社会生活的方方面面，有限的司法资源本就不可能在短时间内做到对公共利益的完全保护。另外，行政权原则上处于维护公共利益的第一线，仅当行政机关履职“缺位”时才需要司法权出面，即在公共利益存在被侵害的危险时，行政机关应当率先作为，在第一时间作出反应，而司法机关应当起到“防线”的作用，退居二线，不能越俎代庖，造成行政权与司法权的冲突。① 所以有限性也是检察行政公益诉讼受案范围的重要特征。

1.2　检察行政公益诉讼受案范围的核心理论——公共利益

1.2.1　公共利益的一般理论

公共利益是检察行政公益诉讼中不可回避的问题，也是公益诉讼制度的逻辑起点和核心理论，上文所述的受案范围均建立在维护公共利益的基础之上。从古至今，对于“公共”的语义存在很多种解释。在中国古代，“公”常常被看作与“私”相对的概念，如《左传》中有“以私害公，非忠也”，

① 林莉红．检察机关提起民事公益诉讼之制度空间再探：兼与行政公益诉讼范围比较［J］．行政法学研究，2022（2）：77-92.

《韩非子》中有“自环者谓之私，背私者谓之公，公私之相背也”。在西方学者的视域下，对“公”有着不同的认识：德国哲学家哈贝马斯将“公共空间”定义为生活中的一个领域，在这个领域中作为私人的个人凝聚在一起而成为公众①；德国学者罗厚德用地域标准来界定“公共”，即公益就是要满足指定范围内的大多数人的利益；同样来自德国的纽曼进一步将“大多数人”解释为“不确定多数人”。由此可见，对于“公共”的界定，东西方呈现出一种百家争鸣的态势，但均没有得出一个确定、可靠的结论。因而，德国法学界采用了一种“反向推定标准”，即如果某一个圈子只面向部分特定的人开放，且该圈子内的人在数量上不属于多数，那么这个圈子就不属于“公共”的范畴。至于“公共利益”的另一个组成部分——“利益”则相对容易理解，根据马克思主义的观点，人的利益的形成是一个从人的需要到人的劳动再到社会关系的逻辑过程。从对利益的形成过程的分析可见，所谓利益，就是在一定的生产基础上，获得了社会内容和特性的需要。利益的构成因素包括：第一，利益的心理基础是人的需要；第二，利益反映着一定阶段内人们的生产能力和生产水平；第三，利益反映着特定历史阶段内人与人之间的社会关系。需要注意的是，公共利益具有客观性和社会历史性的特征：客观性是指公共利益是一种客观存在，不以人的意志为转移；社会历史性是指在不同阶段，公共利益有着不同的表现，随着时代的变化而不断变化，例如，检察行政公益诉讼受案对象之一的生态环境和资源保护就是我国发展进入新的历史时期，纠正片面强调 GDP 的粗放式发展模式的体现。

在公共利益的内涵和外延上，存在狭义说和广义说两种观点：狭义说强调政治国家和公民社会的分离，认为公共利益只是社会公共利益，不包括国家利益；而广义说则相反，其认为国家利益也属于社会公共利益。笔者认同广义说，一是由于我国从古至今都有着强烈的国家观念，有着“天下兴亡，匹夫有责”的意识，自觉地把国家利益看作公共利益的组成部分之一。二是由于我国目前检察行政公益诉讼立法把相关概念表述为“国家利益或社会公

① 金观涛，刘青峰．观念史研究［M］．北京：法律出版社，2009.

共利益”①，这就意味着立法者认为公共利益既包括国家利益，也包括社会公共利益，从规范主义法学的立场来说，我们在阐述概念时应当与法律规定保持一致。对于公共利益的界定，也存在肯定说和否定说两种观点：肯定说认为公共利益客观存在，并且可以进行界定，尽管其具有社会历史性，但是在不同时期是相对确定的，因此应当对其范围进行界定；否定说则认为，公共利益虽然客观存在，但十分抽象，没有必要也没有能力对其进行界定。笔者秉持肯定说的观点，因为若无法界定公共利益，则无法对案件进行类型化的划分，也就难以确定受案范围，对于大陆法系以成文法为裁判准则的国家来说，这样无疑会造成受案范围的混乱。

1.2.2　检察行政公益诉讼对于公共利益的保护优势

公共利益涉及每一个人，应该由全社会共同维护，而这只是“应然”的状态。在“实然”中，尽管每位社会成员包括国家机关特别是行政机关都应当在维护公共利益中找到各自的定位，但可能存在“各扫门前雪”的本位主义心态，由于并非个人直接利益，有可能导致谁都想“薅公共利益的羊毛”，却不愿意履行“维护公共利益”的职责，特别是体现在生态环境和资源保护、国有财产流失等方面。诚然，为了维护公共利益，有许多机制在运行，也有很多原则来规制，但大部分侧重宏观而忽视微观、侧重制度创设而忽视制度执行，当侵犯公共利益的行为发生时，这些原则和机制很难起到实际效果。公益诉讼作为首个直接以公共利益为诉讼目的来保护公共利益的制度，单就检察行政公益诉讼而言，具有如下优势。

一是“间接保护”的优势。其一，检察行政公益诉讼更加侧重于检察权和司法权的履职，这不同于行政机关行使行政权来直接处置侵害公共利益的行为从而保护公共利益，而是通过督促具有相关职责的行政机关依法履职或者纠正其违法的行政行为。这就要求检察行政公益诉讼在运行时具有明显的“层次化”特征：首先，寻找负有相关职责的行政机关，审查其是否依法履行

---

① 《行政诉讼法》第25条第4款　人民检察院在履行职责中发现生态环境和资源保护、食品药品安全、国有财产保护、国有土地使用权出让等领域负有监督管理职责的行政机关违法行使职权或者不作为，致使国家利益或者社会公共利益受到侵害的，应当向行政机关提出检察建议，督促其依法履行职责。行政机关不依法履行职责的，人民检察院依法向人民法院提起诉讼。

了法定职责；其次，如果发现其没有依法履职而造成公共利益遭受损害，就发出督促其依法履职的检察建议；最后，只有当负有法定职责的行政机关在收到检察建议后仍拒不依法履职时，才可以提起检察行政公益诉讼。这种“间接性”的优势在于，检察机关可以以一种“上帝视角”来审视行政机关依法履职和公共利益保护之间的关系，避免先入为主，成为案件的直接当事方，从而掺杂个人的主观意志，影响判断。其二，可以利用检察机关在我国法律监督机关中的宪法地位对行政机关施加压力①，对在我国政治生活中处于强势地位的行政机关给予有效的制约。需要指出的是，法律监督机关与被监督机关虽然在职能上有所分工，但都是中国特色社会主义法治体系中的重要职能部门，法律监督不是你对我错的零和博弈②，而是在配合中有制约、在制约中有配合，体现出共同执法的司法理念。这就使得检察行政公益诉讼可以更好地统合行政机关和检察机关、审判机关，共同解决群众急难愁盼的法治问题，在延伸监督触角、促进源头治理、实现能动司法方面有着无可比拟的优势。此外，在检察行政公益诉讼中，检察机关还可以与监察机关、被监督的行政机关的上级机关合作，加强监督效能，促进问题解决，更好地保护公共利益。其三，行政机关在社会治理领域具有专业、高效的优势；行使司法权的检察机关和法院在本项中并不具备专长，也没有如行政机关一样广泛的裁量权，审判工作也面临着周期长、效率低的固有难题；司法机关是法律适用领域的专业机构，维护公共利益并非其专长，因而由行政机关在“层次化”处理中处于第一层次更有利于保障公共利益的有效实现。

二是在解决行政不作为方面具有天然优势。行政权来源于人民的意志，无论是直接民主还是代议制民主，行政权都是为了实现人民的公共利益，通过行政行为把人民的主张落实到现实生活中去，执行人民的意志，实现社会的有效治理。因而，行政权从产生之初，就没有任何自身的特殊利益，其初心和宗旨就是实现公共利益，而不是谋求本部门、本机关或者本地方的私利，

① 《中华人民共和国宪法》第 134 条　中华人民共和国人民检察院是国家的法律监督机关。第 136 条　人民检察院依照法律规定独立行使检察权，不受行政机关、社会团体和个人的干涉。

② 张军. 坚持以习近平法治思想为指引　加强新时代检察机关法律监督［EB/OL］.［2022-02-17］(2023-04-09). https://www.moj.gov.cn/pub/sfbgw/zwgkztzl/xxxcgcxjpfzsx/fzsxllqy/202203/t20220309_450176.html?eqid=9fdc01f50004545f0000000364818e10.

更不是为掌握行政权的人谋取私利。在这种理论的指引下，如果行政机关能够很好地依法履职、合理合法地作出行政行为，公共利益就一定会实现，相反则会损害公共利益。行政权造成公共利益的损害主要有两个原因：一是行政不作为，二是违法行使职权。前者指的是行政机关本身负有维护公共利益的法定职责，并且完全有能力保护公共利益不受损害，但怠于履行法定职责，从而使公共利益受到损害；后者指的是行政机关滥用职权，没有严格依据法定程序和法定权限作出行政行为，甚至是以权压法。对于后者，经过多年的法治建设，我国已经形成一套相对完善的监督和责任追究机制，如重大行政决策的科学化、民主化进程不断加快，行政执法公示制度、执法全过程记录制度、重大执法决定法制审核制度“三项制度”逐步完善，政府法律顾问制度基本落实，政府工作人员特别是领导干部运用法治思维和法治方式履行职责的意识不断增强。[①] 但是，对于行政不作为的违法行为，仍然缺乏有效的治理路径，甚至成为我国行政法治中的“硬骨头”。“法无授权不可为”与“法定职责必须为”是法治政府建设中最基本的两项要求，在法治政府建设的进程中，“全能政府”“无限政府”的理念逐渐得到转变，不作为成为损害政府公信力的重要因素，不犯事也不干事、不敢干也不想干成为个别行政机关工作人员的工作心态。2015 年，最高人民法院通报了“行政不作为十大案例”，其中就提到了行政机关之间相互推诿、督促处理群众举报不及时、合法生效决定不能执行、履责不能及时全面到位等问题，这些问题与行政中的“乱作为”一样，都可能侵犯或损害行政相对人的合法权益和社会公共利益。对于行政不作为的定义，代表性观点主要有三种：第一，认为负有作为义务的法定主体能为却不为，这种观点强调的是程序上超过法定期限却依然不作为，这种观点在判断行政不作为的标准上较为严格；第二，认为从法律状态的角度来看，维持现有法律状态就是不作为，变更现有的法律状态就是作为，如不予答复或者拒绝颁发许可证，这是以结果为导向的判断标准，即行政行为没有改变行政相对人的法律状态，就会被界定为存在行政不作为，这会导致行政不作为的范围不当地扩大；第三，更注重实质上的作为，即行政机关在形式上启动了行政程序但实质上并未履行法定义务的行为，即我们所说的程

① 马怀德．法治政府建设存在的问题与主要任务［J］．理论学习与探索，2021（6）：10-15.

序空转，这种观点介于前两种观点之间，便于考察行政机关是否作为，也符合由形式法治转向实质法治的需要。[①] 在行政不作为的治理上，成文法存在滞后性，现代社会的法律现象和法律关系却是错综复杂的，行政权的主动性要求行政机关必须对行政职能进行动态的调整以适应现实的需要，这就使本就难以界定的行政不作为很难被法律规范所周延。另外，《行政诉讼法》对于行政不作为的受案范围只有少数列举[②]，既没有概念性的描述，也没有专门加以规定，这就使行政私益诉讼中行政不作为的受案范围过于狭窄，以行政私益诉讼来解决行政不作为问题就会显得力不从心，不能触及行政不作为的深层次问题和要害。[③] 最后，行政系统内部的救济机制有可能引发行政不作为，倒逼2014年《行政诉讼法》修改，确定复议机关在维持原行政行为的情况下，要与作出原行政行为的机关做"双被告"，这项制度设计确实使行政复议的维持率明显下降，[④] 但行政系统的内部监督始终难以避免"自己做自己的法官"之嫌。

虽然在检察行政公益诉讼的制度设计上，分别从"行政机关违法行使职权或者不作为"两个角度来纠正行政机关的行为，但实践中检察行政公益诉讼的案件有90%左右都是行政不作为案件[⑤]，即负有法定职责的行政机关有维护公共利益的能力，却怠于履行职责，最终导致公共利益受到损害，这从数据上佐证了检察行政公益诉讼对于监督行政不作为的有效性。首先，检察行政公益诉讼在受案范围的设置上直接点出"行政不作为"，这样可以"精准打

---

① 王青斌．行政复议不作为的法律治理［J］．现代法学，2020，42（3）：58-70．

② 《行政诉讼法》第12条　人民法院受理公民、法人或者其他组织提起的下列诉讼：……（三）申请行政许可，行政机关拒绝或者在法定期限内不予答复，或者对行政机关作出的有关行政许可的其他决定不服的；……（六）申请行政机关履行保护人身权、财产权等合法权益的法定职责，行政机关拒绝履行或者不予答复的；……（十）认为行政机关没有依法支付抚恤金、最低生活保障待遇或者社会保险待遇的；（十一）认为行政机关不依法履行、未按照约定履行或者违法变更、解除政府特许经营协议、土地房屋征收补偿协议等协议的；……除前款规定外，人民法院受理法律、法规规定可以提起诉讼的其他行政案件。

③ 丁志刚，蒋月锋．现代政府治理视域下的行政不作为及其治理［J］．西南民族大学学报（人文社科版），2017，38（1）：205-211．

④ 据统计，2014年行政复议机关的维持率是59.73%，而2016年以后，行政复议机关的维持率基本维持在50%左右。数据来源：王青斌．行政复议不作为的法律治理［J］．现代法学，2020，42（3）：58-70．

⑤ 王春业．论行政公益诉讼对公益保护的创新与制度再完善［J］．浙江社会科学，2022（10）：56-63，156-157．

击”四大领域行政机关不作为而导致公共利益受到损害的现象，也为司法机关办理相关案件提供了法律依据和指引。其次，通过“多重认定”来纠正行政不作为，在诉前阶段，如果检察机关认为行政机关存在行政不作为，会向行政机关发出检察建议，行政机关收到检察建议后，若认为自身已经履行了法定职责，则不必受到检察建议的约束，若认为自身确实没有依法履职，则立行立改，依法充分履职。若前者条件达成，则检察机关依法向人民法院提起检察行政公益诉讼，在法庭中，检察机关和行政机关会在举证、质证、认证等方面充分交锋，最终由法院作出判断，判定行政机关是否依法充分履职。这种多重认定会融合各个机关的智慧，分别从行政、检察、审判的立场对事实和结果作出判断，更容易得到各方均接受的结局，也可以使行政机关加深对于行政不作为的认识，同时使司法机关了解行政机关履职的专业性和裁量性，相互取长补短，织就化解行政不作为的“法治大网”。

三是新型风险领域的保护优势。随着现代科技的发展，风险社会逐渐形成，导致一些新兴领域和热点领域的法律风险也随之上升。从个体层面来说，个人感知到风险后，会对相关风险采取具有个体特征的应对方案，如对于个人信息风险，有的人选择用一张手机卡对外应酬、用另一张手机卡与亲友联系，而有的人会选择在网络平台上减少非必要的注册，防止不必要的信息泄露。从集体层面来说，通过集中智慧作出集体决策来应对可能发生的社会风险，成为现代国家和政府依法履行控制社会风险责任的方式。在制度构建方面，现代社会风险的控制需要多元主体的协同发力，政府、社会团体、司法机关、权力机关、公民个人各司其职，需要法律手段、行政手段、教育手段等方式并用，然而从长期的历史经验来看，规避风险的安全保障和社会秩序的有效维护以致所带来的公共利益的不受侵害，最有效的方式还是法治。我们不能消极地对待风险，但也不能因为防范风险而因噎废食，从而使社会丧失活力，审判权的被动性与检察权的能动性相结合而产生的公益诉讼恰好可以完成这一使命。再者，现代社会的新兴风险往往具有复杂性，不是个人凭借自身的实力可以完全规避的，如在风险集中的食品药品安全以及生态环境和资源保护领域，当行政权怠于履行行政职责导致公共利益受到侵害时，个人提起救济往往势单力薄，无力与强大的经济团体抗争，这就需要检察权的介入来弥补行政权的缺位，同时补强当事人的弱势地位。这在现实中已经有相关案例加以佐证，例如，河南省濮阳市华龙区人民检察院督促整治装饰装修行业泄露公民个人信息行政公益诉讼案、江西省南昌市人民检察院督促整治手机 APP 侵害公民个人信息行政公益诉讼案等案件督促企业落实主体责任，保障个人信息安全；再如，贵州省人民检察院督促保护乌江流域生态环境行政公益诉讼案，天津市人民检察院第三分院、河北省沧州市人民检察院联合督促治理外来入侵物种互花米草行政公益诉讼案等从生态环境和资源保护的角度出发，及时制止了公共利益受损。在天津市人民检察院第三分院、河北省沧州市人民检察院联合督促治理外来入侵物种互花米草行政公益诉讼案中，互花米草被原环保总局和中国科学院联合发布的《关于发布中国第一批外来入侵物种名单的通知》列为我国第一批外来入侵物种，该物种扩散速度快、生命力旺盛、繁殖系数高，其繁衍扩散严重挤占了当地盐沼植物的生态空间，破坏了生物多样性及生态系统平衡，严重影响了渤海水域的生态环境，带来了极大的环境风险。2022 年 8 月 10 日，津冀两地检察机关对负有外来物种监管、生物多样性治理和海洋、海岸线保护修复职责的天津市滨海新区农业农村委员会、天津市滨海新区海洋局、中新天津生态城管理委员会、河北省沧州渤海新区黄骅市政府、河北省沧州市农业农村局、河北省沧州市自然资源和规划局制发检察建议，建议各单位协调联动，加强跨区域协作，建立一体化联防联控机制，推进互花米草科学综合治理。这充分证明了检察行政公益诉讼在促进新兴风险领域的公益保护方面可以有效弥补个人实力的不足，统合各个机关的力量，形成维护公共利益的“合力”。

1.2.3 公共利益的识别

公共利益的识别直接关系到检察行政公益诉讼的受案范围。只有被识别为公共利益范围内的事项，才可以被纳入检察行政公益诉讼的受案范围，反之则不能纳入受案范围。对公共利益进行识别必然会涉及一定的标准，设定标准时由于公共利益具有不确定性，其概念在理论和实务中也没有被很好地确定，因而就需要在抽象的公共利益概念下设定若干判断标准，更好地解释公共利益的范围，检察机关也可以根据标准来判断具体事项是否涉及公共利益。另外，标准既不是类型化的划分，也不是列举，前文已述，公共利益具有社会历史性的特征，会随着社会生活的变化而变化，类型化和列举的方式会使公共利益的外延过于局限，滞后于社会现实的发展，最终会使受案范围限缩而导致检察行政公益诉讼制度失去应有的活力。

公共利益的识别标准之一是国家标准，它能够反映一个历史阶段内国家的中心任务。前文已述，笔者认为国家利益属于公共利益，因而一个历史阶段内国家的中心任务可以作为公共利益的识别标准之一。对于我国来说，国家的中心任务可见于党的文件、《宪法》以及国家的法律法规和政策之中。这是由于党是中国特色社会主义事业的领导核心，党的领导是中国特色社会主义最本质的特征，党对于国家的中心任务具有领导作用，而党的主张主要是通过党的文件来体现的。《宪法》是国家的根本大法，是治国安邦的总章程，自然也会对国家的中心任务这样的根本问题作出规定。国家的法律法规和政策都是在党的领导下依据《宪法》制定的，因此也会在各自的领域对完成国家的中心任务进行落实。通过文本考察，党的二十大报告指出了党的中心任务①，《宪法》序言第七段明确了国家的根本任务②，二者都可以反映当下这个历史时期我国的中心任务。而以中心任务为统领分解到各个方面，有着各个领域的中心任务，也见于党的文件、《宪法》以及国家的法律法规和政策之中。

从现有的检察行政公益诉讼受案范围来看，四大领域的受案范围都可以在有关文本中找到依据。第一类是生态环境和资源保护的案件，党的二十大报告中表述为“尊重自然、顺应自然、保护自然，是全面建设社会主义现代化国家的内在要求”，《宪法》第26条表述为“国家保护和改善生活环境和生态环境，防治污染和其他公害”，《中华人民共和国环境保护法》（以下简称《环境保护法》）第4条表述为“保护环境是国家的基本国策。国家采取有利

① 党的二十大报告提出：“从现在起，中国共产党的中心任务就是团结带领全国各族人民全面建成社会主义现代化强国、实现第二个百年奋斗目标，以中国式现代化全面推进中华民族伟大复兴。”

② 《宪法》序言　国家的根本任务是，沿着中国特色社会主义道路，集中力量进行社会主义现代化建设。中国各族人民将继续在中国共产党领导下，在马克思列宁主义、毛泽东思想、邓小平理论、“三个代表”重要思想、科学发展观、习近平新时代中国特色社会主义思想指引下，坚持人民民主专政，坚持社会主义道路，坚持改革开放，不断完善社会主义的各项制度，发展社会主义市场经济，发展社会主义民主，健全社会主义法治，贯彻新发展理念，自力更生，艰苦奋斗，逐步实现工业、农业、国防和科学技术的现代化，推动物质文明、政治文明、精神文明、社会文明、生态文明协调发展，把我国建设成为富强民主文明和谐美丽的社会主义现代化强国，实现中华民族伟大复兴。

于节约和循环利用资源、保护和改善环境、促进人与自然和谐的经济、技术政策和措施，使经济社会发展与环境保护相协调。”这体现了在实现高质量发展的道路上，保持良好的生态环境也是国家的中心任务之一。第二类是国有资产保护的案件，《中共中央关于建立国务院向全国人大常委会报告国有资产管理情况制度的意见》中把国有资产定位为“全体人民共同的宝贵财富”，《宪法》也明确“社会主义的公共财产神圣不可侵犯”，而国有资产属于社会主义公共财产这一点是无可争议的，《中华人民共和国企业国有资产法》第10条指出“国有资产受法律保护，任何单位和个人不得侵害”。这体现了在全面深化改革的道路上，国有资产的保护是国家的中心任务之一。第三类是国有土地使用权相关案件，《中共中央　国务院关于构建更加完善的要素市场化配置体制机制的意见》中指出“扩大国有土地有偿使用范围”，《宪法》第10条明确了城市的土地属于国家所有，根据《宪法》第9条中的“国家所有，即全民所有”，可以推断出城市土地也是全民所有，为了保护全民所有权，第10条同时还对土地的转让作出限制，并且明确“一切使用土地的组织和个人必须合理地利用土地”。《中华人民共和国土地管理法》（以下简称《土地管理法》）第3条明确“十分珍惜、合理利用土地和切实保护耕地是我国的基本国策”。这表明制止国有土地使用权出让方面的违法行为，是防止国有财产流失、维护国家利益的中心任务之一。第四类是食品药品安全类案件，《中共中央　国务院关于新时代加快完善社会主义市场经济体制的意见》中指出“以食品安全、药品安全、疫苗安全为重点，健全统一权威的全过程食品药品安全监管体系”，《宪法》第21条明确了国家发展医疗卫生事业的责任①，其中自然包含了在发展医疗卫生事业的同时保障食品药品安全的要求，《中华人民共和国药品管理法》（以下简称《药品管理法》）第3条明确了“以人民健康为中心”的药品管理原则，要求“建立科学、严格的监督管理制度，全面提升药品质量，保障药品的安全、有效、可及”，《中华人民共和国食品安全法》（以下简称《食品安全法》）通过食品安全全程追溯、设置最低赔偿限额、进口食品现场查验等方式维护人民群众“舌尖上的安全”，反映

---

①《宪法》第21条　国家发展医疗卫生事业，发展现代医药和我国传统医药，鼓励和支持农村集体经济组织、国家企业事业组织和街道组织举办各种医疗卫生设施，开展群众性的卫生活动，保护人民健康。

了在新时代社会主要矛盾发生变化后，保障食品药品安全成为满足人民美好生活需要的中心任务之一。

除了上述四大领域，其他方面的检察行政公益诉讼范围也可以体现这一国家标准，如未成年人保护行政公益诉讼，《中共中央　国务院关于进一步加强和改进未成年人思想道德建设的若干意见》中指出“未成年人是祖国未来的建设者，是中国特色社会主义事业的接班人”，《宪法》第 33 条有关“国家尊重和保障人权”的规定中必然蕴含着对未成年人权利的保护，第 49 条第 3 款规定父母有抚养教育未成年子女的义务，第 46 条第 2 款规定国家培养青年、少年、儿童在品德、智力、体质等方面全面发展。《中华人民共和国未成年人保护法》（以下简称《未成年人保护法》）规定国家保障未成年人的发展权、参与权、隐私权等权利，反映了培养德智体美劳全面发展的社会主义建设者和接班人的中心任务之一，就是保障未成年人的合法权益。再如个人信息保护行政公益诉讼，《中共中央　国务院关于构建数据基础制度更好发挥数据要素作用的意见》要求“加大个人信息保护力度，推动重点行业建立完善长效保护机制”，《宪法》第 38 条的人格尊严条款蕴含了公民个人信息受保护的权利。[①]《中华人民共和国个人信息保护法》（以下简称《个人信息保护法》）第 2 条就明确了“自然人的个人信息受法律保护，任何组织、个人不得侵害自然人的个人信息权益”，这反映了维护公民在网络空间的合法权益的中心任务之一就是保障公民的个人信息安全。

由此可见，“国家的中心任务”在公共利益特别是检察行政公益诉讼领域的体现有着“嵌套”的特征，往往嵌套于宏观的中心任务之下，而宏观的中心任务通常直接涉及国家的根本利益，如国家统一与民族团结、民主与法治建设、经济发展与社会稳定等，以上内容明显不是检察行政公益诉讼中的公共利益所直接涉及的，也不是司法权可以介入的。因而在宏观的中心任务之下，寻找叙事角度较小、可直接感知或触及的“第二层级中心任务”便成为此处公共利益所探讨的对象，“第二层级中心任务”向下的“第三层级中心任务”也是如此。依此类推，找到公共利益与行政检察之间的契合点，便可实现公共利益的第一步识别。

---

① 王锡锌，彭錞．个人信息保护法律体系的宪法基础［J］．清华法学，2021，15（3）：6-24.

识别标准之二是主体标准，即公共利益既要符合大多数人的利益，又要对弱势群体加以照顾。公共利益可以被看作“不特定多数人”的利益，即同时具有不特定和多数的特征，前者是为了防止利益群体固化，后者是为了防止利益被少数人所占有。这也是公共利益中“公共”的体现。但如果简单地用二分法的方式去理解公共利益，按照多数决定少数、少数服从多数的理念去代替少数人认同多数人的“公共利益”却显得略有不妥。原因在于社会生活是极端复杂的，每个公民都可能参与若干法律关系，在一个法律关系中可能与大多数人一样处于多数，如对于个人信息保护，行政相对人与行政主体之间的法律关系要求行政主体依法履职保护公民个人信息安全并在政府信息公开等可能泄露公民个人信息的敏感领域履行注意义务，消费者与经营者的法律关系要求经营者对顾客信息进行保密，不得过度收集个人信息。在这类法律关系中，保障个人信息的安全是绝大多数人共同的诉求，自然属于公共利益。在另一种法律关系中可能就与大多数人不一样，如残疾人需要行政机关依法履行职责提供规范、系统、均衡的无障碍设施，虽然残疾人的数量相比于健全人属于少数，难道就可以说要求提供规范、系统、均衡的无障碍设施的诉求不属于公共利益吗？如果纯粹依据人数来确定公共利益的范围，这就使得在自身的切身权益被划分到公共利益的范畴之中时皆大欢喜，在自身的切身权益没有被划分到公共利益的范畴之中时则会质疑相关制度的合理性，由于少数群体与多数群体时常会有融合，例如，对个人信息保护有强烈诉求的人可能同时是残疾人，就会导致一个人的切身利益有的被划分到公共利益的范畴中，有的没有被划分到公共利益的范畴中，乍一看这样的现象似乎是合理的，因为任何人都不可能奢望自身所有的切身利益都是公共利益，但问题在于划分标准不是合理性，而是人数的多寡，这就使以人数来划定公共利益的做法有失公允。

有些利益从主体来看并不属于“不特定的多数人”，但少数人的利益也包含着重要的社会价值，如平等、人权、发展等，这些少数人有权通过公开讨论等合法途径达成社会共识，推动“少数利益”向社会公共利益转化，这既符合人权保障的要求，也符合法律的理性要求。需要指出的是，并不是所有少数人的利益都可以转化为公共利益，需要增加一定的限制条件，笔者认为这里的少数人必须是处于“弱势”的少数人，这是由于弱势群体在维护自身合法权益时手段有限，不能充分利用私益救济来维护自身的合法权益，同时现代生活的不确定性使每个人都可能成为“弱势”群体，因而保障弱势群体的利益就是在保障每个人的利益，自然也就是在保障社会公共利益。有的学者认为，我国的弱势群体可以分为如下三类。第一类是因为经济社会发展差异，导致在经济、文化等方面存在差距，如老少边穷地区的贫困人口，随着我国全面建成小康社会，历史性地解决了绝对贫困问题，但相对贫困依然存在。第二类是因为不同的历史、文化、宗教等因素而存在的弱势群体，如未被识别的少数民族。第三类是由于生理、疾病等原因产生的弱势群体，如残疾人、艾滋病患者、乙肝病毒携带者等。① 笔者认为除此之外，还应当包括由于自身能力所限在维护自身合法权益方面存在不足的人群，如未成年人、老年人、妇女等。这种分类方法也得到了检察公益诉讼在制度规范或实际操作中的认可，如《未成年人保护法》明确可以通过公益诉讼对未成年人的合法权益加以保护。再如，在 2020 年的前 10 个月，全国检察机关聚焦“三农”领域问题，提起检察行政公益诉讼案件 137 件，涉及农村人居环境整治、严守耕地红线、惠农资金管理使用等。

识别标准之三是基本权利。除了考虑人数多少和适当照顾弱势群体，第三个识别标准是从必要性角度来设计的，即要涉及公民的基本权利。公民的基本权利从产生到完善经历了长时间的发展历程，从宪法角度来看，基本权利最早出现在 17 世纪的英国宪法文件中，1791 年法国的《人权宣言》也规定了公民享有集会、请愿、宗教信仰等权利。但是，在现代宪法诞生之前，公民基本权利的宪法化程度较低，也不系统。1919 年《魏玛宪法》的诞生标志着基本权利宪法化程度得到提升，其中关于基本权利的规定奠定了现代宪法中公民的宪法地位，形成了较为完善的基本权利体系。② 各国宪法发展到今天，普遍以较大篇幅规定了公民的基本权利，强化了宪法限制国家公权力和保障公民私权利的功能。公民基本权利是人权的宪法化体现，即把人应有的权利在宪法上加以确认，体现为宪法上的权利，也是把自然法上的权利转化为实定法上的权利。基本权利体现的是宪法的核心价值，权利系统十分庞大，

① 崔德旗．我国弱势群体权益保护的宪法规制：基于比较宪法视角之分析［J］．西部学刊，2019（4）：39-44.

② 胡锦光，韩大元．中国宪法［M］．4 版．北京：法律出版社，2018.

有着不同的构成要素，其中包含不同的价值判断，也有着不同的层次梯度。对于每个公民个人而言，基本权利是最根本的权利，是其在社会生活中应享有的最低保障性质的权利。在多层次梯度的权利体系中，一项权利被纳入基本权利体系，就证明其有很强的稳定性，因为基本权利是一个国家的制宪或者修宪机关通过严格的程序加以确认的，不宜轻易变动，若要调整，则需要审慎考虑政治生活现状和社会价值选择。正因如此，基本权利也具有很强的综合性和概括性，尽可能涵盖公民政治生活、经济生活、社会生活、文化生活的方方面面，在效力上体现为基本权利的效力具有广泛性，即基本权利的效力几乎涉及公民从出生到死亡的全部领域。依据传统宪法理论，基本权利的设置主要是对抗国家公权力，即以公民的基本效力约束公权力机关的行为，在国家—社会的二元结构下，宪法成为公民权利的宣言书，基本权利的条款置于公权力机构的条款之前，可见基本权利的任务就是防止公权力滥用可能带来的危害，以维护个人的尊严。直到今天，这也是基本权利甚至是宪法基本的价值取向，按照这种理论思维，私主体之间的法律关系似乎不可能触及公民的基本权利，但进入现代社会之后，人们逐渐发现，基本权利不是只具有防御功能，即抵御国家公权力侵害的功能，而是渗透到了社会生活的方方面面，成为每个法律主体都应当遵循的基本规则，私主体之间的法律行为也不可以违背基本权利的要求。此外，随着对政府“守夜人”身份的反思和“行政控权论”的式微，公权力机关超脱于公民基本权利的结构之外，即“不干预就是保护”的思维也得到了调适，公权力除了要对自身行为加以约束，以保证不侵犯公民基本权利，还要对公民社会的私主体之间可能侵犯基本权利的行为加以控制和纠正，体现在司法权这一公权力上。保障公权力不侵犯公民基本权利就是检察行政公益诉讼，保障私主体之间不侵犯基本权利就是检察民事公益诉讼，受本书主旨所限，仅讨论前者。

有的学者指出，要判断利益是否重要，即是否构成我们所讨论的公共利益，应当以《宪法》确定的基本权利为准。[①] 笔者则有不同的观点，《宪法》确立的基本权利固然重要，但具有明显的抽象性和概括性的特征，对其内涵

① 汪骏良．论行政公益诉讼中的“公益”识别标准［J］．河南财经政法大学学报，2022，37（1）：20-29.

必须加以解释以适用，从而致使公权力的自由裁量权过大，有可能出现根据自身好恶随意限缩或扩张基本权利的范围的情况，使基本权利成为公权力机关“裁量下的权利”。笔者认为，对于检察行政公益诉讼中公共利益的基本权利识别标准的界定，应当以《宪法》和法律为准，需要指出的是，这里的法律应当是狭义上的法律，除了《宪法》明文规定的基本权利和列明的基本权利条款，法律对于《宪法》基本权利的具体化引申出的权利也应当看作基本权利，如个人信息保护领域的行政公益诉讼。《宪法》中并没有直接列出个人信息权，但是通过“国家尊重和保障人权”这一基本权利条款，完全可以推得公民具有个人信息权，《个人信息保护法》第2条“自然人的个人信息受法律保护，任何组织、个人不得侵害自然人的个人信息权益”就对这项权利加以明确。再如，《宪法》第46条中的“中华人民共和国公民有受教育的权利”，可以被视为教育领域行政公益诉讼的宪法依据。至于法律下位的行政法规、地方性法规和规章等，则不应当界定为此处基本权利的来源。其一是由于基本权利本就是宪法概念，此处引申至法律的具体化规定是为了便于检察机关在行使检察权时适用，若再向下位法引申，则显得缺乏严肃性。其二是下位法多是对于《宪法》和法律规定的细化，其中必然会涉及对公民基本权利的细化保护，其规定的内容也可以作为检察机关在行使检察权时的依据和参考，但不必由此得出“公民具有……权”的概括，原因在于其规定的权利在上位法中已经有了相应的概括。例如，在文化遗产领域的行政公益诉讼中，各地的地方性法规会对本地的历史文化遗产保护作出相应规定，这就完全可以追溯到《宪法》规定的公民文化权利，不必再单独进行概括。

1.3　检察行政公益诉讼受案范围的类型化反思

1.3.1　“四领域”与“两类型”的类型化设定

2017年修订的《行政诉讼法》采取了“领域+类型”的受案范围列举方式，“四领域”即生态环境和资源保护、食品药品安全、国有财产保护、国有土地使用权出让，“两类型”即国家利益和社会公共利益。对于“四领域”的受案范围划定，可能是考虑到近些年社会各界对这四个领域的问题反响十分强烈，也呼吁检察机关通过提起公益诉讼的方式来维护这四个领域的国家利益和社会公共利益。这种确定方式也是可以理解的，因为司法权的导向是实践性，实践是理论的先导，人民对美好生活的向往，包含对公平、正义、民主、法治、食品安全、生态环境等各个方面较高的要求，而将这四类公众所关注的敏感问题列入受案范围，也契合了这种导向。

第一个领域是生态环境和资源保护。这个领域包含两个方面的内容：一是生态环境，二是资源保护。有的学者把生态环境区分为生态和环境，认为生态更接近自然，而环境则是将自然与人文相结合①。对于生态环境和资源保护中存在的问题，社会各界的反响十分强烈。改革开放以后，一些地方政府片面地追求经济发展，忽视了对生态环境和资源的保护，采用粗放的经济发展方式，造成生态环境和资源的破坏日趋严重。党的十八大以来，以习近平同志为核心的党中央把生态文明建设作为关系中华民族永续发展的根本大计，以前所未有的决心和力度推进生态文明建设，把生态文明建设的理论和实践提升到了一个新的高度，生态环境和资源保护由被动应对变为主动作为，让天更蓝、地更绿、水更清成为常态。但是也要看到，我国生态环境和资源保护的结构性、根源性、趋势性压力依然存在，经济的高质量发展应该是绿色的、低碳的高质量发展，生态文明建设仍然处于压力叠加和负重前行的关键期。为此，在法治方面，需要处理好外部约束和内生动力的关系，始终坚持用最严格的制度与最严密的法治保护生态环境和资源，检察行政公益诉讼就为加强保护提供了很好的司法途径②，在持续打好污染防治攻坚战、积极推进长江流域生态保护、服务保障黄河流域高质量发展、强化生物多样性保护、矿产资源保护、守护农用地保护红线等方面作出了突出贡献。

第二个领域是食品药品安全，这个领域直接切身关系到人民群众的身体

---

① 关保英. 行政公益诉讼受案范围类型化的缺陷及理性回归 [J]. 江淮论坛，2022 (4)：117-125，131.

② 根据最高人民检察院发布的《生态环境和资源保护检察白皮书（2018—2022）》，生态环境领域公益诉讼案件规模逐年递增。2018—2022 年生态环境和资源保护领域公益诉讼办案数分别为 59312 件、69236 件、83744 件、87679 件、94923 件，呈逐年递增趋势。在 2018—2022 年全国检察机关办理的 394894 件生态环境和资源保护领域公益诉讼案件中，提起诉讼 24202 件，其中提起行政公益诉讼 2236 件，提起民事公益诉讼 21966 件。检察机关办理生态环境和资源保护领域案件的监督类型，除传统的大气、水、土壤等环境要素外，还涉及森林病虫害、珍稀鸟类、濒危植物、湿地、自然保护区、文物、自然遗迹等，呈现出多样化的特点。

健康。人民群众对加强食品药品安全保障的呼声日趋强烈，我国《食品安全法》对食品安全作出了明确的定义①，《药品管理法》对药品安全提出了要求②，但在实践中，食品药品安全与社会公众的期待和要求仍存在一定的差距，仍有一些令人震惊的案件发生，如央视“3·15”晚会曝光过的河北青县羊肉瘦肉精事件、假泰国香米事件，再如引发全国范围内舆情的江西某高校的“鼠头鸭脖”事件，药品安全领域的长春长生生物科技疫苗造假事件，这些都证明了食品药品安全问题离我们每个人并不远，随时有可能侵害我们的身体健康。而且通常低层级的行政执法对食品药品安全检查的效果并不十分明显，以江西省某高校“鼠头鸭脖”事件为例，其中就存在保护主义现象。某高校学生在食堂饭菜中发现了一个酷似老鼠头的异物，但学校第一时间发表声明辟谣称异物不是老鼠头，是鸭脖，若学校不具备专业鉴定技能或存在些许保护主义倾向，尚不足以令人震惊。可是在南昌市高新区市场监督管理局派出执法人员进行调查后，得出的结论也是鸭脖。由于结论过于离谱，网络舆论中质疑声越来越大，甚至曝出涉事学校组织学生留言控评。该事件发生在 2023 年 6 月 1 日，直到 6 月 10 日江西省成立由省教育厅、省公安厅、省国资委、省市场监管局等部门组成的联合调查组进行调查，于 6 月 17 日发布通报，认定异物为老鼠类啮齿动物的头部，并对相关涉事主体作出了处罚。由此可见，在行政系统内部特别是低层级的行政系统内部，纠正食品药品安全问题可能带来的公共利益损害在现阶段还存在一定的难度，因而司法权通过检察行政公益诉讼的介入有利于更好地保证食品药品安全，满足全社会的期待。③

第三个领域是国有财产保护。国有财产是全体人民的共同财富，我国《宪法》规定，我国是以公有制为主体的国家，每一个掌握公有财产的人，都应该对公有财产尽到审慎注意和合理保护的义务、对公有资源进行合理利用。

---

① 《食品安全法》第 150 条 食品安全，指食品无毒、无害，符合应当有的营养要求，对人体健康不造成任何急性、亚急性或者慢性危害。

② 《药品管理法》第 3 条 药品管理应当以人民健康为中心，坚持风险管理、全程管控、社会共治的原则，建立科学、严格的监督管理制度，全面提升药品质量，保障药品的安全、有效、可及。

③ 据统计，2021 年，全国检察机关立案办理食品药品安全公益诉讼案件 3 万件，同比上升 10%。其中，办理食品安全领域公益诉讼案件 2.6 万多件，督促查处假冒伪劣食品 48 万千克；办理药品安全领域公益诉讼案件 3000 多件，督促查处假药劣药和走私药品 1400 余千克。

为了监管国有资产使用，从中央到地方都设立了国资委负责执行有关国有资产保护的法律法规①，但是，一些国有资产的掌控单位与行政机关有着千丝万缕的联系，如国有企业具有行政级别、国有企业负责人与行政机关负责人可以进行职位调动，容易造成内部监督力度不足的弊病。2021 年，党中央印发《中共中央关于加强新时代检察机关法律监督工作的意见》，明确要求加大国财国土等重点领域公益诉讼案件办理力度，加强国有财产领域的检察行政公益诉讼。

第四个领域是国有土地使用权出让。从农村土地改革开始，我国土地使用权出让已经有数十年的历史。1988 年修订《宪法》明确了土地使用权可以合法转让。通过对典型案例的考察，可以看出此类案件的行政公益诉讼具有如下特点：一是案件类型丰富，涉及国有土地使用出让金、容积率改变、国有土地闲置等各类案件；二是聚焦国家重大战略实施和民生热点，如在房地产对经济的巨大拉动作用背后，一些企业欠缴土地出让金，影响了国家对土地出让收入的支配。检察机关坚持以服务大局为中心，正确处理监督行政机关依法履职、支持市场主体依法经营与服务地方经济发展的关系，督促自然资源部门全面履职追缴土地出让金和逾期违约金。据统计，从 2017 年 7 月公益诉讼检察工作全面开展以来，全国检察机关共督促收回欠缴的国有土地使用权出让金 285 亿余元。②

接下来是公共利益的“两类型”。由《行政诉讼法》第 25 条第 4 款的规定可知，立法者在确定公共利益的内涵和外延时，把国家利益和社会公共利益均纳入了公共利益的范畴。笔者亦认为，社会公共利益和国家利益都应当纳入公共利益的范畴。这一点在前文已经阐明，此处不再赘述。那么，“四领域”与“两类型”之间是否有关联？关联是什么？笔者认为，“四领域”与“两类型”是有关系的，这一点可以从《中华人民共和国民事诉讼法》（以下简称《民事诉讼法》）的规定中窥见。《民事诉讼法》将生态环境和资源保

① 如《中华人民共和国企业国有资产法》《企业国有资产监督管理暂行条例》《国务院办公厅关于加强和改进企业国有资产监督防止国有资产流失的意见》等。

② 最高检发布“3·15”检察机关食品药品安全公益诉讼典型案例 紧盯食药领域公益损害新问题深化溯源治理［EB/OL］.（2022-03-15）［2023-08-19］. https://www.spp.gov.cn/xwfbh/wsfbt/202203/t20220315_549156.shtml#1.

护、食品药品安全领域侵害众多消费者合法权益的行为纳入损害社会公共利益的行为，明确在符合条件的情况下，人民检察院可以提起公益诉讼。① 对比《行政诉讼法》，生态环境和资源保护以及食品药品安全都可以与《民事诉讼法》中有关"社会公共利益"的类型加以对应，因而应当把生态环境和资源保护纳入社会公共利益的范畴，把国有财产保护和国有土地使用权出让纳入国家利益的范畴。当然，这种分类也不是绝对的，侵害国有财产和国有土地使用权并不是只损害国家利益；相反，损害国家利益最终一定会损害社会公共利益，直到损害每个人的利益，只是这两种行为直接危害的是国家，首当其冲的也是国家利益。而生态环境和资源保护以及食品药品安全也关系到国家利益，但国家不是有血有肉的自然人，对生态环境和资源遭受破坏以及食品药品安全受损有直接感知的是自然人，而社会主体就是由一个个自然人构成的，因而首当其冲的是社会公共利益。

1.3.2　受案范围类型化的不足之处

我国的检察行政公益诉讼经过六年多的实践，积累了宝贵的经验，也取得了相当可观的成绩，解决了一些实践中的难题，促成了相关制度和机制的完善。但总体来说，我国的检察行政公益诉讼制度仍然处于起步阶段，公共利益是检察行政公益诉讼制度的核心，也是检察公益诉讼受案范围的核心，上述"四领域"对公益的划分仅仅是现阶段制度的试点，并不是公共利益的全部。考虑到检察行政公益诉讼所处的阶段，以及检察机关角色转型等相关因素，将公共利益进行类型化划分有一定的合理性，但也存在一些问题，在实践中会影响检察行政公益诉讼的制度效能。

第一是救济范围的限缩。"四领域"的列举方式以及将检察行政公益诉讼的受案范围限缩在这四个领域，但其"等"外确定的"两类型"依然为下位法和司法机关在实务中扩充受案范围打下了法律基础。尽管有"等"外的依

① 《民事诉讼法》第 58 条　对污染环境、侵害众多消费者合法权益等损害社会公共利益的行为，法律规定的机关和有关组织可以向人民法院提起诉讼。人民检察院在履行职责中发现破坏生态环境和资源保护、食品药品安全领域侵害众多消费者合法权益等损害社会公共利益的行为，在没有前款规定的机关和组织或者前款规定的机关和组织不提起诉讼的情况下，可以向人民法院提起诉讼。前款规定的机关或者组织提起诉讼的，人民检察院可以支持起诉。

托，但对于一些群体的保护还是难以达到公益诉讼的制度初衷，导致一些领域的利益应当属于公共利益，但是并不属于《行政诉讼法》第 25 条法定的公共利益范畴，因而不能通过检察行政公益诉讼申请救济。笔者认为，对于一些已经在其他部门法中有明文规定可以通过行政公益诉讼来寻求法律救济的领域，应当在修订《行政诉讼法》时及时纳入，如未成年人权益领域①、军人权益保护领域②。对于没有部门法明文规定可提起检察民事公益诉讼但实践中已经有检察行政公益诉讼的实践，抑或部门法没有明文规定可以提起公益诉讼但在实践中业已成熟的领域，前者如英烈权益保护领域③、个人信息保护领域④，后者如文化遗产保护领域等，可以在《行政诉讼法》司法解释中加以明确。另外，还可以对我国现行法律规定和实践成熟的受案范围进行有效整合。我国现行的受案范围分为“以人划定”和“以事划定”两类，前者如未成年人保护、军人权益保护等，后者如生态环境和资源保护、国有资产保护、国有土地使用权出让、食品药品安全、个人信息保护等。可以探索形成“人+事”的受案范围划定模式，如未成年人+教育、老年人+药品安全、残疾人+公共设施建设管理等，逐步扩大检察行政公益诉讼的受案范围，使更多的公共利益被纳入进来。

第二是多元化的预期目标难以实现。检察行政公益诉讼制度的预期目标可以说是多元化的：第一个目标维度是充分发挥检察机关的法律监督职能，特别是行政监督职能，检察机关有权对行政机关进行监督，对行政机关的行为进行监督，这是《宪法》赋予检察机关的职能。从顶层设计来说，我国依法治国的顶层设计包含五个板块，即法律规范体系、法律实施体系、法律保

---

① 《未成年人保护法》第 106 条　未成年人合法权益受到侵犯，相关组织和个人未代为提起诉讼的，人民检察院可以督促、支持其提起诉讼；涉及公共利益的，人民检察院有权提起公益诉讼。

② 《军人地位和权益保障法》第 62 条　侵害军人荣誉、名誉和其他相关合法权益，严重影响军人有效履行职责使命，致使社会公共利益受到损害的，人民检察院可以根据民事诉讼法、行政诉讼法的相关规定提起公益诉讼。

③ 《英雄烈士保护法》第 25 条　对侵害英雄烈士的姓名、肖像、名誉、荣誉的行为，英雄烈士的近亲属可以依法向人民法院提起诉讼。英雄烈士没有近亲属或者近亲属不提起诉讼的，检察机关依法对侵害英雄烈士的姓名、肖像、名誉、荣誉，损害社会公共利益的行为向人民法院提起诉讼。

④ 《个人信息保护法》第 70 条　个人信息处理者违反本法规定处理个人信息，侵害众多个人的权益的，人民检察院、法律规定的消费者组织和由国家网信部门确定的组织可以依法向人民法院提起诉讼。

障体系、法律监督体系和党内法规体系，其中法律监督体系是五大板块的重要组成部分。在这一目标维度中，检察机关在办理行政公益诉讼案件时，应充分发挥法律监督的职能，维护《宪法》和法律权威，维护社会公平正义，维护公共利益，促进行政机关严格执法。第二个目标维度是促进法治政府建设，推进全面依法治国是一个系统性工程，必须坚持法治国家、法治政府、法治社会的一体建设，这既是全面依法治国的总体布局，也充分体现了中国特色社会主义法治道路的系统观念。法治政府在依法治国的布局中是“重点任务”和“主体工程”，推动行政权力在法治轨道上运行，是政府职能转变的一场深刻革命。《法治政府建设实施纲要（2021—2025 年）》中明确提出：到 2025 年，政府行为要全面纳入法治轨道。其中加强行政执法协调监督是重要一环，一些公共利益领域如前面提到的“四领域”，由于和公民、法人、其他社会组织没有直接的利害关系，无法对行政机关违法行使职权或行政不作为而侵害公共利益的行为进行诉讼，这就需要科学、合理地界定检察行政公益诉讼的受案范围，以司法权和行政权的协调运行、协同发力来维护公共利益，同时倒逼行政机关依法履职，助力法治政府建设。第三个目标维度也是最重要的目标维度和最终的目标维度，就是维护公共利益。

对于第一个目标，类型化的受案范围的设定可以促进检察机关在相关领域发挥法律监督职能，有助于检察机关积累在相关领域的专业知识和监督经验，完善对相关领域行政违法或不作为的监督方式，提升监督效果。但是，对于其他领域中行政权可能损害公共利益的行为缺乏监督，检察机关既然对行政权力具有监督职能，又有着检察行政公益诉讼的制度设计，那么就应当可以通过检察行政诉讼的方式对所有有关公共利益的行政行为进行监督，但类型化的划分会给人造成一种错觉，即只有法律规定中的公共利益类型或者经过前人实践成熟的公共利益类型才可以通过检察行政公益诉讼加以保护，这显然与检察机关法律监督职能的初衷不符。对于第二个目标，实质上是与第一个目标高度关联的，若检察机关通过检察行政公益诉讼方式行使的行政监督不能够涵盖全部行政权可能损害的公共利益，就不可能实现对于行政机关监督的全覆盖，使得在以检察权促进法治政府建设的过程中，检察行政公益诉讼这一得力助手自折一臂。对于第三个目标，除了类型化的受案范围会导致可保障的公共利益限缩这一明显弊端，还会导致公益重叠和扩张解释的问题。对于公益重叠，主要体现在“四领域”方面，例如，对森林保护不力的检察行政公益诉讼究竟应当划分到生态环境和资源保护领域还是国有财产保护领域？《中华人民共和国森林法》（以下简称《森林法》）规定森林属于自然资源[①]，但是《宪法》规定森林属于国家所有的国有财产[②]。国有土地使用权出让金领域的检察行政公益诉讼存在这样一种情形：受让人拖欠国有土地使用权出让金，但相关行政机关怠于履行追缴职责。根据最高人民检察院发布的典型案例，本类案件应当归于国有土地使用权出让这一受案范围，但是国有土地使用权出让金确实属于国有财产的范畴。扩张解释体现在检察机关为了更好地履行职责，对现行法律规定的受案范围进行扩张解释，如把人文环境列入生态环境和资源保护中环境的类别，这种解释符合《环境保护法》对环境的定义[③]，但总是给人一种张冠李戴的感觉。再如，把药品扩张解释为包含家用医疗器械等。[④] 扩张解释体现了检察机关以检察行政公益诉讼来维护公共利益的急切心情，但是检察权毕竟也属于公权力之一，本着公权力行使应当由法律授权的法治原则，对于实践中业已存在甚至是成熟的受案范围，还是应当及时纳入法定轨道，应将扩张解释看作检察行政公益诉讼发展到当前阶段的权宜之计。

1.3.3 受案范围类型化的比较研究

在我国台湾地区，行政公益诉讼主要集中在环境保护领域，不仅在“环境基本法”中规定了“人民或者公益团体可以依据法律以主管机关为被告向行政法院提起诉讼”，也在环保领域的全部单行立法中规定了公益诉讼，包括《空气污染防治法》《废弃物清理法》《土地及地下水污染整治法》《水污染防治法》《海洋污染防治法》。此外，对于商标、专利和个人资料保护等都有

---

① 《森林法》第 1 条　为了践行绿水青山就是金山银山理念，保护、培育和合理利用森林资源，加快国土绿化，保障森林生态安全，建设生态文明，实现人与自然和谐共生，制定本法。

② 《宪法》第 9 条第 1 款　矿藏、水流、森林、山岭、草原、荒地、滩涂等自然资源，都属于国家所有，即全民所有；由法律规定属于集体所有的森林和山岭、草原、荒地、滩涂除外。

③ 《环境保护法》第 2 条　本法所称环境，是指影响人类生存和发展的各种天然的和经过人工改造的自然因素的总体，包括大气、水、海洋、土地、矿藏、森林、草原、湿地、野生生物、自然遗迹、人文遗迹、自然保护区、风景名胜区、城市和乡村等。

④ 最高人民检察院第八检察厅．行政公益诉讼典型案例实务指引：食品药品安全·国有财产保护·国有土地使用权出让等领域［M］．北京：中国检察出版社，2019：57.

涉及。

美国的行政公益诉讼受案范围最初是纳税人为了防止政府滥用权力，违法使用公共资金而设置的；到了1954年，通过“布朗诉教育委员会案”把诉讼范围扩大到保障黑人儿童的受教育权；再到1973年，通过“罗伊诉韦德案”，把受案范围扩大到保障宪法中的个人自主权和隐私权。由于美国是典型的英美法系国家，随着判例的不断延伸，行政公益诉讼的受案范围也不断扩大，逐步涉及了环境保护、人权保护、性别平等、公共卫生安全等领域，美国行政公益诉讼受害范围的发展也被看作美国人权运动的组成部分。此外，除了传统的行政违法和行政不作为，美国的行政公益诉讼受案范围的类型还具有可追溯性，即不要求必须是正在进行的行政违法或行政不作为行为，也包含对当下或者未来可能造成影响的历史上的行政行为，如2007年美国最高法院在“马萨诸塞州诉美国联邦环保局案”中就认为，美国联邦环保局在过去对温室气体的污染控制不当，造成了马萨诸塞州沿海水平面上升，尽管这一行政行为是历史上作出的，但是其违法后果持续到了今天，因而也可以通过行政公益诉讼进行纠正。

同样实施判例法的英国，其受案范围也随着判例的不断扩充而逐渐扩大，如通过“布莱克诉警察局案”，将行政公益诉讼的案件范围扩展到未成年人权益保护；通过“国内税收委员会案”，将受案范围扩展到国家税收利益保护。随着实践的发展，消费者权益保护、反性别歧视、不正当竞争、公害防治等内容均被纳入行政公益诉讼的受案范围。

法国行政公益诉讼受案范围的特点之一是将行政行为的性质进行区分，分为公共服务行为和工商类服务行为：如果行政行为涉及提供公共服务，就属于行政公益诉讼的受案范围；如果涉及工商业服务，则不属于受案范围。特点之二是当抽象行政行为可能损害公共利益时，是可以被纳入受案范围的，但需要指出的是，如果抽象行政行为及发布的规范性文件只具有解释性质，不能创造新的法律规范，也不具有决定性质，则会被排除在受案范围之外。只有在抽象行政行为具有创造新规范能力的情况下，才可以提起诉讼。德国在其《行政法院法》中规定，除了纪律惩罚审判庭和军事审判庭的案件，行政法院中的任何诉讼都可以纳入公益代表人诉讼及行政公益诉讼的受案范围。

日本的行政公益诉讼受案范围主要集中在环境保护和地方公共团体财务

监督领域，同时日本也明确了行政公益诉讼的范围包含法律规定的抽象行政行为。

1.3.4 受案范围拓展初探

拓展检察行政公益诉讼的受案范围在促进检察机关全面履行法律监督的职责、推动法治政府建设、强化公共利益保护以化解社会矛盾等方面具有重要的意义。首先，受案范围的拓展可以促进检察机关全面履行法律监督职能，对于一些行政权的乱作为或不作为可能损害公共利益的领域，通过检察行政公益诉讼的方式加以纠正。其次，有利于督促行政机关切实履行法定职责，严格执法，依法行政，推动法治政府建设目标的达成。最后，有助于强化社会公共利益的保护，解决公共性社会问题，化解社会矛盾，保障社会长治久安。需要特别强调的是，虽然类型化的受案范围存在一定的弊端，但经过六年多的实践，检察行政公益诉讼仍然在相关领域的公共利益保护方面发挥了重要作用，瑕不掩瑜。对于检察行政公益诉讼受案范围的拓展，应当积极但又稳妥地推进，这个过程不是一蹴而就的，需要秉持一定的原则，设置一定的标准。

检察行政公益诉讼受案范围的拓展需要遵循以下两个原则。第一个是公益原则，即拓展后的受案范围必须符合公益的标准，公益分为国家利益和社会公共利益，国家利益的标准相对比较明确，社会公共利益可以从以下两个角度进行挖掘：其一是利益主体具有社会性，即受到保护的公共利益的利益主体必须是面向社会开放的，而不能是封闭的小圈子，社会中的任何人都有可能根据自身意志或意志以外的原因进入这个领域；其二是利益内容的因地制宜性，社会公共利益和国家利益虽然都属于公共利益的范畴，但是我国幅员辽阔，各地区的社会发展进程和法治文明程度存在差异，导致社会公共利益在不同地区可能有着不同的表现，但国家利益在全国范围内应当是一致的，社会公共利益则具有一定的区域特征。社会公共利益内容的因地制宜性表现在各地检察机关根据当地实际情况，发掘新的案件类型，例如，历史文化名城可以将受案范围拓展的重点放在文化遗产、人文遗迹保护领域；相对欠发达地区可以将涉案范围拓展的重点放在“三农”利益保护、弱势群体保护等方面；民营经济较为发达的地区可以将受案范围拓展的重点放在民营企业和民营企业家合法权益的保护方面；工业较为发达的地区可以重点拓展安全生产领域检察行政公益诉讼的受案范围。

第二个需要遵守的原则是检察谦抑原则，在这个原则的指导下，检察机关为了维护公共利益而进行法律监督时，要尽量克服司法权干预行政权的冲动。[①] 行政机关处在公共利益保护的第一线，是公共资源和公共服务最直接的支配者，也是对于公共利益最专业、最负责任的维护者。检察机关在维护公共利益的过程中，应该发挥“防线”的作用，当公共利益受到损害时，应当首先由行政机关进行救济。在行政机关拒不作为或者违法行使职权的情况下，所遭受侵害的公共利益已经穷尽救济手段，这时检察机关才可以出面，经过调查核实后，决定是否发出检察建议；发出检察建议后，再根据行政机关的整改情况，决定是否起诉。检察谦抑原则与检察机关能动履职并不冲突，检察机关通过能动履职，寻找公共利益可能受到行政行为违法或行政不作为侵害的领域，这是值得肯定的现象。但是任何权力都要受到制约，检察谦抑原则可以看作对检察机关能动履职的制约，要求检察机关在一些较为专业的领域尊重行政机关的行为。这也是为了避免行政机关和检察机关之间的“零和博弈”，若检察机关随意拓展受案范围，对任何领域的行政行为都可以指手画脚，那么必然会导致行政机关的抵触。同时，尽管诉前程序解决了大部分的检察行政公益诉讼案件，但还是有一定数量的案件会进入审判程序，若任何领域的案件都要由检察机关和行政机关对簿公堂，将会造成司法资源紧张和社会治理效率的降低。成文法必然具有滞后性，这是不以人的意志为转移的，将受案范围仅仅局限在《行政诉讼法》或其他部门法中，显然不符合检察行政公益诉讼的制度目的。笔者认为，为了兼顾检察谦抑原则和检察机关能动履职的要求，可以探索“法定主义+政策导向”的受案范围双轨制的构建，即受案范围既可以由法律法规规定，也可以由相关政策规定，相关政策包括最高人民检察院发布的指导性案例、其他规范性文件等。对于检察机关能动履职中发现的可以由检察行政诉讼来保护的领域，应当及时联系相关部门修订相关法律法规或者呈报至最高人民检察院，由最高人民检察院通过政策的形式加以确定。

---

① 黄永维，郭修江. 司法谦抑原则在行政诉讼中的适用［J］. 法律适用，2021（2）：68-75.

对于检察行政公益诉讼涉案范围拓展的标准可以划分为三个层面：第一是存在行政违法或行政不作为对公共利益的损害；第二是利益主体广泛、群众反响强烈；第三是现有救济途径匮乏。首先来看第一个标准，当一个领域存在行政违法或行政不作为时，这种违法或不作为直接损害了公共利益，那么这样的案件就可以考虑纳入受案范围的拓展类型。促进政府机关全面履行职责是党领导法治政府建设的重要一环，党的十八届三中全会指出“加快转变政府职能”“深化行政体制改革，创新行政管理方式，增强政府公信力和执行力，建设法治政府和服务型政府”“全面正确履行政府职能，优化政府组织结构，提高科学管理水平。”党的十八届四中全会指出“深入推进依法行政，加快建设法治政府”“依法全面履行政府职能，推进机构、职能、权限、程序、责任法定化，推行政府权力清单制度”，明确法治政府建设的目标是“职能科学、权责法定、执法严明、公开公正、廉洁高效、守法诚信”。党的十九大报告指出“建设法治政府，推进依法行政，严格规范公正文明执法”“增强政府公信力和执行力，建设人民满意的服务型政府”。党的十九届四中全会指出“国家行政管理承担着按照党和国家决策部署推动经济社会发展、管理社会事务、服务人民群众的重大职责”。党的二十大报告指出“转变政府职能，优化政府职责体系和组织结构，推进机构、职能、权限、程序、责任法定化，提高行政效率和公信力”。党之所以如此重视行政机关依法履行职责，是因为行政机关一旦违法履职或不作为，对公共利益造成的损害不可估量。以现行《行政诉讼法》规定的受案范围之一——生态环境和资源保护为例，秦岭素有“国家中央公园”之称，保护好秦岭，就是为国家守护好生态屏障。然而，一些人在秦岭私自违建别墅，破坏山体，随意排放生活污水，甚至削平山坡，对生态环境造成了严重的破坏。最令人痛心的是，这件破坏生态资源的案件中存在行政机关的不作为，《陕西省贯彻落实中央环境保护督察反馈意见整改方案》显示，陕西省于2008年就出台了《秦岭生态环境保护条例》，但总体保护规划至今尚未出台，有关部门未按要求编制专项保护规划，有关地市未按要求划定生态环境保护范围和适度开发区建设控制地带。据澎湃新闻评论报道：“2014年5月，习近平总书记第一次就秦岭北麓西安段圈地建别墅问题作出批示，要求陕西省委省政府主要负责同志关注此事。”“在陕西省市县三级，总书记的批示在传达落实的过程中层层空转，最终牵涉其中的多名省部级官员落马或降级，教训深刻，令人深思。”“经此‘一役’，必须把中央布置、人民群众关心却久拖不决的问题，上升到政治纪律高度，发现一起就严肃查处一起，让不担当、不作为者付出沉痛的代价。”① 再如，在祁连山生态破坏案件中，在中共中央办公厅、国务院办公厅就甘肃祁连山国家级自然保护区生态环境问题发出的通报中指出，甘肃祁连山国家级自然保护区生态环境破坏问题突出，主要有“违法违规开发矿产资源问题严重”“部分水电设施违法建设、违规运行”“周边企业偷排偷放问题突出”“生态环境突出问题整改不力”，产生这些问题的原因就包括“不作为、乱作为，监管层层失守”，多个行政机关被点名通报。②

第二个标准是利益主体广泛，群众反响强烈。检察行政公益诉讼的受案范围具有比较明显的政策性③，而政策的背后，要解决的就是群众反响强烈、涉及利益主体广泛、舆论关注度较高的人民群众的急难愁办问题。因而，检察行政公益诉讼受案范围的拓展也要充分体现“回应性”，表面看是回应政策的需要，实质上是回应人民群众的呼声，满足人们对美好生活向往的需要。2023 年 8 月 28 日，中国互联网络信息中心（CNNIC）在北京发布第 52 次《中国互联网络发展状况统计报告》（以下简称《互联网报告》）。《互联网报告》显示，截至 2023 年 6 月，我国网民规模达 10.79 亿人，较 2022 年 12 月增长 1109 万人，互联网普及率达 76.4%。如此巨大的网民规模，形成了庞大的、具有生机的数字社会，以微博为代表的网络社交平台成为网民关注时事、讨论时事的重要平台，在如今的互联网生态下，一件事情是否构成舆情，能否登上微博热搜榜成为重要的评判标准。微博问政、微博判案、微博维权、

---

① 深观察丨秦岭违建别墅警示录：对那些不讲政治的再敲敲钟［EB/OL］.（2019-01-10）［2023-08-19］. https://baijiahao.baidu.com/s?id=162226080214890022&wfr=spider&for=pc.

② 据新华社发布的通稿《中共中央办公厅、国务院办公厅就甘肃祁连山国家级自然保护区生态环境问题发出通报》显示：（甘肃）省国土资源厅在 2014 年 10 月国务院批复甘肃祁连山国家级自然保护区划界后，仍违法违规延续、变更或审批 14 宗矿权，性质恶劣。省发展改革委在项目核准和验收工作中，以国土、环保、林业等部门前置审批作为“挡箭牌”，违法违规核准、验收保护区内非法建设项目。省环境保护厅不仅没有加强对有关部门工作的指导、监督，反而在保护区划界确定后仍违法违规审批或验收项目。省政府法制办等部门在修正《甘肃祁连山国家级自然保护区管理条例》过程中，明知相关规定不符合中央要求和国家法律，但没有从严把关，致使该条例一路绿灯予以通过。深观察丨秦岭违建别墅警示录：对那些不讲政治的再敲敲钟［EB/OL］.（2019-01-10）［2023-08-19］. https://baijiahao.baidu.com/s?id=1622260802148900224&wfr=spider&for=pc.

③ 李洪雷. 检察机关提起行政公益诉讼的法治化路径［J］. 行政法学研究，2017（5）：52-62.

微博发声成为广大网民关注和参与舆论动向的重要方式，据深圳市清朗传媒文化有限公司旗下的“清朗舆情”公众号统计，在其撰写的数百篇社会热点事件相关文章中，舆情爆发于微博的占很大的比例。除了微博，抖音、快手、知乎、贴吧等网络平台虽然各自的受众群体不同，但都不乏对社会热点的讨论，也会形成不同的舆情风向。因此，可以完善人民检察院案件线索收集机制，密切关注舆情反响强烈、群众高度关注的社会焦点问题，从中发现检察行政公益案件线索后可以直接依职权启动相关程序。若不能直接发现案件线索，则可以通过对舆情进行分析，查找利益主体众多、群众反响强烈的案由，实现受案范围的拓展。

第三个标准是缺乏有效的救济途径。一些案件虽然涉及公共利益，但是可以通过行政诉讼、行政复议、信访等手段得到解决，就没有必要纳入检察行政公益诉讼的受案范围。只有那些侵害到公共利益，但是普通公众缺乏有效手段进行救济的案件，才有必要纳入检察行政公益诉讼的受案范围中，如“四领域”的案件，特别是生态环境和资源保护、食品药品安全，这两类案件直接关系到每一个人的健康，但是以个人的力量很难解决整体问题，因而需要检察权的介入。再如安全生产领域，若安全生产事故频发，将直接危害人民群众的生命财产安全，对于安全生产方面的隐患，凭借个人特别是一线工人的力量很难解决，检察机关应当及时介入。还有突发事件中的政府应急管理也面临着普通公众难以以个人力量维护自身合法权益的问题，如 2020 年 2 月新冠疫情期间重庆市政府指定企业采购的口罩被某市卫健局“应急征用”，对于这类明显违法①且影响公共利益的行为，直接受到影响的重庆市民很难进行维权，这时在通过行政系统内部途径无法解决的情况下，检察机关介入不失为一个合理的选择。

① 《中华人民共和国传染病防治法》第 45 条　传染病暴发、流行时，根据传染病疫情控制的需要，国务院有权在全国范围或者跨省、自治区、直辖市范围内，县级以上地方人民政府有权在本行政区域内紧急调集人员或者调用储备物资，临时征用房屋、交通工具以及相关设施、设备。

第二章
检察行政公益诉讼的诉前程序研究

2.1 检察行政公益诉讼诉前程序的一般理论

2.1.1 检察行政公益诉讼诉前程序的概念及特征

检察行政公益诉讼的诉前程序指的是检察机关提起行政公益诉讼的前置程序，时间在提起行政公益诉讼之前，主要包含行政不作为的识别、检察建议的发出和诉前程序与诉讼程序的衔接，这也是本章中要重点阐述的三个问题。检察机关提起行政公益诉讼之前，首先要获得行政机关违法行使职权或不作为的案件线索，然后判定行政机关是否构成违法行使职权或不作为，通过检察机关的调查核实判定行政机关构成违法行使职权或行政不作为，此时检察机关向行政机关发出检察建议，并考察行政机关收到检察建议后是否依法全面履职，如果行政机关依然没有做到依法全面履职，则证明检察建议没有发挥预期的成效，此时才进入诉讼程序。

检察行政公益诉讼的诉前程序首先具有法定性的特征，即按照法律位阶，有关诉前程序的规定首先体现在《行政诉讼法》第 25 条中，再次体现在相关司法解释①中，还体现在一些规范性文件②中。法定性意味着诉前程序是必经

① 《最高人民法院　最高人民检察院关于检察公益诉讼案件适用法律若干问题的解释》第 21 条第 2 款、第 3 款　行政机关应当在收到检察建议书之日起两个月内依法履行职责，并书面回复人民检察院。出现国家利益或者社会公共利益损害继续扩大等紧急情形的，行政机关应当在十五日内书面回复。行政机关不依法履行职责的，人民检察院依法向人民法院提起诉讼。

② 如《人民检察院公益诉讼办案规则》《人民检察院检察建议工作规定》等。

程序，是检察机关启动行政公益诉讼的前提，而不是可以选择或跳过的程序，因而有的学者也称这一特点为“程序必经性”①。其次，诉前程序还具有独立性的特征，诉前程序的制度设计意味着如果行政机关在收到检察建议后已经自我纠错，国家利益和社会公共利益得以恢复，那么检察行政公益诉讼就此终结。由此可知，诉前程序并不依附于诉讼程序，二者具有同样重要的价值，诉前程序也可以成为检察行政公益诉讼案件的终结点，而不是中转站。最后，诉前程序还有谦抑性的特征，这体现为行政权与检察权的“相互谦抑”，行政机关掌握着体量庞大的社会资源，在我国各个国家机关中处于较为强势的地位，这是不争的事实，但是在其收到检察建议后，应当认真考察自身是否有违法行使行政职权或行政不作为的情况，不能因为行政权处于强势地位就忽视检察建议，这样将面临进入诉讼程序的境地，行政机关将因为公益而作为被告出现在世人面前。同样，检察权也不能无底线地干预行政权，直接将行政机关送上法庭，而是要先通过诉前程序发出检察建议，若行政机关就此全面依法履职，国家利益和社会公共利益得到恢复，那么检察权的行使也就到此为止。

2.1.2 检察行政公益诉讼诉前程序的理论基础

第一是行政自制理论。行政自制理论指的是行政机关在认识到自身出现违法行为时能够自我纠正，这里的行政违法行为也包括行政不作为，因为法律规定行政机关负有某种职责，其不作为本身就是一种违法。在检察行政公益诉讼的诉前程序中，行政机关在收到检察建议后，出于对检察机关的畏惧、对自身形象的考虑、对进入诉讼程序风险的担忧等因素，存在很大的可能会纠正自身的违法行为。在法治国家，行政权并不是一成不变的“恶”，其出于国家机关的责任感和使命感，存在着自觉维护国家利益和社会公共利益的基因。② 诉前程序的设置，就是想通过检察建议这一外部推力，唤醒这种基因，实现对国家利益和社会公共利益的有效保护。

第二是合作行政理论。在自由资本主义时期，控权理论是行政法治的首

① 韩耀元．准确把握诉前程序基本特征　科学构筑诉前程序工作机制［J］．人民检察，2015（14）：43.

② 崔卓兰．行政自制理论的再探讨［J］．当代法学，2014，28（1）：3-11.

要指导理论，该理论是为了限制行政权。这是由于在自由资本主义时期，政府只需要扮演好“守夜人”的角色，不能对社会进行过多的干预，并在这种观念的引导下，形成了“传送带理论”，即政府只是法律的执行者，只是在传送权力机关的决定。但是，在进入风险社会后，由于社会生活具有高度复杂性，这一理论很快遭到了现实的打击。随之而来的是行政裁量和行政判断余地理论，这指的是行政机关对于一些事项具有自己判断和裁量的余地，外部特别是司法权不能过多干涉。对于司法机关来说，要求其在具体个案中尊重行政机关的有限余地，不能以司法机关的判断来代替行政机关的判断，这种理论的出现主要是为了使行政机关能够灵活应对社会现实生活中出现的各种突发情况。例如，在科技风险领域，科学技术的飞速进步要求行政机关的权力也进行相应的扩张，才能使二者保持一致，才能让行政机关应对各种可能出现的科技风险，单纯依靠立法机关的立法和决定，很难跟得上科技进步的速度。而后出现的回应型行政法理论则更进一步，强调公民社会和政治国家之间，特别是和行政机关之间的互联互动，即民有所呼，行政机关就有所应，行政权的灵活性得到进一步发展。而发展到今天，合作行政理论完成了对上述行政法治理论的超越，强调行政机关与其他国家机关，还有企业、公众、社会组织等主体进行合作，共同应对风险社会可能存在的挑战。从检察行政公益诉讼的角度来说，这里的合作行政强调的是检察机关和行政机关的合作，在风险社会中，国家利益和社会公共利益很容易受到损害，通过检察机关和行政机关的合作来维护公共利益大有裨益，这一点在诉前程序中体现得更为明显，行政机关可能由于自身疏忽，也可能是履职能力有限，导致行政行为违法或不作为，致使国家利益和社会公共利益受到损害，这时检察机关获得案件线索，首先想到的不是与行政机关在法庭上进行对抗，而是通过检察建议这种相对柔性的方式，寻求与行政机关合作，共同维护公共利益。行政机关在收到检察建议后，依法全面履行职责，就是在向检察机关表明愿意接受合作，并将履职情况向检察机关回复，检察机关也依此来监督行政机关履职。

2.2 检察行政公益诉讼诉前程序的实践检视

2.2.1 检察行政公益诉讼诉前程序的立法演进

实际上，检察行政公益诉讼并不是在2015年第十二届全国人大常委会第十五次会议通过了《试点决定》后才有的，在此之前，1997年河南省方城县检察院就该县独树镇工商所国有资产流失提起过行政公益诉讼[①]，但由于当时检察行政公益诉讼本身缺乏法定依据，因而更谈不上前置程序，2014年贵州省金沙县检察院诉金沙县环保局依法履行职责案亦是如此[②]。《试点决定》发布后，检察行政公益诉讼及其诉前程序才进入有法可依阶段。

《试点决定》中明确了检察机关有义务在提起检察公益诉讼前督促行政机关纠正行政违法行为、履行法定职责。[③] 最高人民检察院在2015年12月出台的《人民检察院提起公益诉讼试点工作实施办法》（以下简称《实施办法》）中，对人民检察院的调查核实手段、案件的内部办理程序、审查终结后的处理方式、督促行政机关履职等方面作出了规定。[④]

2017年《行政诉讼法》的修订，标志着检察行政公益诉讼的诉前程序正式有了法律上的依据，通过对《行政诉讼法》和《实施办法》的相关条款进

---

① 1997年河南方城县检察院起诉该县独树镇工商所国有资产流失案，被法院受理判处合同无效。1997年处于国有企业转制和体制改革过程中，国有资产流失现象比较严重。案件事实为1997年5月，南阳市检察院接到群众举报，反映方城县独树镇工商所将价值6万余元的门面房以2万元的价格低价处理。检察机关介入调查，确认存在低价转让国有资产情况，但未发现国家工作人员的职务犯罪情况。来源：国内首例检察机关提起行政公益诉讼案例所引发的反思［EB/OL］.（2016-08-29）［2023-11-20］. https://www.chinacourt.org/article/detail/2016/08/id/2066565.shtml.

② 2014年10月20日，贵州金沙县检察院以行政公益诉讼原告身份将金沙县环保局诉至有管辖权的遵义市仁怀市人民法院，请求判令金沙县环保局依法履行处罚职责。2014年10月27日，仁怀市人民法院决定立案受理。案由为一家名为佳乐的建筑公司在大厦修建过程中，造成噪声污染，影响到附近居民休息。金沙县环保局要求其缴纳噪声排污费共计12.1万元，并送达《缴纳排污费通知书》《限期缴纳排污费通知书》，该公司置若罔闻，拖延缴纳噪声排污费近一年，环保局未依据相关法律处罚。来源同上。

③《全国人民代表大会常务委员会关于授权最高人民检察院在部分地区开展公益诉讼试点工作的决定》：提起公益诉讼前，人民检察院应当依法督促行政机关纠正违法行政行为、履行法定职责，或者督促、支持法律规定的机关和有关组织提起公益诉讼。

④ 详见《人民检察院提起公益诉讼试点工作实施办法》第33~41条。

行对比观察可以发现，《实施办法》对于诉前程序转诉讼程序采取了双重要求，即“行政机关拒不纠正违法行为或不履行法定职责”和“国家和社会公共利益仍然处于受损状态”①，而《行政诉讼法》中删除了对于后者的要求，规定只要行政机关不依法履行职责，人民检察院就可以依法向人民法院提起行政公益诉讼。② 2018 年，“两高”出台了《最高人民法院　最高人民检察院关于检察公益诉讼案件适用法律若干问题的解释》（以下简称《公益诉讼司法解释》），这标志着检察行政公益诉讼及其诉前程序进入制度完善阶段。相比于《实施办法》，《公益诉讼司法解释》对检察建议的回复期限进行了修改，由一个月变为两个月，并设置了紧急情形的回复期限。③

2019 年，最高人民检察院发布了《人民检察院检察建议工作规定》（以下简称《检察建议工作规定》），对检察建议的类型、适用范围、内容要素、内部程序、监督管理等问题作出了规定，这有利于统一各级各地区检察机关检察建议书的基本模式，值得肯定。2021 年，最高人民检察院出台了《人民检察院公益诉讼办案规则》（以下简称《办案规则》），对诉前程序作出了更加详细的规定，并专列一节规定检察建议的有关事项。值得注意的是，在《办案规则》中对不依法履行行政职责的判定标准有了原则性的规定④，这是以往的规范中没有的，但对于诉讼程序的启动又恢复了双重要求⑤。

---

① 《人民检察院提起公益诉讼试点工作实施办法》第 41 条　经过诉前程序，行政机关拒不纠正违法行为或者不履行法定职责，国家和社会公共利益仍处于受侵害状态的，人民检察院可以提起行政公益诉讼。

② 《行政诉讼法》第 25 条　人民检察院在履行职责中发现生态环境和资源保护、食品药品安全、国有财产保护、国有土地使用权出让等领域负有监督管理职责的行政机关违法行使职权或者不作为，致使国家利益或者社会公共利益受到侵害的，应当向行政机关提出检察建议，督促其依法履行职责。行政机关不依法履行职责的，人民检察院依法向人民法院提起诉讼。

③ 《人民检察院提起公益诉讼试点工作实施办法》第 40 条　在提起行政公益诉讼之前，人民检察院应当先行向相关行政机关提出检察建议，督促其纠正违法行为或者依法履行职责。行政机关应当在收到检察建议书后一个月内依法办理，并将办理情况及时书面回复人民检察院。

《最高人民法院　最高人民检察院关于检察公益诉讼案件适用法律若干问题的解释》第 21 条第 2 款　行政机关应当在收到检察建议书之日起两个月内依法履行职责，并书面回复人民检察院。出现国家利益或者社会公共利益损害继续扩大等紧急情形的，行政机关应当在十五日内书面回复。

④ 《人民检察院公益诉讼办案规则》第 72 条　人民检察院认定行政机关监督管理职责的依据为法律法规规章，可以参考行政机关的“三定”方案、权力清单和责任清单等。

⑤ 《人民检察院公益诉讼办案规则》第 81 条　行政机关经检察建议督促仍然没有依法履行职责，国家利益或者社会公共利益处于受侵害状态的，人民检察院应当依法提起行政公益诉讼。

2.2.2 检察行政公益诉讼诉前程序的运行现状

诉前实现保护公益目的是最佳的司法状态，公益诉讼特别是检察行政公益诉讼开展之初，存在一种观点：公益诉讼就是要诉诸法庭，检察行政公益诉讼就是要与行政机关在法庭上进行对抗。但是实践表明，在检察行政公益诉讼中，在检察机关发出检察建议后，绝大多数行政机关能够积极地认识到自身存在行政违法或行政不作为，从而依法全面履职。① 例如，在江西省宜春市人民检察院督促整治袁河沿岸非法采砂行政公益诉讼案②中，2009 年以来，潘某纠集宜春市袁州区西村镇范某等 10 余人，借开办休闲农庄的名义在浙赣铁路与袁河河堤之间长期非法采砂，其在附近经营的砂石加工厂违法排放致使河道堵塞且严重污染环境。行政机关虽然进行了调查并督促整改，但非法采砂问题仍然延续，部分河堤被毁损，造成生态环境破坏且危及铁路安全，2021 年 4 月，第二轮中央生态环境保护督察信访件反映了该问题。在经过前期调查后，2021 年 11 月 30 日，宜春市人民检察院向宜春市水利局制发检察建议，督促其履行监管职责。2022 年 1 月 11 日，宜春市人民检察院向宜春市自然资源局发出检察建议，督促其依法履职。宜春市水利局、宜春市自然资源局高度重视，联合对非法采砂点进行查处，责令非法采砂点全部停止开采，并督促违法行为人采取推平围堰等方式对沿岸河滩、草地进行生态修复。再如，浙江省龙港市人民检察院督促整治新城围垦区垃圾堆放点污染环境行政公益诉讼案，案件线索由中央生态环境保护督察办公室向最高人民检察院移送，浙江省龙港市人民检察院在收到最高人民检察院交办的线索后督促龙港

---

① 2017 年 7 月至 2019 年 9 月，共立案公益诉讼案件 214740 件，办理诉前程序案件 187565 件、提起诉讼 6353 件；两年多来，向行政机关发出诉前检察建议 182802 件，行政机关回复整改率达 97.4%。来源：张军. 最高人民检察院关于开展公益诉讼检察工作情况的报告：2019 年 10 月 23 日在第十三届全国人民代表大会常务委员会第十四次会议上 [EB/OL]. (2019-10-24) [2023-09-23]. https://www.spp.gov.cn/spp/tt/201910/t20191024_435925.shtml.

2017 年 7 月至 2022 年 6 月，全国共制发公益诉讼诉前检察建议 52 万余件；行政机关诉前阶段回复整改率已从 2018 年的 97.2%持续上升至 2021 年的 99.5%。来源：最高检发布检察机关全面开展公益诉讼五周年工作情况 五年共立案公益诉讼案件 67 万余件 [EB/OL]. (2022-06-30) [2023-09-23]. https://www.spp.gov.cn/xwfbh/wsfbt/202206/t20220630_561637.shtml#1.

② 检察公益诉讼协同推进中央生态环境保护督察整改典型案例 [EB/OL]. (2023-06-06) [2023-11-20]. https://www.12309.gov.cn/12309/gj/zdajxx/202306/t20230606_spp616509.shtml.

市综合行政执法局依法履职，鉴于行政机关已经开始履职，龙港市人民检察院决定暂缓立案，但在2021年7月5日，龙港市人民检察院再次现场勘查发现堆放点未得到有效整治，剩余垃圾体量仍然庞大，社会公共利益持续处于受侵害状态。2021年7月7日，龙港市人民检察院向龙港市综合行政执法局制发诉前检察建议，督促其依法履职。经检察机关督促推动，龙港市综合行政执法局加大对随意倾倒垃圾等污染环境案件的办案力度，最终通过各方的积极努力，推动龙港市人民政府在龙港新城设立多处垃圾消纳场，从源头上解决了垃圾倾倒治理难题。

对于一些人民群众反响强烈的急难愁盼问题，通常涉及各个行政机关之间的协调，这就极易出现“九龙治水”的漏洞，这时单纯地通过诉讼程序在法庭上进行对抗，效果并不明显，而通过诉前程序来统筹协调多个行政职能部门进行综合治理，对于公益保护具有独特优势，实现了法律效果、社会效果和政治效果的有机统一。例如，江西省宜春市人民检察院督促整治袁河沿岸非法采砂行政公益诉讼案就涉及宜春市水利部门及自然资源部门的协调，宜春市人民检察院在诉前程序通过组织召开听证会的方式，进一步厘清了两个部门的监管职责，督促两个部门协同履职。检察机关获得案件线索后主动与行政机关负责人展开沟通，听取行政机关的意见，需要发出检察建议的，在检察建议发出后继续协调、督促，监督行政机关自我纠错，依法全面履职。

检察行政公益诉讼诉前程序之所以能够得到广泛应用，是因为其具有独特的实践价值。第一，能够实现案件的繁简分流，节省司法资源。推动案件繁简分流、轻重分离、快慢分道，是近年来我国诉讼法学理论和实践的重要方向，最高人民法院分别就行政和民事诉讼繁简分流出台过专门的意见或实施办法①，而刑事诉讼中的认罪认罚从宽制度也被认为是刑事诉讼繁简分流的实践②，这都是为了解决我国目前司法实践中案多人少的弊端。在检察行政公益诉讼中，诉前程序也承担着节省司法资源的使命，对于检察行政公益诉讼，尽管承担着维护公共利益的重要使命，但也必须充分考虑成本与效益之间的关系。特别是通过上述列举的数据，已经可以证明多数检察行政公益诉讼的

---

①　如《最高人民法院关于推进行政诉讼程序繁简分流改革的意见》《民事诉讼程序繁简分流改革试点方案》《民事诉讼程序繁简分流改革试点实施办法》。

②　程琥．行政诉讼繁简分流程序构造［J］．人民法治，2016（10）：13-16.

案件在行政机关收到检察机关的检察建议后都能够及时做到自查自省，纠正行政违法行为，恢复受损的公共利益，这说明诉前程序在实现案件分流方面表现出非常明显的功效，强化了诉讼程序作为“底线”的角色塑造。但是，如此悬殊的诉前程序和诉讼程序的比例，难免会让人产生联想：是不是检察机关在进行检察行政公益诉讼时，受到了来自行政机关的不当干预，导致许多案件被大事化小、小事化了，通过诉前程序加以“控制”，避免了行政机关成为被告？这样的担心有一定道理，但需要指出的是，最大限度地减少诉讼，本身就是诉前程序设计的内在逻辑。① 诉前程序作为必经程序，就是立法者期望行政机关能够在诉前程序中切实履行义务，实现“零诉讼”这一检察行政公益诉讼诉前程序制度设计的理想目标②，这样既可以实现保护国家利益和社会公共利益的目标，又可以实现检察机关和行政机关之间的和谐互动，落实“双赢多赢共赢”的理念。而且通过披露出的案件可以看出，检察建议可以引起行政机关的高度重视，从而推动问题的解决，并不是案件被“公关”或者“压下来”的体现。第二，有利于督促行政机关自我纠错。现如今，无论是法定的检察行政公益诉讼受案范围，还是各级检察机关在司法实践中探索出的新案件类型，都具有较强的专业性，而具备相关法定职责的行政机关则具有相应领域的专业知识，这一点是检察机关和审判机关不具备的。对于行政机关来说，一些涉及国家利益和社会公共利益的“老大难”问题，通常涉及各个行政机关之间的相互协调，有时候并非行政机关主观上不想为，而是受制于某些客观困难因素，想为而难为，有了检察机关的检察建议，就可以顺势而为，实现自我纠错。第三，通过诉前程序实现案件分流、督促行政机关自我纠错，可以平衡检察权、行政权与审判权之间的关系。案件一旦进入诉讼程序，就会不可避免地导致检察机关与行政机关对簿公堂，其中必然有一方将面临败诉。行政机关如果由于保护“公益”不力而败诉，无论是面对舆论压力还是上级的问责压力，对于行政机关的负责人来说都十分不利；作为检察机关，如果面临败诉，则会打击其继续履行法律监督职责的积极性。通过

① 胡卫列，迟晓燕．从试点情况看行政公益诉讼诉前程序［J］．国家检察官学院学报，2017，25（2）：30-48，170-171.

② 胡卫列，迟晓燕．从试点情况看行政公益诉讼诉前程序［J］．国家检察官学院学报，2017，25（2）：30-48，170-171.

诉前程序，检察机关履行了法律监督职责，行政机关完成了内部纠错，审判机关在这一环节中暂时居于幕后，从而实现了三者之间的平衡。

2.3　检察行政公益诉讼诉前程序的起点——行政机关“不依法履职”的判定

2.3.1　理论界与实务界对于“不依法履职”的判定的观点展示

王春业指出“有必要确定明确的、统一的审查标准”“以按照案件的不同类型，采取分门别类的审查标准”，并列举了环境保护领域和国有土地使用权出让领域的判断标准。他认为，在环境保护领域，如果污染源得到了及时处理、损害扩大得到了防止、对污染企业进行了跟踪管理并督促其落实环保措施，就意味着行政机关履行了职责；在国有土地使用权出让领域，如果涉及国有土地使用权出让金，就要看行政机关是否追回了受让方欠缴的出让金，如果涉及国有土地使用权违规使用，就要看违规办理的土地使用权证是否进行了注销，国有土地是否进行了收回。[①] 胡卫列、迟晓燕在《从试点情况看行政公益诉讼诉前程序》一文中指出，认定行政不作为需要考虑几个要素，即“行政机关具有履行法定职责”“行政机关没有履行法定职责”“不履行法定职责是不为而不是客观上不能为”。[②] 刘建新在《论检察环境公益诉讼职能定位及程序优化》一文中指出，“对行政机关接受检察建议后作出的行政行为的审查应采取温和的行为标准，而不是更严苛的结果标准”。[③] 胡婧、朱福惠在《论行政公益诉讼诉前程序之优化》一文中指出，“统一以实质性合法审查标准判断行政机关是否依法履职”。[④] 沈开举、邢昕在《检察机关提起行政公益诉讼诉前程序实证研究》一文中指出，诉前程序转向诉讼程序的标准即判断

① 王春业．论行政公益诉讼诉前程序的改革：以适度司法化为导向［J］．当代法学，2020，34（1）：89-97.

② 胡卫列，迟晓燕．从试点情况看行政公益诉讼诉前程序［J］．国家检察官学院学报，2017，25（2）：30-48，170-171.

③ 刘建新．论检察环境公益诉讼的职能定位及程序优化［J］．中国地质大学学报（社会科学版），2021，21（4）：28-40.

④ 胡婧，朱福惠．论行政公益诉讼诉前程序之优化［J］．浙江学刊，2020（2）：117-126.

行政机关存在“不依法履职”的标准，是行政机关没有通过行政行为制止损害的发生，公共利益仍然受到侵害或处于受到侵害的危险状态。[①]

从实务界的角度来看，最高人民检察院第八检察厅副厅长在最高检举行的“完善公益诉讼制度，强化公益检察保护”新闻发布会上提到，在2019年最高检会同生态环境部等九部委会签的《关于在检察公益诉讼中加强协作配合依法打好污染防治攻坚战的意见》和2020年最高检会同中央网信办、司法部、国家市场监督管理总局等十单位会签的《关于在检察公益诉讼中加强协作配合依法保障食品药品安全的意见》中都明确了判断行政机关履职尽责的标准：以法律规定的行政执法机关的法定职责为依据，以是否采取有效措施制止违法行为，是否全面运用法律法规、规章和规范性文件规定的行政监管手段，国家利益和社会公共利益是否得到了有效保护为标准，并将之归纳为“行为要件+结果要件+职权要件”的“三要件”标准。[②]

2.3.2 职权要件

在职权要件这一标准中，主要解决的问题是判定行政机关职权的来源，这一点在《办案规则》中有明确规定[③]。在行政机关职权的来源中，最重要的就是法律法规规章，“法无授权不可为”和“法定职责必须为”是现代行政法学中最重要的两个原则。这就意味着，一切行政权力的行使，都需要有法律上的依据。当然，此处的法律应作扩张解释，包括这里所说的法规和规

① 沈开举，邢昕．检察机关提起行政公益诉讼诉前程序实证研究［J］．行政法学研究，2017(5)：39-51.

② 《关于在检察公益诉讼中加强协作配合依法打好污染防治攻坚战的意见》第13条　明确行政执法机关履职尽责的标准。对行政执法机关不依法履行法定职责的判断和认定，应以法律规定的行政执法机关法定职责为依据，对照行政执法机关的执法权力清单和责任清单，以是否采取有效措施制止违法行为、是否全面运用法律法规、规章和规范性文件规定的行政监管手段、国家利益或者社会公共利益是否得到了有效保护为标准。

《关于在检察公益诉讼中加强协作配合依法保障食品药品安全的意见》第10条　明确依法履职标准。对食品药品监管不依法履行法定职责的判断和认定，应以法律规定的食品药品有关部门法定职责为依据，对照食品药品有关部门的执法权力清单和责任清单，以是否采取有效措施制止违法行为，是否全面运用法律法规、规章和规范性文件规定的行政监管手段，国家利益或者社会公共利益是否得到了有效保护为标准。

③ 《人民检察院公益诉讼办案规则》第72条　人民检察院认定行政机关监督管理职责的依据为法律法规规章，可以参考行政机关的“三定”方案、权力清单和责任清单等。

章。笔者认为，在判定行政机关的职权时，这三类来源应当也具有层次位阶：法律和法规是来源的依据，规章是来源的参照。这是由于在人民法院进行行政审判的时候，要求以法律和行政法规、地方性法规为依据，对于规章则参照适用。[①] 这意味着，人民法院虽然不能直接对规章的合法性进行审查，但是在审理案件时，具有适用选择权，既可以选择适用，也可以选择不适用。2004 年 5 月《最高人民法院关于审理行政案件适用法律规范问题的座谈会纪要》对如何参照规章进行了规定："在参照规章时，应当对规章的规定是否合法有效进行判断，对于合法有效的规章应当适用。"人民法院在审理行政案件时对于规章的选择使用权意味着在检察行政公益诉讼确定行政机关职权时，也应当充分考虑规章的合法性，若和法律法规一样都直接作为行政职权来源的依据，则意味着司法机关在进行审判活动时都有可能不认可的制度规范却要强加在行政机关身上，这显然是不合适的。至于处在规章下位的其他规范性文件也应当采用类似的处理方法，按照《行政诉讼法》第 64 条[②]的规定来确定是否作为职权的来源，即规范性文件只有在与上位法不抵触时，才能确定为行政机关职权的来源。

第二类行政机关职权的来源是"三定方案"、权力清单和责任清单。"三定方案"是随着 1988 年国务院机构改革而登上历史舞台的，"三定"分别指的是定职能、定机构、定编制。定职能指的是这个机构具体是干什么的，以及机构内设部门的具体职责。定机构是指确定内设机构，包括与之相关的名称、性质、经费来源等。定编制是指定人员编制数额。在当时的机构改革中，出于转变政府职能的需要，要求各部门先定职能，再定机构和编制，并且通过国家机构编制委员会印发文件加以规定。从出现一直发展到今天，"三定方案"的名称、内容等经历了多次变化，如今"三定方案"的主要内容规定在

---

① 《行政诉讼法》第 63 条　人民法院审理行政案件，以法律和行政法规、地方性法规为依据。地方性法规适用于本行政区域内发生的行政案件。

② 《行政诉讼法》第 64 条　人民法院在审理行政案件中，经审查认为本法第五十三条规定的规范性文件不合法的，不作为认定行政行为合法的依据，并向制定机关提出处理建议。

2020 年中共中央办公厅发布的《“三定”规定制定和实施办法》① 中。党的十九届五中全会指出要全面实行政府权责清单制度，权责清单制度也是我国行政体制改革中的一项创新性制度安排。权责清单的出现，有利于解决改革过程中权责碎片化的问题，推动行政权力行使在法治的轨道上。权责清单最开始演变是从权力清单开始的，2005 年河北省邯郸市出台了我国首份市长权力清单，2013 年权力清单首次以制度的形式出现在党的十八届三中全会通过的《中共中央关于全面深化改革若干重大问题的决定》中②。2014 年，国务院各部门权力清单首次由中国机构编制网公布，同年，佳木斯成为全国首个公布权力清单的地级市，全国首份县级权力清单出现在浙江富阳。2015 年《关于推行地方各级政府工作部门权力清单制度的指导意见》的发布标志着全国范围内开展了权责清单制度实践③，而后经过各级政府的积极努力，省—市—县—乡四级政府权责清单实现了全覆盖。

第三类行政机关职权的来源是上级行政机关的命令、指示，这是由《中华人民共和国地方各级人民代表大会和地方各级人民政府组织法》规定的④。

第四类来源是先前行为引起的附随职责，如行政协议、行政允诺等，特别是在营商环境领域，一些行政机关存在“空头允诺”“新官不理旧账”的行为，若将营商环境领域纳入检察行政公益诉讼受案范围，行政允诺、行政协议等先前行为引起的法定职权将成为判断行政机关职权的重要来源。

---

① 《“三定”规定制定和实施办法》第 11 条 “三定”规定草案初稿应当使用条款形式表述，一般包括下列内容：（一）部门（单位）的名称、设立依据、隶属关系、机构性质和规格等；（二）部门（单位）的主要职责；（三）内设机构的名称和职责；（四）人员编制和领导职数；（五）“三定”规定的解释、调整、施行日期等；（六）其他需要专门明确的事项。

② 《中共中央关于全面深化改革若干重大问题的决定》（35） 推行地方各级政府及其工作部门权力清单制度，依法公开权力运行流程。完善党务、政务和各领域办事公开制度，推进决策公开、管理公开、服务公开、结果公开。

③ 《关于推行地方各级政府工作部门权力清单制度的指导意见》（一）工作目标。将地方各级政府工作部门行使的各项行政职权及其依据、行使主体、运行流程、对应的责任等，以清单形式明确列示出来，向社会公布，接受社会监督。通过建立权力清单和相应责任清单制度，进一步明确地方各级政府工作部门职责权限，大力推动简政放权，加快形成边界清晰、分工合理、权责一致、运转高效、依法保障的政府职能体系和科学有效的权力监督、制约、协调机制，全面推进依法行政。

④ 《中华人民共和国地方各级人民代表大会和地方各级人民政府组织法》第 73 条 县级以上的地方各级人民政府行使下列职权：……（十一）办理上级国家行政机关交办的其他事项。

2.3.3　行为要件

行为要件指的是行政机关“不依法履行职责”，《公益诉讼司法解释》规定，检察院发出检察建议的行政行为前提是行政机关“违法行使职权或者不作为”，检察院向法院提起诉讼的行政行为前提是“行政机关不履行法定职责”[①]。笔者认为，在检察行政公益诉讼领域，“行政机关不履行法定职责”与行政机关违法行使职权和行政不作为之间是包含的关系，与违法行使职权或者不作为相比，“不依法履行法定职责”还包括未在规定期限内回复检察建议。这是因为在《公益诉讼司法解释》第21条中，从“行政机关违法行使职权或不作为”到“不依法履行法定职责”的词语转变时，中间加入了行政机关对检察建议书的回复义务，但这并不代表行政机关所有不回复检察建议书的行为都应当纳入不履行法定职责，应当分情况讨论。

第一种情况是行政机关依据检察建议书履行了职责，但是没有回复；第二种情况是行政机关收到检察建议书后，通过自查自省认为自己依法履行了行政职权，不存在违法行使职权或行政不作为，但没有向检察机关回复说明情况；第三种情况是行政机关在收到检察建议书后并未予以重视、置之不理，也没有回复。对于上述三种情况，第一种情况不应当认定为“不依法履行法定职责”。这是由于检察行政公益诉讼的制度目的是促进对国家利益和社会公共利益的保护，行政机关依据检察建议纠正了自身的行政行为，实现了对国家利益和社会公共利益的保护，就达到了制度目的，而制度目的并不是检察机关要处于一种高高在上的地位，等待行政机关的回复。但是，由于司法解释中要求了行政机关的回复义务，在这种情况下，检察机关可以通过协商机制告知行政机关具有回复义务，若该行政机关多次出现这种情况，检察机关可以向上级行政机关或监察机关发出检察建议，督促行政机关履行义务。第一种情况不作为“不依法履行法定职责”的第二个原因在于，一旦被认定为

---

① 《公益诉讼司法解释》第21条　人民检察院在履行职责中发现生态环境和资源保护、食品药品安全、国有财产保护、国有土地使用权出让等领域负有监督管理职责的行政机关违法行使职权或者不作为，致使国家利益或者社会公共利益受到侵害的，应当向行政机关提出检察建议，督促其依法履行职责。行政机关应当在收到检察建议书之日起两个月内依法履行职责，并书面回复人民检察院。出现国家利益或者社会公共利益损害继续扩大等紧急情形的，行政机关应当在十五日内书面回复。行政机关不依法履行职责的，人民检察院依法向人民法院提起诉讼。

“不依法履行法定职责”，则意味着案件将进入诉讼程序。进入诉讼程序后，行政机关由于没有履行回复的法定义务，必然面临着败诉，但判决内容是行政机关向检察机关回复检察建议。在国家利益和社会公共利益已经得到保障的前提下，这种没有实质内容的程序空转只会浪费本就紧张的司法资源，对于解决问题的意义不大。第二种情况也不应当被认定为“不依法履行法定职责”，这是由于检察机关和行政机关对于行政机关是否依法履行法定职责存在争议，无论行政机关是否回复检察建议，都将进入诉讼程序。进入诉讼程序后，若审判机关支持检察机关的主张，就将判决行政机关依法履行法定职责并及时向检察机关通报相关情况，接受检察机关的督促。但是，若审判机关支持了行政机关的主张，那么在驳回检察机关的其他诉讼请求后，如果再要求行政机关履行回复检察建议的义务，又会面临上文所说的程序空转问题。第三种情况应当认定为“不依法履行法定职责”，这也符合《办案规则》中对“行政机关未依法履行职责”的认定①，尽管这种情况进入诉讼程序后仍然可能出现上文的“程序空转问题”，但行政机关对于检察建议的不重视相比于单纯的不回复要严重得多，若此种行为不能够通过行政机关败诉的方式确认其违法，将很难引起行政机关对于检察建议的重视，这会使检察行政公益诉讼的诉前程序处于一种形同虚设的状态。除了“不依法履行法定职责”包含不回复检察建议书的行为，其他内容与“违法行使职权或者不作为”并无差别，因而下面将讨论“违法行使职权或者不作为”的情形。

第一类是不依法履行法定职责。这一类中又包含不履职和拒不履职。前者如贵州省人民检察院督促保护乌江流域生态环境行政公益诉讼案②，该案中贵州省乌江航道管理局及案涉的相关行政机关对乌江水生态环境安全、航道安全、公共安全负有监督管理职责，但怠于履职，导致国家利益和社会公共利益受到严重损害，是典型的不履行法定职责。后者如江西省萍乡市检察机关督促整治非法采矿行政公益诉讼案③，该案中，上栗县资规局收到检察建议

---

① 《人民检察院公益诉讼办案规则》第 82 条　有下列情形之一的，人民检察院可以认定行政机关未依法履行职责：（一）逾期不回复检察建议，也没有采取有效整改措施的……

② 关于印发《生态环境保护检察公益诉讼典型案例》的通知［EB/OL］.（2023-07-07）［2023-11-20］. https://www.spp.gov.cn/spp/xwfbh/wsfbt/202307/t20230707_620946.shtml#2.

③ 最高检发布督促整治非法采矿检察公益诉讼典型案例（第二批）［EB/OL］.（2023-07-25）［2023-11-20］. https://lj.dysjcy.gov.cn/news/show-1211.html.

后仅对部分案件未在法定罚款幅度下进行罚款予以认可，依法下达了补缴罚款通知书，并督促涉案企业计提矿山地质环境治理恢复基金、对采矿区域限期复垦复绿。但对于是否应当责令涉案企业赔偿矿产资源损失和依据何标准赔偿，以及以何依据核算违法所得，上栗县资规局存有异议。对此，萍乡市人民检察院通过主动走访、召开专题会商会和公开听证会等方式多次沟通督促，但上栗县资规局仍不采纳检察建议的相关要求，而后，为了减少办案干扰，保障案件诉讼工作顺利进行，芦溪县人民检察院对该案提起诉讼。

第二类是履职有瑕疵。如河北省涉县人民检察院督促整治非法采矿行政公益诉讼案，在该案中，涉县自然资源和规划局及辽城乡人民政府收到检察建议后，立即整改，依法拆除违法占地的厂房，没收违法行为人非法采矿违法所得 61296 元，并处罚款 12259.2 元，并于 2022 年 5 月 16 日书面回复检察机关：相关责任人已处罚，采矿坑已填埋。涉县人民检察院跟进监督发现，涉案砂石破碎厂房虽已拆除，但仍有部分弃料随意堆放，采矿坑回填较浅，土地未完全恢复原状，受损林地生态未全面修复。这种案件中的履职不彻底就是履职瑕疵的体现。

第三类是违法履职，如海南省文昌市人民检察院诉文昌市海洋与渔业局不依法履职案，在该案中，文昌市海洋与渔业局在收到检察建议后于 2018 年 6 月 25 日回复称，已在 2018 年 5 月 4 日至 5 月 13 日，在全市范围开展违规渔具清理专项行动，查处了 101 张定置网。经检察机关跟进调查，2015 年至 2018 年 8 月 21 日，该局没有一宗因使用小于最小网目尺寸（35mm）定置网的行政处罚案件，且该局仅在禁渔期对违法定置网进行拆除，从未在非禁渔期对此类违法行为进行查处，尤其是对专项活动中发现的 101 张定置网，该局只采用了通过告知牌告知渔民自行拆除 67 张网的方式，未严格依照渔业法规定的行政处罚手段进行处置，对于在禁渔期内使用禁用捕捞工具可能涉嫌犯罪的情况也未依法进行调查并移交处理。文昌市人民检察院于 2018 年 8 月 2 日、9 月 3 日、12 月 21 日到冯家湾等海域跟进监督发现，该区域仍存在大量的违法定置网。

2.3.4　结果要件

相比于前两个要件，结果要件的标准比较简单，即国家利益和社会公共利益处于受损状态。关于损害标准有两种观点：第一是“损害危险论”，第二是“损害事实论”。从保护公共利益的角度来说，显然“损害危险论”更有利于公共利益的保护，因为其防患于未然，在公共利益可能受到损害时，检察权就主动出击，督促行政机关依法履行职责，保护公共利益，这也符合检察机关能动履职的要求。但现存的法律规范偏向于“损害事实论”，如《检察机关提起公益诉讼改革试点方案》（以下简称《试点方案》）中“造成国家和社会公共利益受到侵害”的表述，《办案规则》中也有类似规定①。但是，在当今这样一个充满不确定性的社会之中，国家治理的重要任务就是预防风险，特别是面对一些重大风险如环境风险，要下好先手棋，打好主动仗，居安思危，防患于未然，把风险消灭在萌芽状态。因此，笔者认为，应当在一些领域探索预防性检察行政公益诉讼，不要等到损害已经发生再由检察机关启动法律监督，而是在预防阶段就能动处置，把预防风险变为检察行政公益诉讼的制度优势之一，对这类案件的探索，本书将在第七章展开论述。

2.3.5 行为要件和结果要件的衔接

行为要件和结果要件看似是两个独立的要件，却要进行衔接，行为是结果的原因，结果是行为的后果。若不研究二者的衔接，孤立地看待行为要件和结果要件，就会使得对于究竟依据何种判断标准来判定行政机关不依法履职，司法机关与行政机关有着不同的意见。如今的司法实践中也存在这样的倾向，司法机关倾向于采纳结果标准，即只要国家利益和社会公共利益仍然处于受损状态，就说明行政机关没有依法履行职责，这是一种倒推。行政机关则偏向行为标准，即自己作出了相应的行政行为，实现了全面依法履职，就应当认定为不存在“不依法履职”，而不能完全以国家利益和社会公共利益是否恢复为标准。例如，在晴隆县人民检察院诉被告晴隆县国土资源局行政不作为②行政公益诉讼案中，晴隆县莲城镇黎家大院砂石场于 2010 年 12 月 28 日取得采矿许可证（采矿许可期限为 5 年），露天开采建筑石料用灰岩。2015 年 12 月 4 日，晴隆县国土资源局对黎家大院砂石厂发出《关于组织开展矿山

① 《人民检察院公益诉讼办案规则》第 71 条　人民检察院办理行政公益诉讼案件，围绕以下事项进行调查：（一）国家利益或者社会公共利益受到侵害的事实……

② （2017）黔 2323 行初 16 号。

环境恢复治理工作的通知》，要求对黎家大院砂石场在2015年12月15日前委托有资质的部门完成《矿山环境恢复治理实施方案》的编制，并在矿山闭坑前，完成矿山环境恢复治理工作。晴隆县人民检察院在履职中发现黎家大院砂石场未依照《矿山环境恢复治理实施方案》进行矿山环境恢复治理，并于2017年1月24日，向晴隆县国土局发出检察建议书，督促该局依法履行监管职责。后因黎家大院砂石场未采取矿山恢复治理措施，晴隆县人民检察院于2017年5月17日提起行政公益诉讼。在进入诉讼程序后，2017年5月19日，晴隆县国土资源局向黎家大院砂石场发出《关于尽快完成黎家大院砂石场环境恢复治理的通知》，要求该矿在1个月内按照《矿山环境恢复治理实施方案》，完成碎石土回填和矿山复绿等环境恢复治理任务。黎家大院砂石场于2017年6月8日开始矿山恢复治理工作。在本案中，审判机关的逻辑是尽管在诉讼过程中，晴隆县国土资源局已经下发了督促通知，要求黎家大院砂石厂及时进行恢复治理，但治理过程需要一定的工程期限，同时晴隆县国土资源局应当履行监督该工程达到《矿山环境恢复治理实施方案》要求的职责，因此，判令被告晴隆县国土资源局依法履行监管职责，督促被告严格依法行政，维护国家利益和社会公共利益。

再如，在贞丰县人民检察院诉兴仁县环保局行政不作为行政公益诉讼案①中，兴仁县远程煤矿于2013年批准技改为30万吨/年规模，井田面积为4.3947平方公里，现为证照齐全的生产矿井。该矿于2015年被贵州省公安厅、环保厅列为贵州省十大环境污染案件挂牌督办。检察机关在履职中发现该矿存在取土现场粉尘未采取有效措施，煤粉、煤矸石露天堆放，产生粉尘污染，堆场煤矸石自燃，矿区溶淋水收集处理不当，矿山生态环境未恢复等环境违法行为。尔后，贞丰县人民检察院向普安县人民法院提起行政公益诉讼，认为被告兴仁县环保局怠于履职。被告称其自2014年以来，对该矿生产经营过程出现的环境违法行为做了大量的现场勘查、调查取证工作，多次作出限期改正、责令停产整顿治理，并就已经出现的违法行为组织约谈等事项，认为其不存在怠于履行职责的情况，请求驳回公益诉讼人的诉讼请求。普安县人民法院一审认为，尽管被告对远程煤矿的环境监管做了大量的工作，也

① （2017）黔2323行初3号。

对远程煤矿作出了相关的处罚，但其存在履职不及时和履职不适当。该矿于2013年10月开始进行技改建设，在建设开采过程中未按照环评要求进行生产，被告没有及时要求远程煤矿进行整改，直到2014年6月17日才以“仁环违改字（16）号”通知，要求远程煤矿于2014年10月30日前改正环境违法行为。在远程煤矿整改期间，被告于2014年7月16日、2014年8月1日进行过两次现场检查，在发现该矿没有认真按环评批复进行整改时，只做了口头要求，没有下达具体整改落实措施，2014年10月30日整改期限结束后，被告也没有及时对远程煤矿进行检查验收。虽然被告在2014年12月2日和2015年3月18日对远程煤矿发出过两次整改通知书，但均只是责令远程煤矿改正环境违法行为，没有采取更为严厉的处罚措施，直到2015年4月28日接到黔西南州环境保护局信访交办通知书后，才于2015年5月18日下达“仁环停产字〔2015〕01号”停产整治决定书。在以后的工作中，被告虽然做了大量的工作，也作出过相应的处罚，但均事倍功半，废气、废水、废渣、粉尘、煤矸石自燃等环境污染和危害依然存在，环境恢复治理缓慢，故被告存在履职瑕疵。远程煤矿产生的大气污染、固废污染、水环境土壤污染等生态污染依然存在，社会公共利益仍然处于受侵害的状态。被告在今后履行职责时，除了要履行日常监管职责，还要采取相应的补救措施，严格按照环评要求和专家意见进行整改。由此可见，在本案中，行政机关的逻辑是其对环境违法行为作出了调查和处理，已经尽到了法律规定的义务，履行了法律规定的职责，因而不应当被判定为不依法履行行政职责。但检察机关和法院认为，尽管行政机关作出了一些努力，但“远程煤矿产生的大气污染、固废污染、水环境土壤污染等生态污染依然存在，社会公共利益仍然处于受侵害的状态”，而且除了履行日常监管职责，还需要采取补救措施，进行恢复整治。

行为要件与结果要件的衔接主要就是因果关系的问题，在确定行政机关具有不履行法定职责或作出违法行政行为时，检察行政公益诉讼还不能启动，只有确定该行政不作为或行政违法与国家利益和社会公共利益受损之间存在因果关系时才能启动。行政机关违法行使职权与公共利益受损之间的因果关系比较容易判断，难点在于行政不作为与公共利益受损之间的因果关系，因为其中涉及两方主体，即行政机关和侵害公共利益的行为人。若要认定行政不作为和公共利益受损之间存在因果关系，需要同时满足三个要素：第一个是行政管理权限要素，即行政机关对于侵害公共利益的行为人所作出的行为具有管理权限；第二个是侵害要素，即侵害公共利益的行为人所作出的行为确实侵害了公共利益；第三个是履职要素，即行政机关没有依法履行职责，没有制止侵害公共利益的行为人的侵害行为。概括一下就是，行政机关对于处在其行政管理权限之下的行为人侵害公共利益的行为没有依法处置。当然，这种因果关系的构造也不是绝对的，具有两种例外情况：第一种情况是行政机关已经穷尽所有手段，第二种情况是客观因素导致行政职责履行受限。第一种情况要求行政机关采取一切合法的手段维护公共利益。例如，在生态环境和资源保护的检察行政公益诉讼案件中，在当事人拒不履行恢复生态环境的义务时，具有行政强制权的行政机关就可以采用代履行的手段辅助执行，若行政机关没有进行代履行，只是单纯地督促，就不能视作穷尽了一切手段。对于第二种情况，行政机关依法履行职责也要尊重客观规律和现实情况，例如，在生态环境和资源保护案件中，当事人对生态环境造成了破坏，行政机关在发现后及时依法履职，对当事人进行了依法处理，但生态环境恢复需要尊重一定的客观规律，需要一定的时间，不可能一蹴而就。此时，对于生态环境尚未恢复正结果显然不能归咎于行政机关。再如，在国有土地使用权出让领域的案件中，当事人拒不缴纳土地使用出让金，但并不是其主观上不愿意缴纳，而是客观上确实除生活必要的费用外无可供执行的财产，这时对于土地使用出让金不能及时收缴，也不能归咎于行政机关的不作为。

2.4　检察行政公益诉讼诉前程序的中转站——检察建议

2.4.1　检察建议中的申辩权问题

诉前程序是一个独立的程序，应当通过检察机关和行政机关的双向互动来完成，并不是检察机关的单向调查，而是应当将行政机关看作平等的主体，在行使调查核实权的时候充分尊重行政机关的权利。在这一过程中，行政机关可以被视为检察机关的“相对人”，从而使时常作为“行政主体”出现的行政机关体验一下“相对人”的感觉。既然是“相对人”，就应当享有相对人的合法权利，申辩权就是其中之一，我国现行行政法中有很多地方都规定了相对人的申辩权。[①] 从检察机关的监督职能来说，听取行政机关的申辩就是检察机关履行监督职能的体现。从程序权利上来说，听取行政机关的申辩是实现程序正义、尊重行政机关程序性权利的体现。从诉前程序与诉讼程序的衔接来说，若检察机关不认同行政机关的申辩，且行政机关也不认同检察机关的检察建议，那么最终一定会进入诉讼程序。进入诉讼程序后仍然面临着庭审中的对抗，在对抗中行政机关必然会对检察机关的“指控”提出反驳，这也是行使申辩权的表现，既然诉前程序与诉讼程序相互独立，只是时间上有先后的程序，那么在诉讼程序中，行政机关应享有的权利和必不可少的程序在诉前程序中也不应当缺失。从权力配合上来说，诉前程序既照顾到了检察机关在法律适用上的优势，也照顾到了行政机关在相关领域的专业性优势，是双方的“第一次交锋”。在日常的政治活动中，行政机关掌握着大量的社会资源，在公权力结构中也处于相对强势的地位，但在检察行政公益诉讼中，检察机关处于强势地位，这是由两个方面的原因决定的：第一，检察公益诉讼的定位是党的十八届四中全会作出的一项重大改革部署，也是以法治思维和法治方式推进国家治理体系和治理能力现代化的一项重要制度安排，肩负着优化司法职权配置，完善行政诉讼制度，推进法治政府建设的使命，检察官也被称为“公共利益的代表”。在这种氛围的烘托下，检察机关难免会产生一种“优越感”，存在滥发检察建议的可能，《最高人民检察院关于开展公益诉讼检察工作情况的报告》就指出了这一问题。[②] 第二，同属司法机关的审判机关是检察行政公益诉讼案件的最终裁判者，检察权和审判权均属于司法权，意即行政权要与两种司法权进行对抗，难免会处于弱势，因而从平衡司法权和行政权的角度来考虑，必须尊重行政机关在检察建议发出时的申辩权，这也符合权力制约和监督的基本法治原则。

为了落实行政机关的申辩权，应当首先在立法上予以明确，目前我国有

---

① 如《中华人民共和国行政处罚法》第 45 条　当事人有权进行陈述和申辩。行政机关必须充分听取当事人的意见，对当事人提出的事实、理由和证据，应当进行复核；当事人提出的事实、理由或者证据成立的，行政机关应当采纳。行政机关不得因当事人陈述、申辩而给予更重的处罚。

② 有的检察机关片面追求办案数量，存在滥发诉前检察建议、办案凑数问题。比如“类案群发”，针对一个行政执法机关涉及同类多个行政违法行为，在同一时期发出多份检察建议，影响监督实效与公信。有的检察建议质量不高，对违法事实、证据和法律适用阐述不严谨、不充分，说理性不足、操作性不强。有的检察建议一发了之，或仅看是否回复，不关注实际整改成效。

关检察行政公益诉讼的法律制度中只明确了诉前程序为必经程序，并没有明确检察机关应当听取行政机关的申辩，意即行政机关的申辩权并没有法律制度的保障。为此，可以仿照《行政处罚法》中有关相对人申辩权的规定来确定行政机关在诉前程序的申辩权，即行政机关有权进行陈述和申辩，检察机关必须充分听取行政机关的意见，对行政机关提出的事实、理由和证据，应当进行复核；行政机关提出的事实、理由或者证据成立的，行政机关应当采纳。检察机关不得因行政机关陈述、申辩而作为行政机关违法行使职权或不作为的理由。笔者认为，该条款应当放置于《人民检察院诉讼规则》第三章第二节，即“检察建议”节，这是由正反两方面原因决定的：从正面来说，《人民检察院诉讼规则》以专节规定检察建议，而听取行政机关申辩又应当作为制作和发出检察建议的程序，因而放在这个位置可谓“文题相符”。从反面来说，首先，《行政诉讼法》只是对检察行政公益诉讼制度作出了原则性规定，并未涉及具体程序，而行政机关的申辩只是诉前程序的一部分，没有必要放置在《行政诉讼法》中。其次，行政机关虽然在检察行政公益诉讼中处于弱势地位，但这种弱势是相对的，其与强势的检察机关之间的差距远没有行政处罚中行政相对人和行政机关之间的差距大，因而大可不必与《行政处罚法》中行政相对人的申辩权一样放置在有关行政诉讼的“基本法”中。除了在立法上明确行政机关的申辩权，在具体执行上，行政机关行使申辩权应当和检察机关发出检察建议一样，通过书面进行。有的学者认为，应当在诉前程序中引用听证制度，通过听证这种特别的申辩方式来辅助行政机关行使申辩权。[①] 笔者认为这种观点有一定的道理，但是听证应当在行政机关书面行使申辩权之后，这时检察机关与行政机关已经进行了“交锋”，但对于相关事实、法律依据等一些重要问题尚未达成一致，人民检察院就可以通过组织听证来听取各方代表的意见。最后，行政机关行使申辩权并不是只能由可能存在违法行使职权或行政不作为的机关完成，相关行政机关在此过程中可以请求司法行政机关如司法局进行辅助，由于检察行政公益诉讼的诉前程序由检察机关主导，有明显的法律专业性，而这并不是一般行政机关的专长，通过

① 刘艳珍，刘海娇．行政公益诉讼诉前检察建议的优化路径［J］．华北水利水电大学学报（社会科学版），2023，39（4）：90-97.

司法行政机关的辅助可以很好地弥补这一不足，具体实施方式可以由相关行政机关会同司法行政机关向检察机关出具相关法律问题的说明。如果要进行听证，司法行政机关可以派员出席作为行政机关的辅助人，即相当于为行政机关在诉前程序中请了“律师”，帮助其解决法律上的问题，这有利于司法行政机关在辅助办案的过程中对法治政府的建设进行督查，也有利于健全现代公共法律服务体系。

2.4.2 检察建议中的回复期限问题

在检察建议的回复期限上，以《公益诉讼司法解释》的出台为标志，实现了回复期限的延长和紧急情况回复期限的单列①，但是仍然显得缺乏灵活性。对于行政机关在回复检察建议期间的特殊情况，应当设立检察建议回复期间的延长机制。设立回复期间的目的是督促行政机关按照检察建议的要求依法全面履职，维护国家利益和社会公共利益。通过前面的数据可以得知，诉前程序在检察行政公益诉讼中发挥了重要作用，其中就包括检察建议对行政机关的督促。延长的事由可以分为三类：第一类是复杂案件中的调查、取证和鉴定，许多行政公益诉讼案件极为复杂，特别是涉及不特定多数人的公共利益。因此，在调查、取证或鉴定时间过长，两个月内回复检察建议有困难时，应当允许延长。第二类是客观履职困难，如在生态环境和资源保护案件中，环境恢复需要一定的时间，对于有的环境恢复，两个月是远远不够的，应当根据具体情况允许延长。第三类是涉及跨部门、跨区域协调的案件，延长的期限应当为案件相关材料在不同部门和区域之间流转的时间。有的行政公益诉讼案件由于具有较大的复杂性，通常是需要各个机关协同解决的老大难问题，特别是对于跨区域的案件，单靠一个行政部门是很难解决的，需要多个部门联合履职。例如，在天津市人民检察院第三分院、河北省沧州市人民检察院联合督促治理外来入侵物种互花米草行政公益诉讼案②中，最终就负

---

① 《最高人民法院　最高人民检察院关于检察公益诉讼案件适用法律若干问题的解释》第 21 条第 2 款　行政机关应当在收到检察建议书之日起两个月内依法履行职责，并书面回复人民检察院。出现国家利益或者社会公共利益损害继续扩大等紧急情形的，行政机关应当在十五日内书面回复。

② 关于印发《生态环境保护检察公益诉讼典型案例》的通知［EB/OL］.（2023-07-07）［2023-11-20］. https://www.spp.gov.cn/spp/xwfbh/wsfbt/202307/t20230707_620946.shtml#2.

有监管职责的天津市滨海新区农业农村委员会、河北省沧州市农业农村局等七家行政机关以行政公益诉讼立案，复杂程度由此可见。因此，对于涉及跨部门、跨区域的检察行政公益诉讼检察建议的回复期限应当灵活处理，对于现行期限应适当延长。

设置检察建议恢复期限的延长机制，并不意味着行政机关可以消极怠工，行政机关依然要在先前两个月的期限内，按照检察建议的要求完成依法全面履职的任务，并将相关内容及时回复检察机关。若出现以上三种事由，应当书面向检察机关申请延长期限，由检察机关根据行政机关的具体履职情况和案件事实来决定是否批准延长。若检察机关拒绝延长，行政机关可以向上一级检察机关申请复议一次，在申请复议时应当先将情况通报给自己的上级部门。如果检察机关批准延长，则延长期限由检察机关定夺，最多延长不得超过两次。若延长超过两次行政机关仍无法恢复受损的公共利益，则应当转为诉讼程序。在这种设计下，有可能存在行政机关确实在检察建议发出后全面履职但依然无法在规定期限内恢复受损的公共利益的情况，但制度设计应当考虑的是一般的状况，通过现行检察行政公益诉讼的实践可以证明，绝大部分案件是可以在诉前程序结案的。若出现上述情况，也足以说明在检察机关发出检察建议前公共利益受损程度之深、行政机关违法行使职权或者不作为时间之久，审判机关此时确认其未依法全面履行职权，也不能算作冤枉。

2.5　检察行政公益诉讼诉前程序的终点——与诉讼程序的衔接

2.5.1　诉讼程序与诉前程序衔接的基础

诉前程序与诉讼程序衔接的基础就是诉前程序的独立性，因为诉前程序与诉讼程序是相互独立的，二者在时间上是先后关系，所以必然要涉及二者诉讼程序的衔接，二者衔接中最重要的一个问题就是行政机关不履行法定职责的认定，只有这一点得到了确认，才能判断案件是进入诉讼程序还是在诉前程序结案。这一点在本章前文已经做了详细分析，在此不再赘述。笔者主要分析检察建议书与起诉书内容之间的衔接，检察建议书是检察机关在进入诉讼程序之前提起的，诉讼程序后需要制作起诉书，二者的衔接也是诉前程序和诉讼程序衔接的重要问题。

2.5.2 检察建议书与起诉书内容的衔接

关于检察建议书与起诉书内容上的衔接，笔者将其分为三种情况：第一种情况是检察建议书与起诉书内容完全一致，这种情况适用于行政机关在收到检察建议书后并未认真审查自身行为，只是形式上对检察机关的检察建议书作出了回复，但实质上违法行使行政职权或行政不作为依然存在，国家利益和社会公共利益依然受损。第二种情况是检察建议书和诉讼请求在要求行政机关制止受损的公共利益方面相同，即主体内容相同，但是增加了要求行政机关回复检察建议的内容，对应前文中对于“不履行法定职责”认定的第三种情况。第三种情况是检察建议书和诉讼请求部分相同，这种情况适用于行政机关收到检察建议书后部分履职，但没有完全履职，国家利益和社会公共利益仍然处于受损状态；或者是在部分履职后，又出现了新的不履行法定职责的行为，致使同样的公共利益遭到新的损害。理论上还存在一种情况，就是检察建议书与起诉书完全不同，出现这种情况只可能是由于行政机关已经依法履行了检察建议书中要求履行的职责，但由于新的不履行法定职责，导致新的公共利益受到损害。笔者认为，在这种情况下，应当认定为本案的检察行政公益诉讼已经在诉前程序结案，对于新的不履行法定职责导致新的公共利益受到损害的情况应当另案处理。

第三章
检察行政公益诉讼的起诉期限研究

3.1 检察行政公益诉讼起诉期限的基本理论

3.1.1 基本概念

检察行政公益诉讼的起诉期限是指检察机关发现国家利益和社会公共利益因为行政机关违法行使职权或不作为而受到侵害，依法向人民法院提起行政公益诉讼，请求保护公共利益的法定期限。起诉期限不等于诉讼时效，诉讼时效又被称为消灭时效，指的是权利人在法定期限内不履行权利从而导致义务人有权提出拒绝履行抗辩权的法律制度，诉讼时效主要规定在《中华人民共和国民法典》（以下简称《民法典》）第188条中①，起诉期间主要规定在《行政诉讼法》中②。二者的立法目的不同：行政诉讼的起诉区间是为了督促相对人尽快行使权力，以维护行政行为的确定力、公定力和拘束力；民

① 《民法典》第188条　向人民法院请求保护民事权利的诉讼时效期间为三年。法律另有规定的，依照其规定。诉讼时效期间自权利人知道或者应当知道权利受到损害以及义务人之日起计算。法律另有规定的，依照其规定。但是，自权利受到损害之日起超过二十年的，人民法院不予保护，有特殊情况的，人民法院可以根据权利人的申请决定延长。

② 《行政诉讼法》第46条　公民、法人或者其他组织直接向人民法院提起诉讼的，应当自知道或者应当知道作出行政行为之日起六个月内提出。法律另有规定的除外。因不动产提起诉讼的案件自行政行为作出之日起超过二十年，其他案件自行政行为作出之日起超过五年提起诉讼的，人民法院不予受理。

事诉讼的诉讼时效是为了督促权利人及时行使相关权利，而不保护“躺在权利上睡觉的人”。二者的性质也不同：诉讼时效属于实体性规定，起诉期限属于程序性规定。同时，起诉期间也是一个固定的期间，不能够中止、中断，只有在遇到法定因素，如不可抗力或不属于自身原因的耽误时间，经过法院允许才可以将“被耽误的时间不计算在起诉期限内”。而诉讼时效是可变期间，在符合法定事由的情况下，可以中止、中断、延长。二者的法律效果也不同，如在行政诉讼中，人民法院会依职权主动审查起诉期间，如果相对人的起诉超过了起诉期间，人民法院将不予受理或裁定驳回起诉；而在审理民事案件时，若义务人未提出诉讼时效的抗辩，人民法院不得主动适用。起诉期间与除斥期间也存在着根本的不同。第一，从适用的权利属性来说，起诉期间适用的是行政相对人依法向人民法院请求纠正行政行为，保障其合法权益的权利，可以说是一种请求权；而除斥期间适用的是形成权。第二，除斥期间也不能够中止、中断或延长；而起诉期间在符合法定条件的情况下可予以扣除。

3.1.2 理论基础

行政公益诉讼起诉期限的第一个理论基础是法的安定性理论，包括法律规范的安定性和法律秩序的安定性：法律规范的安定性是指法律不能朝令夕改，必须在一定期间内保持相对稳定，这不在本节的讨论范围之中；法律秩序的安定性是指通过法律行为确定的权利义务关系要保持安全、稳定、持久。在行政公益诉讼中，法的安定性主要是指法律秩序的安定性，检查行政公益诉讼是检察机关认为行政机关违法行使职权或行政不作为，从而导致国家利益和社会公共利益遭到损害，因此向人民法院提起诉讼，请求人民法院判令行政机关依法履职，维护公共利益。如果设置起诉期限，则将导致在经过一段时间以后检察机关不能再就相关事项向人民法院起诉，也就意味着除非行政机关在诉前程序中听从检察机关的检察建议，否则行政机关违法行使职权或不作为就无法得到法院的纠正，这也就意味着公共利益无法得到有效保护。公共利益固然重要，但也要兼顾法的安定性，甚至可以说法的安定性也属于社会公共利益。设置行政公益诉讼的起诉期限就是为了妥善解决公共利益保护和法的安定性之间的矛盾，通过合理设置起诉期限的时长、计算起点等要素，来平衡检察机关维护社会公共利益的需要和法的安定性。维护法的安定性也直接关系到行政公益诉讼的制度效能，如果不设置起诉期限，就意味着检察机关在任何时候都可以就历史上的任何问题向人民法院提起诉讼，这首先会导致相关案件取证困难，增加取证成本，对案件事实的还原也很难保证准确，实际上会造成行政公益诉讼的效能降低。同时，也有可能导致检察机关很难集中精力，纠正当下发生的侵害公共利益的行政行为或不作为。

行政诉讼起诉期限的第二个理论基础是司法审查有限理论。司法审查有限理论是指，司法机关特别是审判机关对于行政行为的审查权限应该有一定的边界，而不能进行全方位、不受控制的审查。这里的“有限”可以从横向和纵向两个角度理解，横向的有限是指一些行政行为不能够被司法机关审查，这类似于德国学者提出的行政裁量和行政判断余地理论，即司法机关在对行政行为进行审查时，需要为行政行为的裁量和判断保留一定的“余地”，司法机关不能审查“余地”范围内的事项，就是为行政机关的行政行为提供了有限的自决空间。司法审查有限的纵向角度是指司法机关只能对一定期限内的行政行为进行审查，对已经超过期限的行政行为则无权进行审查，而为行政公益诉讼设置起诉期限主要就是从司法审查有限的纵向角度考虑的。

3.2 检察行政公益诉讼起诉期限的实证考察

3.2.1 认为行政公益诉讼不适用起诉期限

例如，在黄石市黄石港区人民检察院诉黄石市水利和湖泊局水利行政管理案[①]中，被告黄石市水利和湖泊局辩称：《行政诉讼法》规定，公民、法人或者其他组织直接向人民法院提起诉讼的，应当自知道或者应当知道作出行政行为之日起六个月内提出。检察机关早在 2018 年 7 月 31 日就发出检察建议，本案的起诉已超过法定起诉期限（笔者注：裁判文书显示黄石市黄石港区人民检察院于 2020 年 5 月 20 日向人民法院提起诉讼）。最终法院认为：《行政诉讼法》中起诉期限的设定是为了唤醒“权利的睡眠者”，给予行政相

① （2020）鄂 0202 行初 38 号。

对人寻求维护自身权利的机会，维护行政管理秩序的稳定。检察机关作为国家法律监督机关，依法对行政机关的行政执行行为履行法律监督的责任，在发现行政机关未依法全面履行法定职责的情况下，对行政机关发出检察建议，要求行政机关依法全面履行法定职责，对于维护国家利益和社会公共利益具有重大的意义，不同于行政相对人起诉行政机关维护私人权益，它是推进法治政府、法治国家建设的重要方式。目前，并无法律规定行政公益诉讼应当受起诉期限的限制，故本院对被告主张公益诉讼起诉人超过起诉期限的意见不予支持。

再如，在三台县人民检察院诉三台县人民防空办公室案（二审）[①] 中，三台县人民检察院认为人民检察院不属于行政诉讼起诉期限所规范的对象，不受起诉期限的限制，通过归纳发现，主要理由包括：①《行政诉讼法》规范的是公民、法人或其他组织，而人民检察院既不属于公民，也不属于行政行为的相对人以及其他与行政行为有利害关系的法人或其他组织，《行政诉讼法》对人民检察院提起行政公益诉讼进行单列和《公益诉讼司法解释》第23条对行政公益诉讼起诉条件的规定不同于普通行政诉讼的原告，足以说明与其他行政诉讼主体的诉讼地位相区别，因此《行政诉讼法》中对于起诉期限的限制不能约束人民检察院。②根据法无授权不可为的基本法理，人民检察院提起的行政公益诉讼不应受起诉期限的限制。③国家和社会公共利益的本质特性决定了对侵害国家和社会公共利益的行为，任何时候都应受到法律的规制。检察机关对行政机关提起行政公益诉讼，不同于行政相对人起诉行政机关维护私人权益，它保护的是国家和社会公共利益免受侵害。对侵害国家和社会公共利益的行为，只要侵害国家和社会公共利益的情况持续存在，就应受到法律的追究和制裁。④人民检察院提起行政公益诉讼具有特殊属性。人民检察院提起行政公益诉讼存在诉前程序，在督促行政机关履职的过程中，由于受季节、气候等条件的限制，要求行政机关立即完全履职的客观环境可能不成熟。而且在行政公益诉讼中，国家和社会公共利益受到侵害往往具有潜伏性、滞后性以及因果关系的复杂性等特点，导致确认和判断损害后果的难度较大。因此，应当允许公益诉讼起诉人在被诉行政行为得到纠正前提起

① （2019）川07行终104号。

诉讼。

上面两个案例分别是审判机关认为行政公益诉讼不适用《行政诉讼法》的诉讼期限和检察机关主张不适用《行政诉讼法》的诉讼期限，主要理由分别是：第一，《行政诉讼法》规定的起诉期限是约束行政相对人起诉行政机关维护私人权益的，检察机关作为公益诉讼起诉人不受其约束；第二，公益诉讼有着很高的价值目标，对于维护公共利益，推进法治政府、法治国家建设具有重要意义，因此，只要侵害国家利益和社会公共利益的情况存在，就随时应当受到法律的追究和制裁。

笔者对上述两种观点持保留态度。第一，《公益诉讼司法解释》已经明确了对于其中没有规定的其他事项，也需要适用《行政诉讼法》及其司法解释的规定。① 第二，上文已经明确起诉期限主要是为了维护法的安定性，而法的安定性就是公共利益的表现，不能认为检察机关所提起诉讼中的公共利益就是值得保护的，而法的安定性这一公共利益就是不值得保护的。特别是在三台县人民检察院诉三台县人民防空办公室案（二审）中，检察机关认为根据法无授权不可为的原理，在没有法律规定的情况下，行政公益诉讼不应当受到起诉期限的限制。那么，如果反过来对这个观点进行理解，《行政诉讼法》中已经提出对于行政诉讼要有起诉期限的限制，有关行政公益诉讼的条款规定在《行政诉讼法》中，同时又没有明确的条款授权检察机关提起行政公益诉讼可以不受起诉期限的限制，这就说明行政公益诉讼还是要受到起诉期限的限制。

3.2.2 认为行政公益诉讼适用起诉期限

在三台县人民检察院诉三台县人民防空办公室案（一审）② 中，三台县人民检察院认为，诉讼期限是我国诉讼制度的共同规定，目前，《行政诉讼法》及其司法解释、《公益诉讼司法解释》均没有关于行政公益诉讼起诉期限的明确规定，但依据《公益诉讼司法解释》第 26 条，相关起诉期限的限制也适用于行政公益诉讼。而且《行政诉讼法》第 8 条规定“当事人在行政诉讼

---

① 《最高人民法院 最高人民检察院关于检察公益诉讼案件适用法律若干问题的解释》第 26 条 本解释未规定的其他事项，适用民事诉讼法、行政诉讼法以及相关司法解释的规定。

② （2019）川 0722 行初 14 号。

中的法律地位平等”，行政公益诉讼作为行政诉讼的一种，公益诉讼起诉人和被告在行政诉讼中具有平等的法律地位，应当依法行使诉讼权利，自觉履行诉讼义务，即使在法律没有明确规定的情形下，公益诉讼起诉人也应当受到诸如起诉条件、起诉期限等诉讼制度的限制。从起诉主体来看，人民检察院作为督促行政机关履行法定职责的法定机构，对相关法律规定非常熟悉，比作为一般行政诉讼案件中的原告具有更高的法律素养，行政相对人提起行政诉讼均要受到起诉期限的限制，作为专门机构的人民检察院应当不能例外。另外，起诉期限制度设立的目的是，不仅要保护国家利益、社会公共利益或者个人利益，同时也要兼顾效率原则，维护社会管理秩序的稳定。因此，人民法院认为检察机关应当受到《行政诉讼法》中有关起诉期限的约束。该案中，三台县人民检察院分别于 2017 年 9 月 28 日和 2018 年 1 月 10 日两次向三台县人民防空办公室发出检察建议，要求被告履行法定职责，根据相关规定，三台县人民检察院应当在三台县人民防空办公室履行法定职责期满之日起六个月内提出，三台县人民防空办公室履行法定职责的期限是两个月，故三台县人民检察院最迟应当在 2018 年 9 月 10 日前提起诉讼。三台县人民检察院于 2019 年 1 月 14 日提起诉讼，超过了法定起诉期限，最终驳回三台县人民检察院的起诉。

在榆树市人民检察院诉榆树市五棵树镇人民政府公益诉讼案①中，被告榆树市五棵树镇人民政府辩称该案已超过法定的起诉期限，公益诉讼起诉人榆树市人民检察院于 2017 年 12 月 5 日收到了五棵树人民政府的回函，于 2018 年 7 月 3 日起诉，已超过 6 个月的法定起诉期限。法院认为，依据《行政诉讼法司法解释》的有关规定②，检察机关提起行政公益诉讼的起诉期限应从发现行政机关未依法履行法定职责的行为，致使国家利益或者社会公共利益受到侵害之日起一年内提起公益诉讼。该案中，公益诉讼起诉人榆树市人民检察院在履行职责中发现，被告未履行法定职责，将积肥场变成垃圾场，侵害了社会公共利益，公益诉讼起诉人向被告发出检察建议的时间为 2017 年 11

① （2018）吉 0182 行初 41 号。

② 《最高人民法院关于适用〈中华人民共和国行政诉讼法〉的解释》第 64 条　行政机关作出行政行为时，未告知公民、法人或者其他组织起诉期限的，起诉期限从公民、法人或者其他组织知道或者应当知道起诉期限之日起计算，但从知道或者应当知道行政行为内容之日起最长不得超过一年。

月 21 日，而公益诉讼起诉人提起公益诉讼时在法定的一年起诉期限内。故被告提出公益诉讼起诉人提起公益诉讼已超过法定期限的观点，于法无据，不予采纳。与之类似的还有徐州市鼓楼区人民检察院诉徐州市自然资源和规划局不履行法定职责案①，被告徐州市自然资源和规划局辩称，徐州市鼓楼区人民检察院针对涉案行政行为于 2017 年 3 月 30 日向被告发出检察建议，被告于 2017 年 5 月 3 日予以书面回复，但其至 2017 年 12 月 28 日提起本案诉讼已超过法定六个月的起诉期限。法院认为，检察机关以公益诉讼起诉人身份提起公益诉讼，履行的是法律监督职能，目的是加强对国家利益和社会公共利益的保护，该案中第三人擅自改变林地用途的违法行为致使国家利益和社会公共利益持续处于受损害状态，公益诉讼起诉人提起行政公益诉讼具有现实必要性和实效性，且 2017 年施行的《行政诉讼法司法解释》规定“行政机关作出行政行为时，未告知公民、法人或者其他组织起诉期限的，起诉期限从公民、法人或者其他组织知道或者应当知道起诉期限之日起计算，但从知道或者应当知道行政行为内容之日起最长不得超过一年”，故公益诉讼起诉人在 2017 年 5 月发现原徐州市农业委员会存在怠于履职行为后，于 2017 年 12 月 18 日提起诉讼，并未违反起诉期限的相关规定。

再如，在常州市钟楼区人民检察院诉常州市钟楼区环境保护局不履行法定职责案②中，被告辩称根据公益诉讼起诉人提供的证据和本案的客观事实，宋某某经营的钟楼区“某某酒吧”于 2010 年 7 月 18 日开始营业，因其未办理建设项目环保审批手续，且在营业过程中噪声超标排放，2010 年 12 月 2 日，原钟楼环保局作出常钟环罚决字〔2010〕46 号处罚决定书，对其处以罚款五万元。宋某某收到处罚决定书后，立即搬离了原经营场所，虽然未缴纳罚款，但已经停止了违法行为。依据 2017 年适用的《行政诉讼法》的规定，被告认为本案应适用五年的起诉期限，公益诉讼起诉人在 2017 年 12 月 25 日对原钟楼环保局 2010 年作出的具体行政行为提起诉讼已经超过了五年起诉期限，应依法予以驳回。但法院认为，钟楼区人民检察院已依法履行向行政机关提出检察建议、督促其依法履行职责的诉前程序，原钟楼环保局在收到检

① （2017）苏 8601 行初 1419 号。

② （2017）苏 0412 行初 118 号。

察建议书后一个月内（笔者注：当时还未颁布《公益诉讼司法解释》，依据的是2015年颁布的《实施办法》，其中规定检察建议书的办理期限是一个月[①]）仍未履行法定职责，国家利益和社会公共利益仍处于受侵害状态，钟楼区人民检察院据此提起行政公益诉讼符合法律规定。对于被告的上述意见，法院不予采纳。

通过对于上述四个案例的考察可以发现，无论审判机关通过什么理由，最终是什么样的审判结果，有一点是达成共识的，那就是行政公益诉讼也要受到起诉期限的限制，且限制的依据为《行政诉讼法》和《行政诉讼法司法解释》的相关规定，这是值得肯定的。但笔者对于一些裁判理由持保留态度，如榆树市人民检察院诉榆树市五棵树镇人民政府公益诉讼案以及徐州市鼓楼区人民检察院诉徐州市自然资源和规划局不履行法定职责案，人民法院最终援引的都是《行政诉讼法司法解释》中对于行政机关作出行政行为时未告知公民、法人或其他组织起诉期限时的期限。笔者认为这款条文不适用于行政公益诉讼法中检察机关的起诉期限。这是因为这款条文主要是为了照顾行政相对人对于相关法律知识的不了解，因此要求行政机关在作出行政行为时告知行政相对人可以通过起诉进行救济的期限。人民检察院是国家的法律监督机关，根据《中华人民共和国人民检察院组织法》第42条的规定"检察官从取得法律职业资格并且具备法律规定的其他条件的人员中选任"，因此要是说检察机关不知晓有关起诉期限的规定，而需要行政机关在作出行政行为（如回复检察建议）时告知检察机关起诉期限，恐怕是不具有说服力的。

3.3 检察行政公益诉讼起诉期限的要素阐释

3.3.1 起诉期限的起算点

通过查阅有关裁判文书，对于起诉期限起算点的认定并不统一，《行政诉讼法》中是"自知道或者应当知道作出行为之日"起计算的，但是对于以何

---

① 《人民检察院提起公益诉讼试点工作实施办法》第40条　在提起行政公益诉讼之前，人民检察院应当先行向相关行政机关提出检察建议，督促其纠正违法行为或者依法履行职责。行政机关应当在收到检察建议书后一个月内依法办理，并将办理情况及时书面回复人民检察院。

时开始认定为“知道或者应当知道作出行为之日”，则见仁见智。有以“检察机关在收到检察建议回复后发现仍不履行职责”来认定的，如徐州市鼓楼区人民检察院诉徐州市自然资源和规划局不履行法定职责案①；有以“收到行政机关复函检察建议”认定的，如泾县人民检察院诉泾县财政局案②；还有以“违法行为终了之日”起计算的，如合肥市瑶海区人民检察院诉合肥新站高新技术产业开发区瑶海社区管理委员会国有资产行政管理案③；还有主张以“检察机关发出检察建议”为起点确定起诉期限的，这主要是行政机关主张的，因为检察机关在发出检察建议后还需要等待行政机关的回复，在收到回复后还要考察行政机关是否进行了整改，这样就很容易超过六个月的期限。

笔者认为，起诉期限起算点应当从检察机关收到行政机关对检察建议的回复开始计算，若行政机关不向检察机关回复检察建议，则从回复期限届满开始计算。这首先是考虑到《行政诉讼法》对于起诉期限的起算点是“自知道或者应当知道作出行为之日”，行政不作为是“行政机关在接到申请之日起两个月内不履行的”。而两个月的期间也是为行政机关依法履职提供充足的时间，体现出这样一种逻辑：当行政机关两个月没有履职时，行政相对人就应当知道行政机关可能不会再履职了。因此从“知道或者应当知道”的角度看，行政作为和不作为起诉期限的设置目的是一样的，就是使相对人知道行政机关没有依法履行职责，可以通过诉讼途径来申请救济。因此，在行政公益诉讼中，从检察机关“知道或者应当知道”行政机关违法行使职权或不作为开始计算起诉期限，而“知道或者应当知道”的标志就是“检察机关收到行政机关对于检察建议的回复”或回复期限届满但行政机关仍未回复。有的行政机关主张应当从发出检察建议开始计算起诉期限，因为发出检察建议证明检察机关知道了行政机关存在违法行使职权或不作为，这种观点从逻辑上说得通，但是发出检察建议只是诉前程序的开始，起诉期限是诉讼程序，行政公益诉讼中的诉前程序和诉讼程序是相互独立的，因此不能以诉前程序的时间点来计算诉讼程序的期限。还有的案件主张应当以“违法行为终了”或者“公共利益受损”不再继续为时间点计算起诉期限，实质上这与检察机关“知

① （2017）苏8601行初1419号。
② （2019）皖18行终154号。
③ （2020）皖0102行初9号。

道或者应当知道”行政机关违法行使职权或不作为开始计算起诉期限是一样的，因而与“检察机关收到行政机关对于检察建议的回复”或回复期限届满但行政机关仍未回复的起算点并无差异。其中可能存在两个逻辑上的问题：一是“检察机关收到行政机关对于检察建议的回复”或回复期限届满但行政机关仍未回复是否意味着检察机关“知道或者应当知道”行政机关违法行使职权或不作为；二是“检察机关收到行政机关对于检察建议的回复”或回复期限届满但行政机关仍未回复是否意味着“违法行为终了”或者“公共利益受损”。其实仔细思考就能发现，对于第一个问题，“检察机关收到行政机关对于检察建议的回复”或回复期限届满但行政机关仍未回复与检察机关“知道或者应当知道”行政机关违法行使职权或不作为一定会有时间差，但是这一时间差在此处可以被忽略。其一，出于维护公共利益的紧迫性，检察机关在收到行政机关对于检察建议的回复或回复期限届满但行政机关仍未回复时，应当立即跟进调查行政机关是否作出整改，不应间隔过长的时间。其二，这种时间差从对外效力上是由检察机关内部掌握的，只有检察机关自己知道何时对于行政机关是否作出整改进行跟进调查，而“知道或者应当知道”的时间点应当由检察机关和行政机关共同掌握，“检察机关收到行政机关对于检察建议的回复”或回复期限届满但行政机关仍未回复是双方均明知的，后者有明确的法律规定，前者可以检察机关签收行政机关对于检察建议的回复来确定。对于第二个问题，“检察机关收到行政机关对于检察建议的回复”或回复期限届满但行政机关仍未回复是一个法律行为，“违法行为终了”或者“公共利益受损”是一个法律事实，当“检察机关收到行政机关对于检察建议的回复”或回复期限届满但行政机关仍未回复时，检察机关通过跟进调查发现行政机关已经按照检察建议进行全面整改，则“公共利益受损”就会发生逆转，违法行为也就此终了；若检察机关通过跟进调查发现行政机关没有按照检察建议的要求整改，则意味着违法行为仍在持续，且“公共利益受损”持续，无论是从“违法行为终了”或者“公共利益受损”哪个时间点开始计算，都与“检察机关收到行政机关对于检察建议的回复”或回复期限届满但行政机关仍未回复的时间点相契合。

3.3.2　起诉期限的时长

在起诉期限的时长方面，应当以《行政诉讼法》第46条规定的六个月为准。这主要是由于经过实证考察，大部分案件能够在“检察机关收到行政机关对于检察建议的回复”或回复期限届满但行政机关仍未回复的六个月内完成。同时，不适用《行政诉讼法司法解释》第64条的规定，原因在前文中已经释明，在此不再赘述。同时也参照适用《行政诉讼法》对于最长保护期①的规定，但应当作适当修正，对于生态环境和资源保护类案件的期限设置为20年，对于其他领域的案件设置为5年，这是由生态环境和资源本身的性质决定的，对于生态环境和资源的破坏可能当下无法显现，需要经过长时间才能显现出来，因而应当从长计算起诉期限，但不应当不设置起诉期限，这样既有利于督促检察机关依法维护公共利益，又可以为相关领域案件的发现提供足够的时间。

对于起诉期限，可以参照《行政诉讼法》第48条的规定予以扣除②，扣除的理由可以包括检察机关请示汇报的期间、对公共利益的受损情况委托鉴定的期间等。如在泾县人民检察院诉泾县财政局案③中，法院就对泾县人民检察院层报至安徽省人民检察院和安徽省人民检察院批复下发的时间进行了扣除，法院认为：此逐级层报制度系基于行政公益诉讼制度的建立需要，由最高人民检察院规定，故前述逐级层报审批期间有别于公民、法人或其他组织可自由行使诉权的期间，不应计入起诉期限。

---

① 《行政诉讼法》第46条第2款　因不动产提起诉讼的案件自行政行为作出之日起超过二十年，其他案件自行政行为作出之日起超过五年提起诉讼的，人民法院不予受理。

② 《行政诉讼法》第48条　公民、法人或者其他组织因不可抗力或者其他不属于其自身的原因耽误起诉期限的，被耽误的时间不计算在起诉期限内。公民、法人或者其他组织因前款规定以外的其他特殊情况耽误起诉期限的，在障碍消除后十日内，可以申请延长期限，是否准许由人民法院决定。

③ （2019）皖18行终154号。

第四章
检察行政公益诉讼的举证责任研究

4.1 检察行政公益诉讼举证责任的特殊性

4.1.1 诉讼目的的特殊性

举证责任是诉讼制度中的核心问题，正因如此，不同诉讼中的举证责任是不同的，不同的原因就在于不同诉讼的诉讼目的不同。在刑事诉讼中，尽管有出于打击犯罪的需要，但保障人权也是刑事诉讼的重要目的，因此在刑事诉讼中由公诉机关承担举证责任，只有公诉机关拿出确实、充分的证据证明被追诉人有罪，人民法院才能依法判定被追诉人有罪。也正是出于这种原因，刑事诉讼的证明标准是最高的，即必须达到确实、充分，且排除合理怀疑的程度。其中“确实”是质量要求，“充分”是数量要求，而“排除合理怀疑”强调的是结论的“唯一性”或者称为结论的“排他性”。在民事诉讼中，由于民事法律关系中强调的是双方当事人的意思自治，且效率是民商事活动的重要目的，在民事诉讼中采取的是“谁主张，谁举证”的举证责任，证明标准也相对较低，达到高度“盖然性”即可。在行政诉讼中，诉讼目的是纠正行政机关的违法行为，保障相对人的合法权益，因而举证责任的要求是倒置的，行政机关必须证明自己的行政行为合法，否则将承担不利后果。在研究检察行政公益诉讼的举证责任时，首先要考察的是其诉讼目的。

从广义上讲，检察行政公益诉讼的制度目的有以下三个：第一个目的也是最直接的目的，就是保障国家利益和社会公共利益，督促行政机关有效制止损害国家利益和社会公共利益的行为，围绕中心，服务大局，充分发挥检察公益诉讼促进国家治理的制度效能，如通过检察公益诉讼保障长江经济带发展、服务黄河流域生态保护和高质量发展、服务乡村振兴战略、因地制宜服务区域重大战略和本地中心工作（如北京市人民检察院部署开展危化品安全生产、无障碍环境建设专项监督活动，服务保障建党一百周年庆祝活动、北京冬奥会和冬残奥会；黑龙江、吉林、辽宁检察机关落实最严格的耕地保护制度，深入开展“保护黑土地，守护大粮仓”公益诉讼专项活动等）。第二个目的是通过检察权来监督和制约行政权，纠正行政机关违法行使职权和行政不作为，倒逼行政机关依法行政，促进法治政府的建设，如各级检察机关把与行政机关磋商作为提出检察建议的必经程序，不单纯追求办案数量，更注重办理政府及其部门遇到阻力或者需要几家单位协同解决的难案。第三个目的是实现公益诉讼的效能“外溢”，首先表现在对于极少数必须提起诉讼的案件，努力将案件办成法治教育样本，达到办理一案、警示一片、教育社会面的效果，唤起行政机关和社会公众保障公共利益的意识。其次表现在促进相关制度的完善，包括案件领域制度的完善（如在北京市密云区人民检察院督促整治印刷企业排污行政公益诉讼案中，区生态环境局收到检察建议后高度重视，制定《密云区 VOCs 综合治理改造补助资金使用管理暂行办法》，对改造验收合格的印刷企业给予补助）和检察行政公益诉讼制度的完善。研究检察行政公益诉讼的举证责任时，必须考虑到诉讼目的的特殊性。

4.1.2　当事人的特殊性

适格原告的问题也是检察行政诉讼主要考虑的因素。对于侵害国家利益和社会公共利益的案件，最主要的问题就是缺乏适格的原告，特别是国有财产和国有土地出让领域的案件，很难确定地说出谁的利益直接受到了侵害，因而就造成了起诉主体缺位。检察机关的介入，首先就解决了适格原告的问题，对于涉及国家利益和社会公共利益的案件有了起诉主体，同时还通过参与公共利益的维护完成了对行政机关的法律监督职能。检察机关履行法律监督职能在检察公益诉讼中表现为全过程参与，即诉前、诉中、诉后的全过程参与。在诉前程序中，检察机关要依法调查行政机关履行法定职责的状况和公共利益受损的状况，并发出检察建议，督促行政机关依法履职。在诉讼过程中，检察机关需要关注行政机关依法履职的状况，重点就行政机关在收到检察建议后仍未履行的职责向法院作出说明。在诉讼结束后，如果检察机关败诉，则需要认真总结经验，认识到工作上的不足，提升在相关领域的监督效能；若检察机关胜诉，则需要继续履行监督职责，监督行政机关依法全面履行职权，实现对公共利益的恢复。

与传统行政私益诉讼中的“民告官”不同，检察行政公益诉讼是典型的“官告官”，与行政诉讼中的行政相对人相比，检察机关无论是在地位、职权还是收集证据的能力上，都要比行政私益诉讼的原告强太多，这就是本书第二章讲到的检察机关在检察行政公益诉讼中处于优势地位，因而举证责任倒置的行政私益诉讼举证责任模式并不适用于行政公益诉讼。依法行使职权、维护公共利益是行政机关的重要职责。尽管行政机关在行政公益诉讼中处于相对劣势的地位，但其也拥有相应的人员、能力、经费去收集相关的证据。特别是在检察机关以违法行使行政职权为由提起行政公益诉讼时，行政机关既然行使了职权，就要求其在行使行政职权时已经收集好证据，不允许行政机关在知道被诉以后才收集证据，这一点在《行政诉讼法》中已作规定。[①] 因而在这种情况下，行政机关也应当负有相应的举证责任，而不能完全依靠原告来举证。

4.1.3 诉讼程序的特殊性

行政公益诉讼在诉讼程序方面的特殊性表现在督促程序的前置，即检察机关通过调查取证发现行政机关存在违法行使职权或不作为造成国家利益和社会公共利益遭到损害时，应当先发出检察建议督促行政机关依法履行职责。诉前程序具有独立性，既是公共利益的救济手段，又是行政系统内部实现自我监督、自我纠错的要求。从公共利益的救济手段来看，检察机关发出检察建议就是要督促行政机关依法履行职责，改变公共利益的受损状态，实现对公共利益的维护。并且若行政机关拒绝检察建议的“建议”，则检察机关也有

① 《行政诉讼法》第35条　在诉讼过程中，被告及其诉讼代理人不得自行向原告、第三人和证人收集证据。

后续手段，就是将行政机关以被告的身份送上法庭，这既是对行政机关依法履职的否定，又给行政机关造成了败诉的压力。因此在大多数情况下，行政机关会欣然接受检察机关的检察建议，履行行政职责，修复公共利益受损的状态。从行政系统内部实现自我监督、自我纠错的要求来看，通过检察建议这一外部的推力实现对行政机关的内部压力，通过行政机关自己认识到自身存在违法行使职权或不作为来纠正自身的行为。若行政机关认为自己不存在违法行使职权或行政不作为，检察机关这一外力也不能强制行政机关承认自己存在违法行使职权或行政不作为，更不能强制行政机关纠正违法行政行为或依法履职，只能诉诸人民法院，等待审判机关的裁决。

通过对《行政诉讼法》第 25 条的考察可以发现，若要进入诉讼阶段，就需要满足两个法定条件：其一，检察机关认为行政机关存在违法行使职权或不作为，并且这种违法行使职权或不作为导致了国家利益和社会公共利益受到侵害；其二，在检察机关发出检察建议后，行政机关并没有按照检察建议的要求进行整改。一旦满足这两个条件，督促程序即为诉前程序必然会转为诉讼程序。而在转化的过程中，检察机关已经完成了一轮的证据收集，证明行政机关存在违法行使职权或不作为并且造成公共利益受到损害，相关法律规范也对这一轮的证据收集作出了规定，例如《检察建议工作规定》第 14 条就明确了检察官在进行调查核实时对于相关证据可以查阅、调取、复制，《实施办法》对证据的调取作出的规定比较详细。① 这些都意味着检察机关在进入诉讼程序之前有责任对相关事实进行调查取证，一旦检察机关对于行政机关落实检察建议的结果不满意，认为其没有依法履行职责，公共利益仍然处于受损状态，前面通过调查取证取得的证据就要一并移交给人民法院，接受人民法院的审查，这对于举证责任具有直接的影响。

---

① 《人民检察院提起公益诉讼试点工作实施办法》第 33 条　人民检察院可以采取以下方式调查核实有关行政机关违法行使职权或者不作为的相关证据及有关情况：（一）调阅、复制行政执法卷宗材料；（二）询问行政机关相关人员以及行政相对人、利害关系人、证人等；（三）收集书证、物证、视听资料等证据；（四）咨询专业人员、相关部门或者行业协会等对专门问题的意见；（五）委托鉴定、评估、审计；（六）勘验物证、现场；（七）其他必要的调查方式。调查核实不得采取限制人身自由以及查封、扣押、冻结财产等强制性措施。人民检察院调查核实有关情况，行政机关及其他有关单位和个人应当配合。

4.2 检察行政公益诉讼举证责任的概括与具体化

4.2.1 检察行政公益诉讼举证责任的原则性概括

对于检察行政公益诉讼的举证责任，在有关制度规范中作出了些许规定，《实施办法》第 44 条、第 45 条规定了检察机关在提起行政公益诉讼时需要提交的材料和承担的举证责任。[①] 在《人民法院审理人民检察院提起公益诉讼案件试点工作实施办法》（以下简称《人民法院试点工作实施办法》）中，最高人民法院明确了人民检察院提起行政公益诉讼应当提交的材料，其中就有对于提交证据的要求，这也可以看作审判者对于行政公益诉讼中原告有关举证责任的要求。[②]《公益诉讼司法解释》第 22 条也有类似的规定，值得注意的是，在《公益诉讼司法解释》中，对于国家利益或者社会公共利益受到侵害检察机关需要提交的材料取消了“初步”的表述[③]，这说明在司法解释制定的过程中，人民法院与人民检察院就证据提交问题进行协商的结果是提高了对检察机关提交证据的要求。

通过对上面制度规范的文本考察可以发现，目前对于行政公益诉讼举证责任的分配有如下特征：第一，检察机关负有较重的举证责任，对于国家利益和社会公共利益受到侵害的事实，依法履行诉前程序并提出检察建议的事实、行政机关收到检察建议后拒不纠正违法行为或不履行法定职责，都要履

---

① 《人民检察院提起公益诉讼试点工作实施办法》第 44 条　人民检察院提起行政公益诉讼应当提交下列材料：（一）行政公益诉讼起诉书；（二）国家和社会公共利益受到侵害的初步证明材料。

第 45 条　人民检察院提起行政公益诉讼，对下列事项承担举证责任：（一）证明起诉符合法定条件；（二）人民检察院履行诉前程序提出检察建议且行政机关拒不纠正违法行为或者不履行法定职责的事实；（三）其他应当由人民检察院承担举证责任的事项。

② 《人民法院审理人民检察院提起公益诉讼案件试点工作实施办法》第 12 条　人民检察院提起行政公益诉讼应当提交下列材料：（一）行政公益诉讼起诉状，并按照被告人数提出副本；（二）被告的行为造成国家和社会公共利益受到侵害的初步证明材料；（三）人民检察院已经履行向相关行政机关提出检察建议、督促其纠正违法行政行为或者依法履行职责的诉前程序的证明材料。

③ 《公益诉讼司法解释》第 22 条　人民检察院提起行政公益诉讼应当提交下列材料：（一）行政公益诉讼起诉书，并按照被告人数提出副本；（二）被告违法行使职权或者不作为，致使国家利益或者社会公共利益受到侵害的证明材料；（三）已经履行诉前程序，行政机关仍不依法履行职责或者纠正违法行为的证明材料。

行举证责任，涵盖职权事实（行政机关负有相关职责）、行为事实（存在违法行使职权或不作为）、程序事实（检察机关履行了诉前程序）和损害结果事实（公共利益受到损害）。而对于行政机关的举证责任则尚未提及，有的学者指出《实施办法》是由最高人民检察院颁布的，因而其只能对检察机关的举证责任加以规定，不能规定行政机关的举证责任。笔者认为，这种观点具有一定的合理性，但举证责任的本质是当负有举证责任的当事人不能提出相应的证据证明有关事实时，就要承担不利的后果。检察机关既然将如此繁重的举证责任“揽”到自己身上，这就证明检察机关认为自己有责任也有能力就相关事实提出证据。另外，《人民法院试点工作实施办法》和《公益诉讼司法解释》对于举证责任也有类似的规定，前者是审判机关制定的，后者是审判机关与检察机关共同制定的，这说明审判机关作为居中裁判者也认为检察机关应当承担主要的举证责任。第二，对证明标准没有作出规定，证明标准的问题将在本章最后一节详细阐述。第三，对举证责任的规定趋于原则化，如只规定了国家利益或社会公共利益受到损害，但是对于具体的损害内容没有规定，对于行政行为与公共利益受损之间的因果关系也没有规定。

对于审判机关是否可以依职权调取证据，上述规范也没有作出详细的规定，但根据《公益诉讼司法解释》第 26 条的规定①，审判机关在检查行政公益诉讼中也可以依职权调取证据，在此处参照《行政诉讼法》的规定②，但是应当作出修正。对于《行政诉讼法》第 40 条，应当修正为“人民法院有权向检察机关、行政机关以及其他组织、公民调取证据。但是，不得为证明行政行为的合法性调取被告作出行政行为时未收集的证据，也不得为证明检察机关已经履行了诉前程序但行政机关拒不整改，调取原告在诉前程序中未收集的证据”，这样的规定适用于如下情况：行政机关由于 A 和 B 两个未依法履行职权的行为造成了公共利益的损害，检察机关在诉前程序仅对 A 作出了检

---

① 《公益诉讼司法解释》第 26 条　本解释未规定的其他事项，适用民事诉讼法、行政诉讼法以及相关司法解释的规定。

② 《行政诉讼法》第 40 条　人民法院有权向有关行政机关以及其他组织、公民调取证据。但是，不得为证明行政行为的合法性调取被告作出行政行为时未收集的证据。

第 41 条　与本案有关的下列证据，原告或者第三人不能自行收集的，可以申请人民法院调取：（一）由国家机关保存而须由人民法院调取的证据；（二）涉及国家秘密、商业秘密和个人隐私的证据；（三）确因客观原因不能自行收集的其他证据。

察建议，行政机关也进行了整改，但公共利益此时还在受损，这时检察机关发现了B行为，在没有对B行为进行诉前程序的情况下就直接提起了公益诉讼，这时人民法院不能为了证明检察机关已经履行了诉前程序但行政机关拒不整改而依职权主动收集检察机关在诉前程序中没有收集的B行为的证据。《行政诉讼法》第41条将申请人民法院调取证据的主体规定为原告或者第三人，笔者认为，在行政公益诉讼中，应当修正为被告或者第三人。因为原告在起诉的过程中拥有调查核实权，自身有权限调取证据，如果被告手中的材料作为证据被检察机关调取而在诉讼中没有出示，就可以申请人民法院调取，但此时调取的证据亦不能是行政机关在作出行政行为时没有收集的证据。因此，检察行政公益诉讼的举证责任可以原则性地概括为“检察机关承担主要举证责任，行政机关承担次要举证责任，审判机关承担依申请调取证据的责任”。

4.2.2 检察行政公益诉讼举证责任的具体化分析

第一，对于诉讼主体适格的举证责任。诉讼主体适格指的是被诉行政机关具有维护相关领域公共利益的职权，举证的依据是本书第二章中有关“不履行法定职责”的职权要件。例如，在徐州市贾汪区水务局不履行水土保持监管法定职责案[①]中，检察机关提供了《中华人民共和国水土保持法》、《江苏省水土保持条例》、江苏省水务厅《关于贾汪区江庄镇被列为水土流失重点治理区的公告》等，证明贾汪水务局具备行政主体身份，系适格被告。这主要是证明被诉的行政机关是相关领域公共利益受损的直接责任机关，这个举证责任是其他一切举证责任的起点，若被诉行政机关不存在相关领域的职权，就不是适格的诉讼主体，案件也就没有必要进行下去了。除了被告适格，还需要证明提起诉讼的检察机关是该案的适格起诉主体，具体形式包括交办函、请示批复等。例如，在海南省人民检察院第一分院诉被告琼海市自然资源和规划局不履行法定职责案[②]中，原告提供了交办函，证明本案由琼海市人民检察院立案，海南省人民检察院于2019年6月24日将本案交海南省人民检察院

① （2017）苏8601行初847号。

② （2019）琼96行初274号。

第一分院审查起诉；再如，在金沙县人民检察院诉被告金沙县水务局环境保护行政管理案①中，金沙县人民检察院提供了金沙县人民检察院金检行公〔2018〕522424××号关于就金沙县水务局对丽水金沙项目怠于履职一案提起行政公益诉讼的请示、贵州省人民检察院黔检公益诉讼请示审受〔2020〕520××号关于金沙县水务局对丽水金沙项目怠于履职一案的批复，用于证明金沙县人民检察院起诉被告系经上级部门批复，程序合法。

第二，检察机关对于公共利益受损承担举证责任。例如，徐州市铜山区农业农村局不履行法定职责案②中，原告就公共利益受损提交了证据：2017 年 5 月 4 日徐州市××山区林业局《关于徐州峻达采石有限公司（尹建营）非法改变林地用途案处理情况汇报》、2018 年 2 月 22 日徐州峻达采石有限公司缴纳罚款本金 682260 元收据各 1 份。拟证明被告收到检察建议后、在公益诉讼起诉人提起公益诉讼起诉时未追缴罚款，导致国家利益和社会公共利益仍处于受侵害状态。再如，在金沙县人民检察院诉被告金沙县水务局环境保护行政管理案③中，金沙县人民检察院提供了丽水金沙项目不同时期的建设现场图片、金沙县人民检察院到丽水金沙房开项目勘察的现场照片，用于证明丽水金沙项目自建设初期至今占用河道及影响河道行洪的事实，还提供了《关于丽水金沙房开项目占用河道的调查报告》、《水政监察现场检查笔录》、检察院《调查笔录》3 份、金沙县水务局的处罚通知书及告知书，用以证明水务局对丽水金沙项目虽然进行了监管，但是未监管到位，致使项目影响河道行洪的情形持续存在。由于《公益诉讼司法解释》中对于检察机关在国家利益或者社会公共利益受到侵害时需要提供的材料取消了“初步”的表述，因此对于检察机关承担的公共利益受损的举证责任不能仅停留在“初步”，需要证明损害结果与行政机关违法行使职权与不作为之间存在因果关系且损害结果持续存在。这对于检察机关收集证据的要求较高，但因果关系是要证明公共利益受损是由行政机关造成的，与适格被告的证明相衔接的；损害结果持续存在的证明是与诉前程序相衔接的，证明行政机关在收到检察建议后依然没有依法履职或履职不彻底。还是以金沙县人民检察院诉被告金

① （2020）黔 0522 行初 224 号。
② （2017）苏 8601 行初 1420 号。
③ （2020）黔 0522 行初 224 号。

沙县水务局环境保护行政管理案为例，金沙县人民检察院提供了保护企业家合法权益专项工作一案一回访记录表、金洪水审〔2019〕01号《金沙县水务局关于对〈金沙县偏岩河金沙二号桥至金沙××段右岸涉河房地产建设项目防洪评价报告（报批稿）〉的批复》、金沙县人民检察院《询问笔录》1份、金沙县人民检察院于2020年9月拍摄的丽水金沙房开项目现场照片，用于证明丽水金沙项目违法，对社会公共利益造成了持续的损害。

第三，对于完成诉前程序的举证责任。例如，在金沙县人民检察院诉被告金沙县水务局环境保护行政管理案中，金沙县人民检察院提供了金检行公〔2018〕522424××号立案决定书、检察建议书、送达回证、金沙县水务局的复函，用于证明履行了诉前程序。再如，在广水市人民检察院诉广水市林业局不履行林业监督管理法定职责案①中，广水市人民检察院提供了广水市人民检察院广检行公〔2019〕42138100016号《检察建议书》一份、广水市人民检察院广检行公〔2019〕42138100016号检察建议书送达回证复印件一份，用于证明针对广水市林业局未责令行政行为的相对人刘某进行补种的不依法履职行为，广水市人民检察院依法向广水市林业局发出了检察建议书。笔者认为，检察机关若要证明其依法履行了诉前程序，提供的证据需要满足以下两个条件：第一，证明行政机关收到了检察机关发出的检察建议书，只有行政机关收到了检察建议书，检察建议书才会对行政机关产生效力；第二，证明检察机关对行政机关收到检察建议后的履职情况进行了检查和督促，这就要求检察机关对于检察建议书不是一发了之，而是要监督行政机关的整改情况，若发现行政机关整改不力，则应再次提起诉讼。第三，证明完成了其他程序，如听证、听取行政机关的申辩等。对于听证，目前相关制度中并没有将其列入必经程序②，但是如果举行了听证，则检察机关应当提供相关材料，可以增强检察机关依法完成诉前程序的说服力，也有利于审判机关依法查明案件事实。

第四，依法履行职责的举证责任由行政机关承担。虽然检察机关在行政

---

①（2020）鄂1381行初14号。

②《人民检察院公益诉讼办案规则》第44条　人民检察院可以依照规定组织听证，听取听证员、行政机关、违法行为人、行政相对人、受害人代表等相关各方意见，了解有关情况。听证形成的书面材料是人民检察院依法办理公益诉讼案件的重要参考。

公益诉讼中承担了主要的举证责任，但主要不等于全部，对于自身已经依法履职或由于客观规律、突发状况等事项，无法在短时间内履行职责的证据，应当由行政机关自身提供。尽管在现如今的行政公益诉讼中，检察机关的胜诉率很高，但这并不意味着行政机关可以消极应对，对于该履行的举证责任必须履行，行政机关与检察机关之间不是零和博弈，而是双赢多赢共赢，行政机关依法承担履行职责，可以便于审判机关查明真相，作出公正的裁决。例如，在长沙市芙蓉区人民检察院诉长沙市自然资源和规划局（以下简称“长沙市资规局”）不履行追缴国有土地使用权出让金法定职责案①中，被告长沙市资规局在举证期限内向人民法院提交以下证据：证据 1.《补缴土地价款催办通知书》邮寄凭证；证据 2.《专项法律事务顾问合同》及追缴项目清单，拟证明被告长沙市资规局一直在全面履行追缴涉案土地价款的职责。在庭审中，长沙市资规局还提交了运通房地产公司缴款凭证客户回单，证明被告已经全面履行了追缴价款的法定职责。再如，在睢宁县人民检察院诉睢宁县环境保护局不履行法定职责案②中，被告为证明其抗辩主张，向法院提交了以下证据：睢宁县环境保护局涉嫌犯罪移送案件卷宗材料，拟证明被告对冯某等人污染环境一案的有关调查情况；光大环保固废处置（新沂）有限公司《关于睢宁应急处置废料处置价格的情况说明》，拟证明被告在 2018 年 7 月即进行了涉案危险废物处置的询价；油泥污染物处置协调会会议记录，拟证明 2019 年 4 月 17 日各相关单位召开协调会，对涉案危险废物处置工作进行研究的情况；冯某等人污染环境案部分刑事庭审笔录，拟证明冯某等被告人同意行政机关代处置油泥及其污染物的时间及被告知道该信息的时间；危险废物委托处置合同，拟证明睢宁岚山镇政府已经与光大环保固废处置（新沂）有限公司就涉案危废签订了处置合同，涉案危废已在着手处置。通过对相关裁判文书的查阅可以发现，行政机关在行政公益诉讼中提交的证据具有“被动性”的特征，即根据检察机关所诉称的事实提出相反的证据，能动举证的较少。这也从侧面印证了在行政公益诉讼中，检察机关承担主要的举证责任，行政机关承担次要的举证责任。

---

① （2020）湘 8601 行初 470 号。

② （2019）苏 8601 行初 1207 号。

4.3 检察行政公益诉讼中检察机关的调查核实权

4.3.1 检察行政公益诉讼中检察机关调查核实权的正当性

这是由检察机关在行政公益诉讼中所扮演的主导角色决定的，从发现行政公益诉讼的线索到立案，再到诉前程序，直至最终的诉讼程序，检察机关都扮演着主导角色，如果检察机关没有调查核实权，就很难完成主导角色应该完成的任务。在检察机关这种主导角色的驱动下，行政机关在其中处于被动应对状态，这就要求检察机关提出的有关事实和诉讼请求必须精准、可靠。否则，行政机关必然会产生抵触情绪，影响行政公益诉讼制度效能的实现，也会让检察机关在推进行政公益诉讼程序的过程中显得左右为难、无所适从。

从行政公益诉讼线索发现的角度来看，检察机关获得因行政机关违法行使职权或者不作为而造成公共利益受到损失的案件，线索可能来自群众的举报，其中既可能包括热心群众的检举，也可能来自利益直接受损群众的举报，还可能来自检察机关的主动发现，或者来自其他国家机关的移送。但无论是哪个主体最先发现线索、无论发现的线索是否可靠，都需要移交到检察机关，由检察机关对线索的真实性、可查性、风险性进行判断核实，符合条件的才能够立案。在立案后，检察机关需要对行政机关的职责、公共利益受到损害的事实、行政机关不依法履职的事实，以及不依法履职和公共利益受损之间的关联性进行调查。在调查结束后，需要区分情况作出终结案件或提出检察建议的处理意见。需要提出检察建议书的，检察机关还需要通过委托鉴定、评估、审计，现场走访、调查，查阅、调取、复制相关证据材料，向相关人员和单位了解情况等方式进行调查核实；发出检察建议书后，还要对行政机关的履职情况和公共利益受损情况进行跟进调查；跟进调查后还需要区分情况作出终结案件、提起行政诉讼或移送其他人民检察院处理的意见。在决定提起诉讼后，需要依据不同情况决定具体的诉讼请求和诉讼过程中是否撤诉。由此可见，在行政公益诉讼的全流程中，检察机关都起着主导作用，主导作用的高效发挥需要检察机关拥有调查核实权。特别是行政公益诉讼中具有独立的诉前程序，诉前程序的核心便是提出检察建议，检察机关提出检察建议的目的就是希望通过这种相对柔性的方式，督促行政机关依法履职，避免双方对簿公堂。任何机关在各自的职权范围内都具有相应的裁量自由，都比较抵触外行人指挥内行人。因此，为了保证检察建议精准、有效，有充分的事实依据去支撑检察建议的内容，检察机关需要进行依法、有力的调查核实。

4.3.2　现行制度规范中检察机关调查核实权的主要特征

第一个特征是调查核实权主要集中在诉前程序，服务于检察建议的提出。在检察建议工作规定中，明确了在应当提出检察建议时，检察官可以通过相关措施进行调查核实，并提出了明确可以采用的手段。① 根据《办案规则》，检察机关在决定是否提出检察建议前可以进行调查②、在发出检察建议后可以进行跟进调查，并根据情况决定是否提起行政公益诉讼③。但是进入诉讼程序后，就没有赋予检察机关可以继续进行调查的权力。

第二个特征是强制性不足。首先，调查核实的手段不能强制，《人民检察院检察建议工作规定》第 14 条明确指出，检察机关进行调查核实，不得采用包括限制人身自由和查封、扣押、冻结财产在内的强制性措施，这就使检察机关可以采取的手段相对有限。其次，调查核实期间有关保障手段的强制性不足。《公益诉讼司法解释》认为，在检察机关调查取证时，有关机关和人员

---

① 《人民检察院检察建议工作规定》第 13 条　检察官在履行职责中发现有应当依照本规定提出检察建议情形的，应当报经检察长决定，对相关事项进行调查核实，做到事实清楚、准确。

第 14 条　检察官可以采取以下措施进行调查核实：（一）查询、调取、复制相关证据材料；（二）向当事人、有关知情人员或者其他相关人员了解情况；（三）听取被建议单位意见；（四）咨询专业人员、相关部门或者行业协会等对专门问题的意见；（五）委托鉴定、评估、审计；（六）现场走访、查验；（七）查明事实所需要采取的其他措施。进行调查核实，不得采取限制人身自由和查封、扣押、冻结财产等强制性措施。

② 《人民检察院公益诉讼办案规则》第 71 条　人民检察院办理行政公益诉讼案件，围绕以下事项进行调查……

第 73 条　调查结束，检察官应当制作《调查终结报告》，区分情况提出以下处理意见……

第 74 条　经调查，人民检察院认为存在下列情形之一的，应当作出终结案件决定……

③ 《人民检察院公益诉讼办案规则》第 77 条　提出检察建议后，人民检察院应当对行政机关履行职责的情况和国家利益或者社会公共利益受到侵害的情况跟进调查，收集相关证据材料。

第 79 条　经过跟进调查，检察官应当制作《审查终结报告》，区分情况提出以下处理意见……

应当配合，只有“应当配合”这一义务性的阐述，却没有相关的强制性手段予以保障①。《检察机关民事公益诉讼案件办案指南（试行）》（以下简称《办案指南（民事）》）中规定，在检察机关调查过程中，有发生妨碍调查行为可能的，应当由司法警察协助调查，以保障调查的顺利进行；对于拒绝配合调查的，则可能涉及妨碍公务；对于干扰阻碍调查，并采用不当手段危及检察人员安全的，按照相关规定处理。② 但是与之相对应的《检察机关行政公益诉讼案件办案指南（试行）》（以下简称《办案指南（行政）》）中并未见相关规定，笔者推测这是由于行政公益诉讼中被调查核实的对象一般为行政机关，行政机关通常不会以过激的手段（如威胁、报复陷害、侮辱诽谤、暴力伤害检察人员）阻碍调查，即使出现了上述情况，也可以通过内部协商或向上级行政机关、监察机关反映等手段加以解决。而检察民事公益诉讼和检察行政公益诉讼是两个并列的诉讼制度，《办案指南（民事）》中的规定显然不能应用到行政公益诉讼中，因此在行政公益诉讼中仍缺乏强制性手段保障检察机关的调查取证权。

4.3.3 检察机关调查核实权的完善进路

第一是加强立法保障。无论是调查核实权对于诉讼程序的保障不足，还是强制性不足，最终都要反映在立法上，即立法对于检察机关在行政公益诉讼中的调查核实权的保障不足。因此，应当从立法上加强对于行政公益诉讼中检察机关调查核实权的保障，如可以在《人民检察院组织法》第

---

① 《最高人民法院 最高人民检察院关于检察公益诉讼案件适用法律若干问题的解释》第 6 条 人民检察院办理公益诉讼案件，可以向有关行政机关以及其他组织、公民调查收集证据材料；有关行政机关以及其他组织、公民应当配合；需要采取证据保全措施的，依照民事诉讼法、行政诉讼法相关规定办理。

② 《检察机关民事公益诉讼案件办案指南（试行）》 检察机关在调查过程中，经风险评估或现场观察可能发生妨碍调查行为的，应当由司法警察协助调查。调查过程中应当使用执法记录仪等录音录像工具。对于拒绝配合调查的，检察人员应当警告其可能妨碍公务的法律后果。对于干扰阻碍调查活动，威胁、报复陷害、侮辱诽谤、暴力伤害检察人员的，应当根据中共中央办公厅、国务院办公厅《保护司法人员依法履行法定职责规定》第十七条的规定，依法从严惩处。

20条（四）的后面加上“对相关事实和证据进行调查核实”的表述[①]。此外，目前的“调查”“跟进调查”“调查核实”等表述均见于检察机关内部的规范性文件中，如《检察建议工作规定》《办案规则》等，这可以说是对检察机关调查核实权的“单向授予”，并不能直接约束行政机关，因此可以考虑在《行政诉讼法》第25条或至少在《公益诉讼司法解释》中对调查核实权进行明确。

第二是全过程落实调查核实权。调查核实在诉前程序中固然重要，涉及是否发出检察建议、是否进入程序等。但是在进入诉讼程序后，人民检察院依然要对行政机关的履职情况作出调查核实，决定是否撤回起诉或变更诉讼请求。

第三是增强调查核实的强制性。对于《检察建议工作规定》中的“进行调查核实，不得采取限制人身自由和查封、扣押、冻结财产等强制性措施”应适当变通，对于限制人身自由的强制措施应当绝对禁止，对于查封、扣押、冻结财产的强制性措施应当相对禁止，在紧急情况下可以进行查封、扣押、冻结，但不得因此影响公共利益，同时对于查封、扣押、冻结的时间也应当从严把握。如果存在干扰调查核实的情况，应当设立事后追责程序，由检察机关通报上一级行政机关或监察机关，由前者进行行政问责，由后者依法给予政务处分。针对干扰调查核实的人员所在的行政机关设置“声誉罚”，如通过有影响力的媒体向社会通报等。

---

① 《人民法院组织法》第20条　人民检察院行使下列职权：（一）依照法律规定对有关刑事案件行使侦查权；（二）对刑事案件进行审查，批准或者决定是否逮捕犯罪嫌疑人；（三）对刑事案件进行审查，决定是否提起公诉，对决定提起公诉的案件支持公诉；（四）依照法律规定提起公益诉讼；（五）对诉讼活动实行法律监督；（六）对判决、裁定等生效法律文书的执行工作实行法律监督；（七）对监狱、看守所的执法活动实行法律监督；（八）法律规定的其他职权。

第五章 检察行政公益诉讼的第三人制度研究

5.1 检察行政公益诉讼的第三人制度的基础理论

5.1.1 基本概念

行政公益诉讼的第三人是指在行政公益诉讼中与被诉行政行为（包括违法行使职权或行政不作为）或案件裁判结果有利害关系而参加诉讼的公民、法人或其他组织。行政公益诉讼的第三人制度主要是指行政公益诉讼中有关第三人的制度规范。目前的主流观点认为，与民事诉讼和行政诉讼中的第三人相比，行政公益诉讼中的第三人应是无独立请求权的第三人，这是因为第三人是因为个人的私益参加公益诉讼，而行政公益诉讼的目的是维护公共利益，因此第三人不能因为个人的私益在公益诉讼中享有独立请求权。笔者对此并不赞同，这是由于为了公共利益提起的诉讼最终的判决结果不一定符合公共利益，也不一定是事实清楚、证据充分、适用法律正确的判决，因此赋予第三人独立请求权有利于审判机关查明真相、作出正确的裁判，从而实现对于公共利益的维护。

5.1.2 理论基础

行政公益诉讼第三人的理论基础主要是权利保障理论，权利保障是法治的重要原则和重要目标，每一部法律都是为了权利保障而生，在诉讼法律制度中，设计第三人制度就是为了保障第三人的合法权利，防止其权利在审判中遭到不利减损。在行政公益诉讼中，也存在着第三人权利可能遭到损害的情形，如在生态环境与资源保护案件中，往往涉及对第三人义务的增加，如补植复绿、进行行政处罚、责令停产停业等。例如，在江苏省无锡市新吴区人民检察院督促规范汽修行业挥发性有机物排放行政公益诉讼案①中，新吴区人民检察院就向新吴生态环境局制发诉前检察建议，建议对某汽车维修公司不规范调漆作业、违法排放挥发性有机物的行为及时进行查处。新吴生态环境局函复新吴区人民检察院，该局已责令某汽车维修公司停止违法调漆作业，督促落实密闭措施，设置废气收集处理设施，切实履行污染防治主体责任，并针对汽修行业挥发性有机物非法排放开展专项整治。在该案中，“责令某汽车维修公司停止违法调漆作业，督促落实密闭措施，设置废气收集处理设施”等行为是出于维护公共利益的需要，经过实践证明是正确的，但也确实是企业增加的义务，个案的正确处置不代表每个案件对于企业义务的增加都是正确的，也存在出现差错的可能，即使 99% 的个案都得到了正确处置，也不能因此而忽视制度的完善。该案是通过诉前程序结案，如果进入诉讼程序，企业就会成为诉讼中的第三人，如果最终法院判令行政机关“责令某汽车维修公司停止违法调漆作业，督促落实密闭措施，设置废气收集处理设施”，将直接关系到第三人的合法权益，再睿智的法官也会出现错判的可能，因此需要通过行政公益诉讼第三人制度的完善来尽可能地避免第三人的合法权益受到不适当的损害。

第二个理论基础是公益信托理论，这也是公益诉讼制度的基础性理论。对于行政公益诉讼的第三人制度而言，如果在审判中第三人的合法权益受到了不正当的减损，则说明审判机关对于案件中公共利益受损的事实、因果关系等问题没有查明，对于案件的判决没有做到事实清楚、证据充分。这就达不到维护公共利益的诉讼目的，此时对于公共利益的维护就无形地托付给了第三人，由第三人通过行使权利、履行义务来维护公共利益。

---

① 关于印发《生态环境保护检察公益诉讼典型案例》的通知［EB/OL］.（2023-07-07）［2023-11-20］. https://www.spp.gov.cn/spp/xwfbh/wsfbt/202307/t20230707_620946.shtml#2.

5.2 检察行政公益诉讼的第三人制度的现状梳理

5.2.1 实践现状

由于现行的行政公益诉讼制度规范没有对于第三人的具体规定，因此我们先从实践出发，看看实践中的案例能否为我们探寻制度现状提供“反推”的机会。

从实体来看，实践中的第一类第三人是被诉行政机关违法行使职权或不作为的“受益者”。例如，在徐州市云龙区人民检察院诉徐州市铜山区水务局案①中，梁山采石公司（第三人）于2014年10月至2017年3月在属于省级水土流失重点治理区域内开山采石，铜山区水务局作为辖区水行政主管部门，依法应当对梁山采石公司的矿产资源开发行为履行水土保持监管职责，要求其编制水土保持方案并予以报批、及时足额缴纳水土保持补偿费，依法验收水土保持设施等，并对其逾期不补办手续、不缴纳水土保持补偿费及水土保持设施未经验收合格投产使用等违法行为依法作出行政处理。本案中，在梁山采石公司未依法依规编制水土保持方案并报批，亦未依法及时足额缴纳水土保持补偿费，且对水土保持设施未经验收合格即投产使用等情况下，铜山区水务局未依法及时予以催告，亦未依法采取其他行政处理措施。再如，在鄂州市鄂城区人民检察院诉鄂州市自然资源和规划局案②中，第三人（湖北振弘房地产开发有限公司）实施非法占用集体耕地的违法行为受到行政处罚后，至今未完全履行行政处罚决定确定的义务，仅进行部分整改，没有依法、全面、彻底纠正非法占用集体耕地擅自建设非农设施的违法行为，导致侵害国家利益和社会公共利益的违法行为持续存在。

第二类第三人是行政机关违法行使职权或不作为的间接受害人。例如，在呼伦贝尔市海拉尔区人民检察院诉呼伦贝尔市海拉尔区林业局案③中，中铁四局集团路桥工程有限公司（第三人A）为建设省道201线哈达图至海拉尔

① （2020）苏01行终440号。
② （2020）鄂07行终24号。
③ （2017）内0702行初13号。

段一级公路路基，在未取得林业主管部门书面批准文件的情况下，在位于海拉尔西山自然保护区内属第三人林场（第三人B）所有的3处国有林地上采土，致使250亩国有林地遭到破坏，至该案审理时被毁坏林地的植被仍未恢复。再如，在凤阳县人民检察院诉凤阳县林业局资源行政管理案[①]中，2013年6月，沈某某占用凤阳县曹店林场龙王山山场西坡15亩林地建石渣厂，并将林地原有杂树、灌木、地皮等推掉整平，架设破碎机械，建造房屋，扩建山路。2014年12月18日，该院以沈某某涉嫌非法占用农用地罪向凤阳县人民法院提起公诉。凤阳县人民法院作出（2015）凤刑初字第00011号刑事判决书，以沈某某犯非法占用农用地罪判处其有期徒刑1年、宣告缓刑2年，并处罚金10万元。判决生效后，沈某某一直没有将被毁林地恢复原状。凤阳县林业局既未作出行政处罚，也未采取其他有效补救措施。该院于2016年9月作出检察建议书，建议凤阳县林业局履行行政监管职责，依法对沈某某作出行政处罚，督促沈某某尽快恢复被毁林地。凤阳县林业局仅向该院作出书面回复，未对沈某某给予行政处罚，也未采取措施恢复林地。凤阳县人民检察院请求确认凤阳县林业局怠于履行森林保护监管职责行为违法，判令凤阳县林业局继续履行森林保护监管责任，依法督促沈某某尽快恢复被毁林地。之所以称为间接受害人，是由于第三人受到的侵害不是由行政机关直接引起的，而是由另外的第三人引起的，行政机关并没有侵害其合法权益的主观意愿，在客观上也没有通过积极的行为加害第三人的合法权益，但行政机关的违法行使职权或不作为确实对第三人合法权益的侵害起到了辅助的作用。

第三类第三人是行政机关。例如，在福州市晋安区人民检察院诉福州市晋安区农林水局案[②]中，福州市晋安区财政局为本案的第三人，福州市晋安区财政局为行政机关。

第四类第三人是与行政机关有委托关系或内部管理关系的事业单位或下属部门。例如，在武汉市武昌区人民检察院诉随县水利局水利行政管理案[③]中，第三人是随县封江口水系管理处。再如，在四平市铁东区人民检察院诉

---

① （2017）皖1126行初4号。

② （2017）闽0111行初16号。

③ （2018）鄂1321行初27号。

四平市林业局案[①]中，第三人是四平市叶赫林场，四平市叶赫林场受四平市林业局委托对辖区内森林资源有管理权和行政执法权。

从程序上看，第三人提供了相应的证据。例如，在扎鲁特旗人民检察院诉扎鲁特旗林业和草原局案[②]中，第三人扎鲁特旗新原石材有限责任公司向法院提交了包括合同书、营业执照在内的证据。有的第三人虽然没有提交相应的证据，但是对于其他诉讼主体提交的证据进行了质证或对于指控的事实提出了异议。例如，在固阳县人民检察院诉固阳县自然资源局案[③]中，第三人武某某述称“膨润土矿产资源的确系其在未办理采矿证的情况下私挖，已经认识到自己的错误，但行政公益诉讼起诉书中涉及土地面积的内容是错误的，并没有破坏那么多的土地”。再如，在敖汉旗人民检察院诉敖汉旗林业局案[④]中，第三人罗某对公益诉讼人敖汉旗人民检察院和被告敖汉旗林业局提交的证据均进行了质证。有的第三人是人民法院依职权追加的，如敖汉旗人民检察院诉敖汉旗林业局案；有的第三人是主动到庭参加诉讼的，如图们市人民检察院诉图们市水利局不履行法定职责[⑤]案。

5.2.2 立法现状

根据《公益诉讼司法解释》第26条的规定，第三人制度属于“本解释未规定的其他事项”，因此可以适用《行政诉讼法》及其司法解释的规定。笔者认为，《行政诉讼法》及其司法解释的规定在实体上不足以支撑起行政公益诉讼第三人制度，但是在程序上可以为当前行政公益诉讼第三人的实践提供指引。

在《行政诉讼法》中，第三人的范围限定在了“同被诉行政行为有利害关系但没有提起诉讼”或“同案件处理结果有利害关系”[⑥]，这个范围与行政

---

① （2017）吉0303行初13号。

② （2019）内0526行初52号。

③ （2020）内0223行初14号。

④ （2017）内0430行初3号。

⑤ （2021）吉2403行初10号。

⑥ 《行政诉讼法》第29条　公民、法人或者其他组织同被诉行政行为有利害关系但没有提起诉讼，或者同案件处理结果有利害关系的，可以作为第三人申请参加诉讼，或者由人民法院通知参加诉讼。人民法院判决第三人承担义务或者减损第三人权益的，第三人有权依法提起上诉。

公益诉讼第三人的实践基本一致。但不同的是，在法条的表述中，“同被诉行政行为有利害关系但没有提起诉讼”在“同案件处理结果有利害关系”之前，笔者推测立法者应该是认为“同被诉行政行为有利害关系但没有提起诉讼”的第三人在数量上比“同案件处理结果有利害关系”的多；而“同被诉行政行为有利害关系但没有提起诉讼”说明第三人与原告立场基本一致，但是在行政公益诉讼案件中，大部分第三人是行政违法或者不作为的“受益人”，因此与被告立场保持相似，所以在数量上“同案件处理结果有利害关系”的案件应当占多数。此外，《行政诉讼法》对于第三人参加诉讼、上诉权等程序问题的规定也在案例中基本得到了实践。

在实体上，《行政诉讼法》对于第三人的规定无法支撑起行政公益诉讼第三人制度主要指的是行政诉讼的“公益”色彩缺失，《行政诉讼法》规定的主要是行政私益诉讼。① 同时，在行政公益诉讼中，第三人常与被告处于同一立场，是以行政机关违法行使职权或不作为的“受益者”的身份出现的，从观感上不符合公益诉讼的价值立场。虽然通常行政公益诉讼检察机关的诉求和审判机关的裁判会对第三人的权益产生不利影响，同时也有可能对第三人的合法权益产生不利影响，我们也赞同第三人在行政公益诉讼中维护自身的合法权益，而在行政公益诉讼中维护第三人的合法权益也有利于审判机关及时查明真相，促进公益保护目标的实现，但不能因此就认为维护第三人的合法权益也是在维护公共利益，如果这样来看，所有的诉讼都可以归结为公益诉讼。所以说，《行政诉讼法》有关第三人的相关规定能够为实践中行政公益诉讼的第三人制度提供参考，但行政公益诉讼第三人毕竟是公益诉讼中的第三人，用行政私益制度的性质、程序难以完全支撑起整个行政公益诉讼第三人制度。

5.3　检察行政公益诉讼的第三人制度的完善思考

5.3.1　利害关系的判定

行政公益诉讼第三人参与诉讼，要求第三人与行政公益诉讼的结果具有

① 《行政诉讼法》第 2 条　公民、法人或者其他组织认为行政机关和行政机关工作人员的行政行为侵犯其合法权益，有权依照本法向人民法院提起诉讼。

利害关系，形成利害关系的前提是权益，这个权益有可能是合法的权益，也有可能是非法的权益，合法与否需要由审判机关作出裁决。行政公益诉讼的裁判结果可能是检察机关胜诉，也可能是行政机关胜诉，无论哪方胜诉，都对第三人的权益有影响，这就要求行政公益诉讼与第三人的权益之间具有因果关系。行政公益诉讼中第三人利害关系的判断要遵循“权益+因果关系”的模型。例如，在徐州市贾汪区人民检察院诉徐州市贾汪区水务局案①中，公益诉讼起诉人贾汪区人民检察院认为徐州市贾汪区江庄镇属于江苏省省级水土流失重点治理区，丰源公司自2014年8月至2017年3月期间在该区域开展采石作业，开采体积为30.28538万立方米，损坏地貌，不能恢复原有水土保持功能。被告贾汪水务局本应根据《中华人民共和国水土保持法》和《江苏省水土保持条例》等法律法规，要求丰源公司依法报批水土保持方案、缴纳水土保持补偿费30.28538万元，并对未报批水土保持方案的行政违法行为依法予以行政处罚，但被告至今未依法、全面履行法定职责。第三人丰源公司认为公益诉讼起诉人诉称其公司于2014年8月至2017年进行采石作业，但公司在2016年已变更法定代表人；2016—2017年公司的资源到期，2017年3月以后至今都未生产，可以说现在公司已不存在了；公司已按贾汪水务局的要求缴纳水土保持费4万元，在前几日又补充缴纳了13万元。第三人在本案中的权益主要是财产性权益，即水土保持费的数额，这又与裁判结果直接相关，因此应当认定为第三人与本案有利害关系。再如，在固阳县人民检察院诉固阳县自然资源局案中，公益诉讼起诉人认为武某某（第三人）于2015—2019年非法开采膨润土销售谋取不法利益，共计形成采坑1个、晒料场2个，占用破坏土地共计36690.60平方米，其中天然牧草地8680.04平方米，耕地7896.71平方米，林地11493.39平方米。固阳县自然资源局对武某某在固阳县西斗铺镇陈碾房村私挖矿产行为未依法履行监管职责。固阳县自然资源局未按检察建议书的要求确定非法采矿造成国家资源损失的情况并依法予以追缴补偿，被破坏的土地未得到恢复治理，国家和社会公共利益仍处于受侵害状态。第三人述称，膨润土矿产资源的确系其在未办理采矿证的情况下私挖，已经认识到自己的错误，但行政公益诉讼起诉书中涉及土地面积的内容是错

① （2017）苏8601行初847号。

误的，并没有破坏那么多的土地。在该案中，第三人的权益是对违法行为“量”的认定，“量”的认定虽然不如财产权益等直接明了，但关系到当事人的声誉以及行政处罚等措施的采取。

但是，如果行政机关与第三人之间的法律关系已经明确，相关的法律事实得以确定，只是行政机关在后续履行中存在不作为或违法行使职权，就不应当认定为存在因果关系。例如，在徐州市鼓楼区人民检察院诉徐州市自然资源和规划局（原徐州市农业委员会）案[①]中，第三人徐某在未经林业主管部门同意、未办理建设用地审批手续的情况下，擅自改变林地用途违法建房，侵占林地面积合计210平方米，属于国有山林保护范围。徐州市农业委员会依照《中华人民共和国森林法实施条例》第43条第1款的规定，于2015年10月14日作出徐林罚字〔2015〕第024号《林业行政处罚决定书》，对徐某作出了行政处罚，当事人徐某在法定期限内既未申请行政复议或提起行政诉讼，也未履行行政处罚决定书确定的义务，徐州市农业委员会亦未申请徐州市鼓楼区人民法院强制执行，导致涉案林地仍被违法侵占，至今未恢复原状。公益起诉人的诉求是确认徐州市农业委员会在作出徐林罚字〔2015〕第024号《林业行政处罚决定书》后未依法履职的行为违法，判令被告继续全面依法履行职责。在本案中，第三人如果存在异议，应当是与行政机关之间的异议，行政公益诉讼只是对督促前期行政处罚的执行，对第三人的“权益”没有实质影响，即使没有行政公益诉讼，第三人还是需要履行行政处罚确定的义务。

5.3.2 行政机关可以成为行政公益诉讼的第三人

依据《办案规则》第69条[②]的规定，似乎最高人民检察院否定了行政机关作为第三人的情形，但是《办案规则》中只提到了“负有不同监督管理职责的行政机关”，在实践中并非只有这一种情形。例如，在福州市晋安区人民

① （2017）苏8601行初1419号。

② 《人民检察院公益诉讼办案规则》第69条第1款 对于同一侵害国家利益或者社会公共利益的损害后果，数个负有不同监督管理职责的行政机关均可能存在不依法履行职责情形的，人民检察院可以对数个行政机关分别立案。

检察院诉晋安区农林水局案①中，公益诉讼人福州市晋安区人民检察院诉称，被告福州市晋安区农林水局在审核福建龙晶生物技术有限公司（以下简称“龙晶公司”）申请的国家农机补贴过程中，违法履职，造成国家经济损失780256元。在该案中，龙晶公司为了获取国家塑料大棚专项资金补贴，与具有相关补贴资质的绿欣公司总经理祖某某商议，通过绿欣公司出具虚假的大棚建设合同、大棚建设材料购买发票等材料，虚构了龙晶公司向绿欣公司购买大棚材料的事实，分别于2011年8月及9月两次向被告申请补贴共计780256元，面积为120亩。晋安区农林水局农机管理站工作人员在龙晶公司购置、安装的塑料大棚实地验收过程中，在明知大棚没有喷绘“国家补贴机具”字样的情况下，未对塑料大棚的品牌、规格型号进行认真审核，也未严格测量、核实塑料大棚的实际建设面积，即在《农业机械购置补贴申请表》等验收材料上签字确认，违反了大棚验收程序的要求。被告发现龙晶公司与绿欣公司恶意串通、弄虚作假骗取国家农机补贴资金后，未依法履行追缴收回补贴资金的法定职责，因此被告以上的行政行为违法。

根据《农业机械购置补贴专项资金使用管理暂行办法》第2条、原《福建省农业机械购置补贴专项资金使用管理规定（试行）》第2条、《关于印发〈省级农业机械购置补贴及示范推广专项资金管理办法〉的通知》（闽财农〔2016〕25号）的规定，农机管理部门的主要职责是具体负责补贴专项的组织实施和管理，包括编制实施方案、制定补贴机具目录和组织开展购机申请、审核、登记、公示等。该案中的第三人即福州市晋安区财政局只负责落实补贴资金预算，及时拨付补贴资金，对资金的分配使用进行监督检查，对于专项资金使用管理中存在虚报、冒领、截留、挪用、套补或骗补等违法违纪违规行为的，责令其将资金归还原有渠道或收回财政。因此，该案的主要违法之处在于农机管理部门对补贴申请人的事前审核不严，没有依法履行职责。第三人福州市晋安区财政局只要事后协助福州市晋安区农林水局收回补贴资金，就不能算作违法行使职权或不作为，因此不能适用《办案规则》第69条的规定将行政机关作为被告，只能将其列为第三人。

① （2017）闽0111行初16号。

5.3.3　行政公益诉讼第三人的权利

第一，行政公益诉讼第三人具有参加诉讼权。行政公益诉讼第三人既可以由法院通知参加诉讼，也可以自身主动参加诉讼。如果其与查明案件事实有直接关联或者与案件裁判结果有利害关系，法院应当依职权追加其参加诉讼。

第二，行政公益诉讼第三人有提出抗辩、上诉或申请再审的权利。当第三人不认同原被告双方当事人的主张，或对裁判结果有异议，认为其侵犯了自身合法权益时，可以进行抗辩、上诉或申请再审。这也是行政公益诉讼中第三人最重要的权利，倘若在行政公益诉讼案件中，第三人不得抗辩上诉或申请再审，那么一旦其自身合法权益受到侵害，就很难再次找到救济途径，这就意味着第三人同时具有举证权，如果第三人不能独立举证，那么其抗辩、上诉或申请再审的权利就失去了存在的价值。

第六章
检察行政公益诉讼的判决研究

6.1 履行判决

6.1.1 模糊性判决与具体性判决共存

模糊性判决是指法院在履行判决时只是原则性地要求行政机关依法履行法定职责，但是对于履行法定职责的期限、方式、公共利益保护的预期效果没有具体的规定。例如，在普定县人民检察院诉普定县自然资源局案①中，人民法院最终判决“被告普定县自然资源局应于本判决生效后，依法继续履行追缴中房生建江苏文化产业发展有限公司未缴纳的土地出让金的职责”，在这个判决中，只有履行主体（普定县自然资源局）、履行内容“履行追缴中房生建江苏文化产业发展有限公司未缴纳的土地出让金”，对于时间采用了“本判决生效后”这一起始点，但是对于具体的履行期限并没有说明。而有的判决则较为明确，对于行政机关依法履行行政职责的时间、方式等具体要素作出了判决。例如，在道真仡佬族苗族自治县人民检察院诉道真仡佬族苗族自治县旧城镇人民政府案②中，法院判决“责令被告道真仡佬族苗族自治县旧城镇人民政府于本判决生效之日起六个月内，按照旧府通（2021）4 号文件（附

① （2021）黔 0402 行初 72 号。
② （2020）黔 0324 行初 119 号。

判决书后），就位于旧城镇的‘明真安州城垣’实施保护”，不仅写明了依法履职的时间，也对履职的依据进行了说明。再如，在六盘水市钟山区人民检察院诉六盘水市钟山区木果镇人民政府案[①]中，法院判令“限被告六盘水市钟山区木果镇人民政府于本判决生效之日起60日内依法履行垃圾管理职责，消除该镇木果居委会龙家海坝垃圾场的环境污染”，对于履职期限和履职效果进行了说明。又如，在苍溪县人民检察院诉苍溪县自然资源局案[②]中，法院判令“被告苍溪县自然资源局对苍溪县五龙镇新梁页岩砖厂违法使用土地面积10930.21m^2，其中坑塘水面面积42.12m^2、耕地面积5644.67m^2、林地面积3749.41m^2、其他园地面积1494.01m^2的行为依法进行监管，并对新梁砖厂所损毁的土地和矿山地质环境在一个月内继续履行土地复垦复绿、恢复种植条件的监管职责”，这就对行政机关依法履职的内容都提出了十分具体的要求。

这种可执行性较强、便于行政机关操作的判决，称为具体性判决。至于在履行期限、履行方式、履行效果等要素中，具备哪些要素便可以称为具体性判决，笔者认为，不能奢求人民法院对以上各个要素全部阐明，只要具有具体性的特征即可，对上述一个要素有明确规定，即可以看作有具体性特征。这是由于行政权与审判权之间存在一定的界限，审判权需要尊重行政权的自由裁量。行政机关的自由裁量不仅体现在首次作出行政行为，落实人民法院对于履行法定职责的判决也需要进行自由裁量，特别是公共利益的内涵和外延较为丰富、涉及的领域较多、法律关系较为复杂，行政机关在作出行政行为时需要考虑多方面的因素。人民法院只是作出了要求行政机关依法履职的判决，直接作出行政行为、面向行政相对人的依然是行政机关，人民法院对于行政机关采取的履行法定职责的方式和自由裁量的范围，应当予以尊重。

模糊性判决与具体性判决并不存在谁优谁劣的情况，《公益诉讼司法解

---

① （2021）黔0221行初40号。

② （2021）川0824行初5号。

释》对于履行判决的具体性有初步的要求，即应当列出履行期限①。至于其他要素是否要明确地列出，应当具体问题具体分析。首先，对法定职责的内容应当初步列明，如“查处其辖区海域内违法定置网的法定职责”“履行对臣清采石厂矿石开采项目水土保持补偿费征收的监管职责”。其次，对履行法定职责的主体应当列明，如“文昌市农业农村局”“徐州市贾汪区水务局”。上述两个要素是履行判决的基本要素，是不可或缺的。再次，对于履行法定职责后公共利益的保护效果可以有初步期待，如“消除该镇木果居委会龙家海坝垃圾场的环境污染”“直至恢复植被达到相关验收标准，确保森林资源生态环境健康可持续发展”。对于这个要素，笔者认为既可列明，也可不列明，行政公益诉讼的目的是维护公共利益，审判机关对于通过公益诉讼达到维护公共利益的目的效果有合理期待是可以理解的，但公共利益受损有时并不是短期形成的，且有的损害恢复起来难度较大、时间较长，在《公益诉讼司法解释》已经明确要对期限进行列明的情况下，如果对公共利益的保护效果再强制性列明的话，就会蕴含着行政机关必须在判决列明的期限内达到恢复公共利益的效果，这在特定情况下可能会显得强人所难。但对于一些较为容易恢复的公共利益可以列明期待效果，如在国有土地使用权出让领域，土地使用权出让金追缴案件中的公共利益就较为明确，行政机关履行起来也较为简单，此时就可以在判决中列明。对于履行职责的其他要素，如具体行为方式等，应当由行政机关依据作出行政行为的惯例、行政相对人的具体情况、案件的具体领域等自行裁量，尊重行政机关对于个案的差异化处理。

6.1.2 履行判决与补救判决的界限不明

履行判决规定在《行政诉讼法》第 72 条，补救措施规定在《行政诉讼

① 《最高人民法院　最高人民检察院关于检察公益诉讼案件适用法律若干问题的解释》第 25 条　人民法院区分下列情形作出行政公益诉讼判决：……（三）被诉行政机关不履行法定职责的，判决在一定期限内履行……

法》第76条①，二者在《公益诉讼司法解释》中也是不同的条款②，原本应当是泾渭分明的状态，但在实践中却存在界限不明的问题，甚至许多审判机关在审判时也存在混淆的情况。例如，在金沙县人民检察院诉金沙县水务局案③中，判决的最后部分写道："综上，为保护生态环境，维护社会公共利益，督促行政机关依法履行职责，依照《中华人民共和国行政诉讼法》第七十二条、第七十四条第二款第（二）项、第七十六条、《最高人民法院 最高人民检察院关于检察公益诉讼案件适用法律若干问题的解释》第二十五条之规定，判决如下：一、确认被告金沙县水务局对金沙县丽水金沙房地产开发项目违法占用河道影响行洪安全未全面依法履行监管职责的行为违法；二、责令被告金沙县水务局依法全面履行监管职责，采取有效措施，督促贵州瑞安置业有限责任公司（丽水金沙项目）按照金沙县水务局文件（金洪水审〔2019〕01号）批复同意的防治补救措施整改到位或采取其他有效补救措施，确保河道行洪安全。"从判决结果来看，本案的审判机关严格按照《行政诉讼法》第76条和《公益诉讼司法解释》中"确认违法+补救判决"的判决模型，但在引用法条时，却同时引用了《行政诉讼法》第72条。

再如，在徐州市铜山区人民检察院诉徐州市铜山区农业农村局案④中，判决书写道："综上，为保护和合理利用林业资源，维护国家和社会公共利益，促进行政机关依法行政，依照《中华人民共和国行政诉讼法》第七十二条、《最高人民法院 最高人民检察院关于检察公益诉讼案件适用法律若干问题的解释》第二十五条第一款第（三）项之规定，判决如下：一、确认被告徐州市铜山区农业农村局（原徐州市铜山区林业局）对第三人徐州市峻达采石有限公司作出行政处罚后未依法履行后续监督、管理法定职责的行为违法；二、

① 《行政诉讼法》第72条 人民法院经过审理，查明被告不履行法定职责的，判决被告在一定期限内履行。

第76条 人民法院判决确认违法或者无效的，可以同时判决责令被告采取补救措施；给原告造成损失的，依法判决被告承担赔偿责任。

② 《最高人民法院 最高人民检察院关于检察公益诉讼案件适用法律若干问题的解释》第25条 人民法院区分下列情形作出行政公益诉讼判决：（一）被诉行政行为具有行政诉讼法第七十四条、第七十五条规定情形之一的，判决确认违法或者确认无效，并可以同时判决责令行政机关采取补救措施；……（三）被诉行政机关不履行法定职责的，判决在一定期限内履行……

③ （2020）黔0522行初224号。

④ （2017）苏8601行初1420号。

责令被告徐州市铜山区农业农村局在本判决生效后六十日内采取补救措施，继续依法对第三人徐州市峻达采石有限公司的违法行为履行监督、管理法定职责。”判决结果涉及补救判决，但没有引用《行政诉讼法》第 76 条和《公益诉讼司法解释》第 25 条第 1 项的规定，引用的是《行政诉讼法》第 72 条和《公益诉讼司法解释》第 25 条第 3 项的规定，这两款都是关于履行判决的规定。

又如，在六盘水市钟山区人民检察院诉六盘水市钟山区木果镇人民政府案[①]中，判决书中写道：“依照《中华人民共和国行政诉讼法》第五十八条、第七十四条第二款第（一）项、第七十六条，《最高人民法院　最高人民检察院关于检察公益诉讼案件适用法律若干问题的解释》第二十五条第一款第（一）项之规定，判决如下：一、确认被告六盘水市钟山区木果镇人民政府将辖区垃圾集中堆放在六盘水市钟山区木果镇木果居委会龙家海坝的行政行为违法；二、限被告六盘水市钟山区木果镇人民政府于本判决生效之日起 60 日内依法履行垃圾管理职责，消除该镇木果居委会龙家海坝垃圾场的环境污染。”本案中，法院在判决中对于法条的引用没有问题，符合补救判决的要求，但在阐述判决结果时指出“六盘水市钟山区木果镇人民政府于本判决生效之日起 60 日内依法履行垃圾管理职责”，等于是以“补救判决”的法条，作出了“履行判决”的结果。

综上所述，履行判决和补救判决二者的区分存在一定的困难，究其原因是没有严格按照模型来裁判，“确认违法+补救判决”是固定搭配，实务中出现的却是“确认违法+履行判决”（下节将详细阐述）。因此，落实好补救判决，区分履行判决和补救判决的界限，需要严格法条规定的判决模型。

6.2　确认违法判决

6.2.1　“确认违法+履行判决”模型检视

通过检索法律文书可以发现，大量行政公益诉讼案件在判决中采用“确认违法+履行判决”的模型。例如，在普定县人民检察院诉普定县自然资源局

① （2021）黔 0221 行初 40 号。

案[①]中，判决中写道："确认被告普定县自然资源局对中房生建江苏文化产业发展有限公司欠缴国有土地使用权出让金未依法履行监督管理职责的行为违法；被告普定县自然资源局应于本判决生效后，依法继续履行追缴中房生建江苏文化产业发展有限公司未交纳的土地出让金的职责。"

但是，这种判决方式并没有法律依据，约束审判机关判决的《行政诉讼法》第 72 条和第 76 条以及《公益诉讼司法解释》第 25 条都将确认违法判决和履行判决作为两种独立的判决类型，约束检察机关的《办案规则》第 83 条也明确了"确认违法"的诉求和"依法履行法定职责"的诉求需要根据不同的情况提出，并在第 84 条中明确了变更为确认违法诉求的前提。[②] 但许多检察机关在起诉时也将这两种诉讼请求同时提出，如在普定县人民检察院诉普定县自然资源局案[③]中，公益诉讼起诉人请求人民法院依法裁判"确认普定县自然资源局对中房生建江苏文化产业发展有限公司欠缴土地使用权出让金怠于履行监管职责的行为违法；判令普定县自然资源局依法继续履行追缴中房生建江苏文化产业发展有限公司未缴纳的土地出让金的职责"。因此，根据现行有关法律规定，单独适用履行判决或单独适用确认违法判决都是有法可依的，如果存在搭配，那么"确认违法+补救判决"的搭配是符合法律规定的，但"确认违法+履行判决"的搭配则于法无据。

6.2.2　确认违法判决的补充性、前提性与有限否定性

确认违法判决的补充性是指相较于撤销判决来说，确认违法判决是"第二选项"，能撤销则撤销，只有在法定不宜撤销的情况下，才适用确认违法判决；对于法定不宜撤销的情形，《公益诉讼司法解释》并没有直接规定，而是

---

① （2021）黔 0402 行初 72 号。

② 《人民检察院公益诉讼办案规则》第 83 条　人民检察院可以根据行政机关的不同违法情形，向人民法院提出确认行政行为违法或者无效、撤销或者部分撤销违法行政行为、依法履行法定职责、变更行政行为等诉讼请求……

第 84 条　在行政公益诉讼案件审理过程中，行政机关已经依法履行职责而全部实现诉讼请求的，人民检察院可以撤回起诉。确有必要的，人民检察院可以变更诉讼请求，请求判决确认行政行为违法。

③ （2021）黔 0402 行初 72 号。

将其链接到了《行政诉讼法》中[①]。由此可见，确认违法判决是一种补充判决，相对于撤销判决存在优先—补充的关系。确认违法判决的前提性是指在作出补救判决时，需要先行确认行政行为违法。这主要考虑到行政行为违法会对公共利益造成一定的不良影响，而通过补救判决可以逆转对公共利益的损害，达到通过行政公益诉讼维护公共利益的目的。在补救判决中，确认违法不判决可以被视为“因”，补救判决是“果”，只有确认行政机关违法行使职权，对公共利益造成损害，才需要通过补救措施来弥补公共利益的损害。这里确认违法判决与补救判决必须是针对同一事实和同一公共利益，二者之间不能割裂来看。

诚然，确认违法判决最重要的是对于被诉行政机关所作出的行政行为的合法性的否认，对行政行为进行合法性审查是行政诉讼和行政公益诉讼的中心任务，当法院作出确认违法判决时，尽管没有撤销相应的行政行为，但这也意味着审判机关对于行政行为的合法性作出了否定性评价。确认违法判决的有限否定性是指仅当审判机关只作出确认违法判决，或者作出确认“违法判决+补救判决”时，确认违法判决才具有否定性。当确认违法判决与履行判决同时作出时，这种判决模型不仅于法无据，其中的确认违法判决也不具有否定性，原因在于履行判决自带否定性。《行政诉讼法》与《公益诉讼司法解释》中对于履行判决的适用前提是“被告不履行法定职责”，而被告不履行法定职责本身就是一种违法行为，只是这种违法行为以不作为的形式表现出来，换言之，在人民法院作出履行判决时，已经对被诉机关进行了否定性评价，这时就不需要搭配确认违法判决再次对行政机关行政行为的合法性作出否定，尽管确认违法判决的否定性评价是明示的，履行判决的否定性评

① 《最高人民法院 最高人民检察院关于检察公益诉讼案件适用法律若干问题的解释》第 25 条 人民法院区分下列情形作出行政公益诉讼判决：（一）被诉行政行为具有行政诉讼法第七十四条、第七十五条规定情形之一的，判决确认违法或者确认无效，并可以同时判决责令行政机关采取补救措施……

《行政诉讼法》第 74 条 行政行为有下列情形之一的，人民法院判决确认违法，但不撤销行政行为：（一）行政行为依法应当撤销，但撤销会给国家利益、社会公共利益造成重大损害的；（二）行政行为程序轻微违法，但对原告权利不产生实际影响的。行政行为有下列情形之一，不需要撤销或者判决履行的，人民法院判决确认违法：（一）行政行为违法，但不具有可撤销内容的；（二）被告改变原违法行政行为，原告仍要求确认原行政行为违法的；（三）被告不履行或者拖延履行法定职责，判决履行没有意义的。

价是暗含的，但已经暗含就不需要再次明示。由此可见，确认违法判决的否定性评价并不适用于所有判决，因此称其为有限否定性。

6.3　其他判决类型

6.3.1　撤销判决

撤销判决的适用情形主要规定在《行政诉讼法》第 70 条[①]，并一般与重作判决搭配[②]。在行政公益诉讼中，以行政机关不作为的案由居多，而撤销的前提是需要行政机关作出相应的行政行为，但在实践中，有的检察机关会以行政机关前期作出的行政行为履职不到位为由诉请审判机关撤销原行政行为，判令作出新的行政行为。例如，在安徽省宿松县人民检察院诉宿松县市场监督管理局案[③]中，检察机关认为，"宿松县食品监督管理局对违法经营者减轻处罚不符合法律规定，应依法予以纠正"，请求法院"1. 确认宿松县市场监督管理局不依法履行职责的行为违法；2. 撤销宿松县食品药品监督管理局（宿）食药监食罚〔2017〕158 号行政处罚决定；判令宿松县市场监督管理局重新作出行政行为。"判决内容是"一、撤销宿松县食品药品监督管理局（松）食药监食生罚〔2017〕158 号行政处罚决定。二、宿松县市场监督管理局在本判决生效之日起二个月内重新作出行政行为。"这就又出现了"确认违法+撤销判决+重作"的诉讼请求，但这一模型也是于法无据，好在人民法院最终的判决是"撤销判决+重作"，符合法律规定。在行政公益诉讼中，撤销判决虽然应用得不多，但既然《公益诉讼司法解释》将撤销判决作为行政公益诉讼的判决类型之一，就有其存在的价值，与上述的判决类型相比仍有较大的适用空间。

---

① 《行政诉讼法》第 70 条　行政行为有下列情形之一的，人民法院判决撤销或者部分撤销，并可以判决被告重新作出行政行为：（一）主要证据不足的；（二）适用法律、法规错误的；（三）违反法定程序的；（四）超越职权的；（五）滥用职权的；（六）明显不当的。

② 《最高人民法院　最高人民检察院关于检察公益诉讼案件适用法律若干问题的解释》第 25 条　人民法院区分下列情形作出行政公益诉讼判决；……（二）被诉行政行为具有行政诉讼法第七十条规定情形之一的，判决撤销或者部分撤销，并可以判决被诉行政机关重新作出行政行为……

③ （2019）皖 0826 行初 20 号。

6.3.2 变更判决

变更判决在行政公益诉讼中的适用相对较少，适用于“被诉行政机关作出的行政处罚明显不当，或者其他行政行为涉及对款额的确定、认定确有错误的”情况，规定在《公益诉讼司法解释》第25条第4项中。适用较少的原因可能是人民法院认为变更判决对行政权的干预更大，有违司法权与行政权的界限。但是，出于能动司法的要求，在合理尊重行政权自由裁量的基础上，可以对案件依法作出变更判决，丰富行政公益诉讼的判决形式，充分发挥行政公益诉讼制度的效能。

6.3.3 驳回起诉

驳回起诉在行政公益诉讼中的适用也较少，首先是由于一些领域的行政机关违法行使职权或不作为现象比较严重，造成公共利益受到损害，因此检察机关提起公益诉讼事实清楚、证据确凿，胜诉率高合法、合情、合理。其次是行政公益诉讼有着“政策性”因素，检察机关作为公益代表人提起诉讼的目的是维护公共利益，如果人民法院驳回起诉，就有可能是在与“公共利益”作对，这种观点失之偏颇，驳回起诉作为一种独立的判决类型，人民法院在符合法定情形的前提下就可以大胆适用，从而达到政治效果、法律效果与社会效果的统一。驳回诉讼请求的范围主要是部分驳回，例如，在湖北省公安县人民检察院诉湖北洪湖国家级自然保护区管理局案①中，判决“确认被告湖北洪湖国家级自然保护区管理局对洪湖市云雾湖名优水产品开发有限公司建设破坏景观的房屋、围栏围网养殖、架设玻璃栈道侵占湖泊水面、修建与生态环境无关的娱乐设施的行为未履行责令恢复原状的法定职责违法；驳回公益诉讼起诉人公安县人民检察院的其他诉讼请求”。检察机关的诉讼请求被全部驳回的案件在检索中尚未发现。

① （2020）鄂1022行初22号。

下篇

检察行政公益诉讼类型化研究

第七章
预防性检察环境公益诉讼研究

生态环境建设事关中华民族永续发展，在党的二十大报告中，习近平总书记指出中国式现代化是人与自然和谐共生的现代化①，因而中国式现代化具有明显的绿色特征。人与自然和谐共生的现代化包含着中国人民对建设美丽中国的美好向往，包含着中国共产党以人民为中心的价值立场，体现着绿色发展是实现高质量发展的必由之路，贯穿着“绿水青山就是金山银山”的辩证法智慧。实现人与自然的和谐统一涉及生产方式和生活方式的变革，需要改变思维方式和价值观念，但最终必须依靠制度和法治。2018 年生态文明入宪，标志着生态文明建设的重要性被提升到一个全新的高度，其中体现了党的主张与人民意愿的高度统一，最终体现在了国家的根本大法之中。制度建设是基础和保障，再好的制度也需要完善有力的执行体系，行政机关作为执法机关，是执行生态环境有关法律制度的第一线，但行政机关违法行使职权或不作为造成生态环境损害的案件时有发生，因此检察环境公益诉讼作为监督行政机关依法履行保护生态环境职责的制度应运而生，并取得了良好的效果。但传统的检察行政环境公益诉讼是建立在公共利益已经受到损害的前提下，在环境领域，如果损害已经发生，恢复起来就需要很长的时间和很高的成本，并且会造成一些无法挽回的损失。例如，在山东伽马刀设备放射污染案中，检察机关提起了预防性公益诉讼，最终并未造成实际损害。本案具有

---

① 习近平．高举中国特色社会主义伟大旗帜 为全面建设社会主义现代化国家而团结奋斗：在中国共产党第二十次全国代表大会上的报告［EB/OL］．（2022-10-25）［2023-09-23］．https://www.gov.cn/xinwen/2022-10/25/content_5721685.htm.

一定的典型意义，因为放射性污染具有不可视、不可逆的特点，如长期弃置而不进行妥善处理，始终存在造成放射性污染的可能性，只有通过预防性诉讼，才能真正使公共利益免受损害。由此可见，在环境公益诉讼领域，预防性公益诉讼大有可为，由于本书主旨的限制，本章讨论的主题定为预防性检察环境公益诉讼。

7.1 预防性检察环境公益诉讼的基础性概念

7.1.1 基本概念及特征

预防性检察环境公益诉讼是指检察机关认为行政机关在生态环境保护领域存在违法行使职权或不作为，可能会对生态环境造成无法挽回或挽回成本较高的损害，在实际损害发生之前，向人民法院提起的行政公益诉讼。

预防性检察环境公益诉讼具有以下三个特征。第一，预防性特征。即改变原有检察行政公益诉讼在损害发生后检察机关再提起公益诉讼的模式，由事后救济改为事前预防，在损害结果尚未发生但具有遭受无法挽回的损害的风险时就“治未病”，将检察机关的介入时间提前，避免生态环境遭受无法挽回的损失，为国家利益和社会公共利益树立事前预防的屏障。

第二，过程性干预特征。传统的环境领域检察行政公益诉讼遵循这样的行为模型：行政机关违法行使职权或不作为—公共利益有受到无法挽回或挽回成本较高的损害的风险—公共利益受到损害—检察机关介入，即只有在公共利益受到损害这一事实已经发生，行政机关的违法行使职权或不作为在法律状态上构成一个完整的“闭环”时，检察机关才能介入，否则就有司法权越界之嫌。但是，在预防性检察行政公益诉讼中，行政机关违法行使职权或不作为确实已经发生，这时并不追求达成最终的法律状态上的“闭环”。只要公共利益有受到无法挽回或挽回成本较高的损害风险，检察机关就可以进行干预，这意味着损害结果尚未达成，但在法律状态形成的过程中检察机关就可以出手干预。

第三，兼具执法和司法的特征。执法本应是行政机关的职责，行政机关执法的目的就是避免公共利益受到损害，按照传统的行政公益诉讼模式，在行政机关的执法不能够避免公共利益受损的结果发生甚至是公共利益受损的"助推器"时，检察机关才登场，通过行政公益诉讼督促行政机关依法全面履职，督促的结果也是要通过行政机关的执法来实现对公共利益的保护。而预防性检察行政环境公益诉讼具有行政公益诉讼的司法性特征，即检察机关并不能直接进入执法一线，还是要通过督促或请求人民法院判决来要求行政机关依法履职，保护生态环境的公共利益；其执法性特征在于，传统的检察行政公益诉讼是在执法"失灵"，公益诉讼受损之后检察机关才依法介入，而预防性公益诉讼则是在执法还未"失灵"时检察机关就已介入，进入了本该由行政机关"独享"的执法阶段，提前督促行政机关避免执法"失灵"，造成公共利益的损害。这对于行政机关来说是一种保护，因为公共利益受损的直接受谴责者一定是行政机关，检察机关进入行政机关"独享"的执法阶段是在帮助行政机关分担环境公共利益的不确定性和受损后难以挽回的风险。

7.1.2　制度功能

预防性检察环境公益诉讼的制度功能首先是完善生态文明制度体系，生态文明制度体系是一个较为庞大的系统，是在党的十八届三中全会中首次提出的①。2015年《中共中央、国务院关于加快推进生态文明建设的意见》（以下简称《生态文明建设意见》）中明确指出生态文明制度体系包含从"健全法律法规"到"完善责任追究制度"十个层面。同年，中共中央、国务院印发《生态文明体制改革总体方案》（以下简称《总体方案》），提出要加快建立系统、完整的生态文明制度体系，加快推进生态文明建设，增强生态文明体制改革的系统性、整体性、协同性。此后，生态文明制度体系在多个重要场合被提及。生态文明制度体系是一个系统完善、内容庞大的制度体系，由许多重要制度组成，预防性检察行政环境公益诉讼制度可以被看作其中的一环，在用制度和法治保护生态环境方面发挥着重要作用。

其次是丰富检察机关法律监督的方式。检察机关是《宪法》规定的法律监督机关，具有法律监督的职能，检察行政公益诉讼就是检察机关对行政机

---

① 《中共中央关于全面深化改革若干重大问题的决定》　十四、加快生态文明制度建设　建设生态文明，必须建立系统完整的生态文明制度体系，实行最严格的源头保护制度、损害赔偿制度、责任追究制度，完善环境治理和生态修复制度，用制度保护生态环境。

关执行法律法规、维护公共利益进行监督。在传统的检察行政公益诉讼中，只有在行政机关穷尽所有手段且公共利益遭受损害的前提下，检察机关方可介入，履行法律监督的职责。预防性检察行政公益诉讼的提出有利于检察机关在对公共利益的损害尚未发生的情况下提前介入，维护公共利益，把损害后监督变为损害前监督，丰富了检察机关履行监督环境法律规范执行职责的方式。

最后是进一步完善我国检察行政公益诉讼的制度和理论。经过六年多的发展，我国检察行政公益诉讼制度已经日趋成熟，但是仍存在一些不足，在环境领域的体现之一就是环境公共利益已经受到损害且恢复困难，但检察机关不能在有重大风险的苗头时就对行政违法或行政不作为进行纠正，只能等到公共利益已经受损后再进行法律监督。预防性检察行政公益诉讼的出现可以有效解决公共利益受损且难以恢复的问题，同时在理论上也可以实现对现行主流检察行政公益诉讼理论的“扬弃”，使理论既可以成为实践的先导，实践也可以成为理论的来源，理论与实践互补，最终目的是实现对公共利益的有效保护。

7.2　预防性检察环境公益诉讼的理论基础

7.2.1　习近平生态文明思想

马克思认为，“没有自然界，没有感性的外部世界，工人什么也不能创造”[①]。恩格斯指出，“我们不要过分陶醉于我们人类对自然界的胜利。对于每一次这样的胜利，自然界都对我们进行报复”[②]。列宁指出，人要承认“自然界”，承认自然界、外部世界是不依赖于人的意识和感觉的，而这就是唯物主义。

以毛泽东同志为主要代表的中国共产党人高度重视生态环境建设，注重

① 中共中央马克思恩格斯列宁斯大林著作编译局．马克思恩格斯选集［M］．北京：人民出版社，2012：68.

② 中共中央马克思恩格斯列宁斯大林著作编译局．马克思恩格斯选集［M］．北京：人民出版社，2012：998.

绿化事业和水土保持。在中华人民共和国成立初期，我国的森林覆盖率只有8.6%，为了促进生态环境的建设与保护，在《中国人民政治协商会议共同纲领》中就提到了保护森林，并有计划地发展林业。保护沿海渔场，发展水产业，这说明中国共产党人在中华人民共和国成立之初物质条件较差的情况下就意识到了生态环境的重要性，可谓高瞻远瞩，具有极强的预见性。1973年8月，在周恩来的推动下，第一次全国环保会议召开，制定了新中国第一个环保工作的32字方针①。

进入改革开放和社会主义现代化建设新时期，以邓小平同志为主要代表的中国共产党人从党和国家事业发展全局的角度，提出一系列有关生态保护的新观点、新方法，主张两手抓（即一手抓建设，一手抓法制），两手都要硬，这在生态保护领域也得到了贯彻，如“保护和改善生活环境和生态环境”被写入《宪法》，《中华人民共和国环境保护法》《中华人民共和国森林法（试行）》《中华人民共和国海洋环境保护法》《中华人民共和国草原法》等基础性、专门性、综合性的法律得以颁布并实行。1979年，新林业部成立，加强林业资源保护有了新的专门机构；1982年3月，组建城乡建设环境保护部，内设环境保护局；1988年，国家环境保护局作为国务院的直属机构单独设置。以制度建设和相关领域的机构改革为主要抓手，党和国家在改革开放初期就力求理顺经济发展和环境保护之间的关系，不能顾此失彼。此外，邓小平同志还倡议义务植树并身体力行，多次亲自参加义务植树活动。此后，历届领导人都在植树节参加义务植树劳动，极大地提升了全民参与环境保护的积极性。随着改革开放的不断深入，以江泽民同志为主要代表的中国共产党人立足新的生态保护需要和特征，提出破坏资源环境就是破坏生产力，保护资源环境就是保护生产力，改善资源环境就是改善生产力的重大论断。进入21世纪，以胡锦涛同志为主要代表的中国共产党人进一步深化对人类社会发展的规律性认识，结合中国发展的阶段性特征，在党的十六届三中全会上提出了科学发展观，带领全国各族人民实现全面协调可持续发展，构建资源节约型和环境友好型社会，实现人与自然的和谐，作为“和谐社会”的重要维度。党的十七大报告中首次提出“生态文明”的概念，党的十八大报告中

① 即全面规划，合理布局，综合利用，化害为利，依靠群众，大家动手，保护环境，造福人民。

提出要“大力推进生态文明建设”“把生态文明建设放在突出地位”，这充分说明我们党一以贯之地重视生态文明建设。

生态兴则文明兴，生态衰则文明衰。党的十八大以来，中国特色社会主义建设进入新时期，人民群众对美好生活的向往不仅停留在物质的充裕、经济的增长上，而是期待天更蓝、水更清、山更绿，期待有更绿色的生活环境，以习近平同志为主要代表的中国共产党人站在中华民族永续发展的高度，把生态文明建设纳入中国特色社会主义总体布局，大力推动生态文明建设理论创新、制度创新、实践创新，解决了许多生态环境领域想解决但没有解决的大事，实现了许多生态环境领域想完成却没有完成的任务，提出了一系列新思想、新领域、新战略，形成了习近平生态文明思想。这与习近平总书记长期在地方主政形成了生态文明建设与治理的经验是分不开的：习近平总书记在梁家河插队时为了解决制约当地群众生产生活的资源匮乏问题，建成了陕西省第一个沼气池；为了解决耕地资源不足的问题，带领村民打坝淤地造良田，这是习近平总书记早年间尊重自然、合理利用自然资源的写照。习近平总书记在正定工作期间高度重视良好生态环境的保持，指出“农业经济早已超出自为一体的范围，只有在生态系统协调的基础上才可能获得稳定而迅速的发展”①；在福建工作期间，习近平总书记率先启动了福建的生态省建设，以“筚路蓝缕，滴水穿石，久久为功”的艰苦奋斗精神推动水土流失治理和生态环境建设，并在全国率先开展集体林权制度改革，对全国林业体制改革起到了“探路子、出经验、做示范”的作用；在浙江工作期间，习近平总书记提出了著名的“绿水青山就是金山银山”的科学论断，并通过“八八战略”打开了浙江发展新境界，以“千村示范、万村整治”工程建设了万千美丽乡村②；在上海工作期间，习近平总书记提出要大力推进资源节约和环境保护，加快建设资源节约型、环境友好型城市③。习近平生态文明思想是马克思

① 李杰. 河北正定县：“半城郊型”经济绘出乡村新画卷［EB/OL］.（2021-04-17）［2023-08-19］. https://szb.farmer.com.cn/2021/20210417/20210417_003/20210417_003_1.htm.

② 姚茜，景玥. 习近平擘画“绿水青山就是金山银山”：划定生态红线　推动绿色发展［EB/OL］.（2017-06-05）［2023-08-19］. http://cpc.people.com.cn/n1/2017/0605/c164113-29316687.html.

③ “上海是习近平总书记创新和开放思想先行先试的地方”：习近平在上海（二）［EB/OL］.（2021-09-03）［2023-08-19］. http://cpc.people.com.cn/n1/2021/0903/c64387-32216625.html.

主义人与自然关系理论中国化的最新成果，实现了对中华优秀传统生态文化的创造性转化和创新性发展，是习近平新时代中国特色社会主义思想的重要组成部分，其思想深邃、逻辑严密、内涵丰富，为我国生态文明建设提供了科学指引和根本遵循。

坚持保护优先是习近平生态文明思想的重要内容，这一理论体现了人与自然和谐共生的内在要求，如果不能坚持保护优先，而是强调事后救济，那么在生态环境受到损害时，意味着人与自然和谐共生的状态已经被打破，意味着我们没能在一开始就做到尊重自然、顺应自然、保护自然，没能在生态环境有受到损害的风险之初坚持走好生产发展、生活富裕、生态良好的发展道路；这一理论体现了对美丽中国的向往，美丽中国是看得见山、看得见水、记得住乡愁的美丽中国，而最美的山、水和乡愁永远是原汁原味的，坚持保护优先就是要为人民群众留住童年记忆中山的绿色、水的清澈和乡愁的美好；这一理论体现了对中国式现代化道路的自信，中国式现代化是人与自然和谐共生的现代化，“人与自然是生命共同体”是这一现代化道路的生态价值基础，为此，这一道路坚决摒弃西方式现代化“先污染后治理”的老路，而是在发展的过程中完成对环境的治理，在发展的过程中实现对生态环境破坏的预防。实现保护优先需要建立严密的生态文明法治体系，在生态文明建设中，要把法律变为高压线，把制度变为刚性约束，从而为生态文明建设提供固根本、稳预期、利长远的坚实保障。实现预防优先就必须在生态环境受到破坏之前及时采取措施，负有生态环境保护职责的行政机关在这一过程中处于第一线，但生态环境风险的产生往往会牵涉行政机关违法行使职权或不作为，因此需要有另一种权力形态来监督行政权依法运行，肩负起维护生态安全的职责，预防性检察行政环境公益诉讼在实现保护优先的道路上必然会起到不可忽视的作用，既实现了对行政权的监督，又把生态环境风险消灭在萌芽期。

7.2.2　风险预防理论

从人类社会发展的历程来看，工业化、信息化在提升社会生产力水平和促进人类文明进步等方面起到了不可忽视的作用，但是这一进程也伴随着风险社会的到来。德国社会学家贝克提出，种种迹象表明，从 20 世纪中叶以来，人类社会已经存在由工业社会转向风险社会的趋向。[①] 这个结论从18世纪的工业化进程中就可以得到印证，随着两次工业革命的进行，在社会生产力极大提高的同时也带来了环境污染等来自自然界的风险；同时带来了帝国主义之间经济政治发展不平衡导致的战争风险、社会贫富分化的风险，这是来自人类社会内部的风险。从20世纪末一直到今天，和平和发展成为当今时代的主题，一些风险逐渐趋弱，但一些领域的风险与日俱增，如生命科学新技术带来的人体健康风险、信息化和智能化带来的个人信息泄露甚至“裸奔”的风险，还有一直没有消散甚至愈演愈烈的环境污染和气候变化的风险，以及由上述风险带来的社会治理风险等。本章主旨的环境风险首先是人与自然关系的失衡，科技的发展改变了人与自然之间的关系，但没有改变人与自然之间的力量对比。在自然面前，人类仍然是渺小的，但由于人类在科学技术方面取得了非凡的成就，使人们产生了盲目的自信，而事实证明，尊重自然、顺应自然、保护自然才是人与自然的和谐相处之道。环境风险还容易引发“连锁反应”，从人与自然的失衡变成人与人的失衡、人与社会的失衡甚至人与自我的失衡，环境污染只是环境风险的最表层体现，若不加以控制，人类健康受损、预期寿命降低、劳动力数量和质量下滑、生产力发展受阻、产业链和供应链受到影响将最终导致就业岗位流失、失业问题严重、经济发展失去活力，社会陷入内耗之中。

在风险社会中，各个社会主体都应做到意识自觉和行动自觉。以环境风险为例，需要各个社会主体树立环境风险的意识，对环境风险有科学的、初步的理解。防范风险的前提就是社会主体对风险有足够的认识，否则很容易在“信息茧房”中故步自封，在风险来临时手足无措。另外，还要求各个社会主体有行动自觉，风险社会中社会秩序的构建不能仅依靠社会主体主观上的自觉，还要依靠行动上的自觉，从行动上把对环境风险的认识转化到实践中，把预防环境风险的意识变为日用而不觉的行为准则。对于国家机关来说，风险社会中还需要制度自觉，我国的立法机关明显已经意识到了这一点，在有关环境的立法中，把保护优先、风险预防作为制度要求落实了下来，如

① 贝克. 风险社会［M］. 何博闻，译. 南京：译林出版社，2004.

《环境保护法》第5条[①]、《中华人民共和国生物安全法》第3条[②]、《中华人民共和国核安全法》第4条[③]、《中华人民共和国土壤污染防治法》第3条[④]和《水污染防治法》第3条[⑤]等。立法机关的制度自觉体现在把风险预防、保护优先的原则纳入立法中，司法机关的制度自觉应当是在存在生态环境损害的重大风险但生态环境尚未受损时就及时介入，构建预防性检察行政环境公益诉讼体系。

7.2.3　过程性规制理论

传统的检察行政公益诉讼将法律监督的切入点定于行政过程的末端，即对行政过程进行末端规制，检察机关通过是否有公共利益的损害这一结果来判断是否要进行行政公益诉讼，一旦发生难以挽回的损害结果，检察机关就会显得十分被动，只能拿到人民法院的一纸判决，但挽回受损的公共利益为时已晚。再加上行政公益诉讼针对的是行政行为，并不能有效地针对制度作出完善，即使“为时已晚”，也起不到“亡羊补牢”的效果。随着现代社会生活不断走向复杂化，行政权力也在不断扩张，支配着社会的方方面面。基于行政过程末端的监督，只能着眼于行政违法或不作为最终造成的事实损害，对于行政过程前期和中期的流程无法涉及，这样的行政公益诉讼在特定的公共利益领域无法达成维护公共利益的制度目的，因为一旦发现损害，便为时已晚。预防性环境公益诉讼则是在过程中监督行政行为，这个过程不是行政行为的过程，因为检察权介入的前提是行政机关存在违法行使职权或不作为，这时单一的行政行为已经结束。过程性规制是对公共利益受到损害的过程进

① 《环境保护法》第5条　环境保护坚持保护优先、预防为主、综合治理、公众参与、损害担责的原则。

② 《中华人民共和国生物安全法》第3条　生物安全是国家安全的重要组成部分。维护生物安全应当贯彻总体国家安全观，统筹发展和安全，坚持以人为本、风险预防、分类管理、协同配合的原则。

③ 《中华人民共和国核安全法》第4条　从事核事业必须遵循确保安全的方针。核安全工作必须坚持安全第一、预防为主、责任明确、严格管理、纵深防御、独立监管、全面保障的原则。

④ 《中华人民共和国土壤污染防治法》第3条　土壤污染防治应当坚持预防为主、保护优先、分类管理、风险管控、污染担责、公众参与的原则。

⑤ 《中华人民共和国水污染防治法》第3条　水污染防治应当坚持预防为主、防治结合、综合治理的原则，优先保护饮用水水源，严格控制工业污染、城镇生活污染，防治农业面源污染，积极推进生态治理工程建设，预防、控制和减少水环境污染和生态破坏。

行阶段化的“动态”处理，在可能发生无法挽回的损害时就进行风险评估，提前提起行政公益诉讼，在过程中完成对公共利益可能造成的损害的规制。

7.2.4 能动司法理念

能动司法理念是伴随着我国法治建设和法治理论研究的深入而产生的法治理念。在法治建设的前期强调完善法律体系，严格执法司法的“形式法治”；在法治建设进入深入阶段以后，更加强调“实质法治”，能动司法理念便是“实质法治”的生动写照。根据传统的法治理念，检察权作为司法权的组成部分，应当恪守消极原则，不能主动参与社会纠纷，只有在案件进入司法程序后才能进行参与，这样的理念看似是在严格执行法定程序，但实际上会使检察机关失去参与推动法治进步、化解社会矛盾的动力，在一定程度上会造成程序空转。在能动司法理念的指引下，检察机关要主动督促行政机关依法履职，并不一定要等到公共利益受到损害后才启动程序，这样有违检察机关的工作职责和宗旨。在预防性环境公益诉讼中，检察机关秉持着能动司法理念提前介入，向社会展示其作为法律监督机关所秉持的法治理念，展示在法治中国建设的进程中检察机关鼓励什么样的价值导向、反对什么样的不良倾向、提倡什么样的社会理念、禁止什么样的行为，让社会中的公民、法人和其他组织都意识到生态环境这一公共利益的极端重要性，以公共利益守护者的角色定位在生态环境重大风险还没有发生的时候就提前进行干预，防患于未然。

7.3 预防性检察行政公益诉讼的制度构建

7.3.1 启动条件——重大风险的认定

重大风险又称为不可挽回的风险，是预防性检察行政公益诉讼启动的基本条件。只有当行政机关违法行使职权或行政不作为，可能会对生态环境这一公共利益造成不可挽回的损害时，预防性检察行政公益诉讼才可以启动。从启动的时间节点来看，可以分为行政机关已经作出相关决策但没有交付执行；行政机关作出相关决策且已经交付执行，但尚未对公共利益造成损害。

这两个时间节点存在“一前”“一后”的辨析，“一前”是指行政机关还没有作出相关决策，只是有很大可能作出相关决策，这时检察行政公益诉讼不能够启动，因为没有诉讼标的，有很大可能作出相关决策只是一种主观上的判断，来源包括道听途说、内部开会讨论等，此时行政行为还没有产生，检察机关没有提起诉讼的指向，因此在行政决策没有作出时，预防性检察行政公益诉讼不得启动。“一后”是指行政决策作出且已经交付执行，即使公共利益只遭受了轻微的损害，这时也不能启动预防性检察行政公益诉讼，而是应当启动传统的行政公益诉讼。预防的是风险，不是损害的程度，如果损害已经发生，这时要做的是督促行政机关依法履职，将损害降到最小，这就已经脱离了风险的范畴。需要指出的是，笔者认为，预防性检察行政公益诉讼的启动必须以行政机关违法行使职权或者不作为为前提，行政机关必须作出一定的行政行为，行政行为不一定是执行，也可以是决策。

厘清了时间节点问题，什么样的风险可以被称为重大风险便成为启动条件中的核心问题。笔者认为，重大风险的认定公式为“专业风险+公共风险+成本效益风险”。专业风险是指经过相关领域专家的调研、鉴定等认定行政机关违法行使职权或不作为会对生态环境造成重大风险。专业风险的表现形式可以是第三方机构出具的报告，也可以是业内公认的有影响力的专家出具的专家意见书等。专业风险不仅是指环境领域的专业风险，还包括法律领域的专业风险。这里法律领域的专业风险并不是孤立的法律领域的风险，而是与环保相关的法律领域的风险，如行政机关以违法行使职权或不作为的方式在进行环评时帮助有关单位对材料造假等。在法律后果方面，法律领域的专业风险与环境领域的专业风险应当是排斥关系，只要认定存在法律领域的专业风险，就没有必要再委托第三方机构或有影响力的专家对环境领域的专业风险进行鉴定、出具意见。这主要是出于两个方面的考虑：第一个方面是既然存在法律领域的专业风险，就意味着在环境领域存在专业风险是高度盖然性的，也就没有必要再耗费成本进行环境领域的专业风险评估；第二个方面是此类行为性质极其恶劣，项目落地后有极大可能对生态环境造成不可逆转的影响，因此必须在程序上对其进行严格的控制。其次是存在公共风险，这里的公共风险是指专业风险的认定结果与社会公众的认知有重大矛盾，这种矛盾极易引发群体事件，如 2007 年厦门市反对 PX 项目事件、2008 年成都市反对 PX 项目事件、2012 年宁波市镇海区反对 PX 项目事件等。这种公共风险容易引发矛盾的原因在于社会公众作为环境风险的直接承受者，对于一些涉及自身切身利益的环境风险具有更高的关注度，特别是对于一些潜意识里对身体会造成严重伤害的环境风险，公众的疑虑并不是凭借专业的评估报告能够消解的。最后是成本效益风险，人类社会发展到今天，很难说有行为是绝对绿色、绝对环保，对生态环境没有丝毫伤害的。预防性检察行政环境公益诉讼并不是追求对生态环境的零损害，只要所造成的损害能够通过较低的成本进行挽回，那么从经济利益的角度进行分析，如此收获的效益就是值得的。例如，行政机关批准的项目可能会对野生动植物的繁殖造成影响，但如果此类野生动植物可以进行异地繁殖，且批准的项目对当地的民生等方面具有重要的意义，这时通过成本效益的风险评估就可以认定不存在重大环境风险。

7.3.2 优化诉前程序

诉前程序是行政公益诉讼的必经程序，具有独立的价值，不依附于诉讼程序而存在。在预防性环境行政公益诉讼中，诉前程序的价值更加明显：第一，由于诉前程序具有过滤的作用，可以使案件在诉前程序结案，避免案件进入人民法院，在预防性环境行政公益诉讼中，对于重大环境风险的认定具有极强的专业性，人民法院并不是这个领域的专业机构，因此案件进入诉讼程序，除了可以得到对行政机关具有强制约束力的判决，在实质化解相关争议上并无特别明显的作用。第二，诉前程序可以提高效率，预防性环境公益诉讼常发生于行政决策已经作出但还没有交付执行，或者行政行为执行已经开始但还没有对公共利益造成损害之时，这通常也意味着行政行为在决策作出后悬而不决或者中途停止，在诉前程序结案有利于避免案件进入相对烦琐的诉讼程序，让行政行为尽早结束悬而未决的状态，依照风险状况停止执行或继续执行。因而在诉前程序，预防性环境行政公益诉讼应当进行优化。

首先，对诉前检查建议的回复期限应当延长或中止计算，环境领域重大风险的认定通常需要经过专业的鉴定、认证等，这一环节通常会耗费相当长的时间。因此对于两个月的普通期限，在特定情况下很难完成专业的鉴定或认证，此时有两种延长方案：第一是延长环境行政公益诉讼的检察建议回复期限，第二是对专业鉴定或认证所花费的期限中止计算。

其次，把听证程序作为诉前程序的必经程序，对预防性环境公益诉讼进行听证是十分必要的。这是由于如前文所述的重大风险认定中主要涉及三个标准：第一是专业风险，这就要在听证中听取专业环境机构或专家的意见；第二是公共风险，这就要在听证过程中选取居民代表来参与，充分发扬密切联系群众的工作优势，及时了解群众的忧虑；第三是成本效益风险，这要求行政机关如果认为其所作出的行政决策即使会对环境造成影响，也可以通过成本较低的方式加以规避或修复，最终实现对社会公众的效益远大于成本，那么行政机关就要在听证中加以阐明。在听证程序中，为了避免先入为主，前期参与案件的检察机关工作人员不得再主持听证程序。

最后是设置保护机制，预防性环境行政公益诉讼着眼于可能对环境造成的不可逆转的伤害，因此，在结案之前，检察机关可以向人民法院申请向行政机关发出“禁止令”，要求行政机关暂缓交付行政行为的执行，已经执行的要暂停执行。需要指出的是，这是诉前程序的停止执行，与《行政诉讼法》第 56 条规定①的诉讼停止执行不同，可以在案件进入诉讼程序之前由检察机关向人民法院申请执行。停止执行时应当参照有关规定由检察机关提出担保②，这是由于有重大生态环境风险的行政行为虽然由行政机关作出，但涉及的工程项目主要由第三人完成，而第三人通常是企业，在诉前程序中，企业所耗费的成本不应当由企业完全承担。如果案件进入诉前程序，检察机关申请停止执行，再进入诉讼程序，企业的时间成本、人力成本等将难以预期，其中的成本完全由企业来承担会严重打击企业的投资信心，危害到公平、透明、可预期的营商环境。因此，在检察机关申请停止执行时，应当提供担保，这也符合权力制约的要求。

---

① 《行政诉讼法》第 56 条　诉讼期间，不停止行政行为的执行。但有下列情形之一的，裁定停止执行：(一) 被告认为需要停止执行的；(二) 原告或者利害关系人申请停止执行，人民法院认为该行政行为的执行会造成难以弥补的损失，并且停止执行不损害国家利益、社会公共利益的；(三) 人民法院认为该行政行为的执行会给国家利益、社会公共利益造成重大损害的；(四) 法律、法规规定停止执行的。

当事人对停止执行或者不停止执行的裁定不服的，可以申请复议一次。

② 《最高人民法院关于生态环境侵权案件适用禁止令保全措施的若干规定》第 7 条　申请人在提起诉讼时或者诉讼过程中申请禁止令的，人民法院可以责令申请人提供担保，不提供担保的，裁定驳回申请。申请人提起诉讼前申请禁止令的，人民法院应当责令申请人提供担保，不提供担保的，裁定驳回申请。

7.3.3 明确裁判类型

人民法院经过审查，当认为行政机关不存在违法行使职权或不作为，没有造成生态环境遭受损害的重大风险时，应当驳回检察机关的起诉；当认为行政机关存在轻微的违法行使职权或不作为，对生态环境没有造成重大风险时，应当在确认违法的基础上，驳回检察机关的其他诉讼请求；当认为行政机关存在违法行使职权，并且会对生态环境造成重大风险时，应当判决撤销行政行为；当认为行政机关存在不作为，并且会对生态环境造成重大风险时，应当判决行政机关依法履行职责。如果在诉讼过程中，由于前期的行政行为造成了生态环境损害的发生，即公共利益已经受到损害，那么这时案件的性质就由预防性行政公益诉讼转为传统的行政公益诉讼，已经经过的法定程序不再重复，后续的法定程序按照传统的行政公益诉讼程序进行，审判结果也应当适用传统的行政公益诉讼的裁判类型。

第八章
个人信息保护检察行政公益诉讼研究

习近平总书记在 2019 年 9 月对国家网络安全宣传周作出的重要指示中指出：要坚持网络安全为人民、网络安全靠人民，保障个人信息安全，维护公民在网络空间的合法权益。[①] 进入大数据时代，由于算法黑箱等技术上的壁垒，公民的个人信息受到侵犯的可能性变得越来越大。一些个人信息处理者通过对个人信息的收集和分析完成对不同人群的数字画像，可能会使公民个人在生活中遭遇价格歧视、就业歧视等不公正对待，同时生活的安宁权也得不到保障。现如今，个人信息保护已不再是公民的个人权利，而是涉及社会公共利益和国家利益，在民事私益诉讼和民事公益诉讼保护手段有限、刑法保护具有谦抑性、行政机关有可能存在违法行使职权或不作为的情况下，个人信息保护检察行政公益诉讼便具有自身独特的使命。

8.1 个人信息的公益属性

8.1.1 个人信息的基本概念

我国目前的许多立法中都对个人信息的概念进行了界定，如《个人信息

① 习近平对国家网络安全宣传周作出重要指示 强调坚持安全可控和开放创新并重 提升广大人民群众在网络空间的获得感幸福感安全感［EB/OL］.（2019-09-16）［2023-09-23］. http://www.xinhuanet.com/politics/leaders/2019-09/16/c_1125000571.htm.

保护法》第4条[①]、《民法典》第1034条[②]等。根据法律规范中的概念，可以总结出个人信息的如下特征：第一是记录性，个人信息必须是以电子或其他方式记录下来的信息，没有记录下来的信息如自然人记忆中的信息不能被视为个人信息；第二是可识别性，这就要求通过该信息可以单独识别出特定自然人，或者与其他信息结合可以识别出特定自然人；第三是非匿名化，匿名化处理后的信息不应被认定为个人信息。现如今，随着信息技术的发展，人类进入了大数据时代，而大数据时代的到来使个人信息安全面临着历史上任何时期都未有过的风险。因此，“个人信息”的概念是一个开放的概念，在特定的场景下或在特定的历史阶段都是不同的，所以在判断信息是否属于个人信息时应当运用动态思维，结合具体场景加以判断。例如，在罗某诉北京大生知行科技有限公司隐私权、个人信息保护纠纷案[③]中，罗某提出要求人民法院判令被告立即停止使用并删除原告尾号为8688手机号码账号中的全部个人信息，包括但不限于原告的手机号码及密码关联原告“上班族”“商务职场”“会说简单单词”等画像标签，以及订单课程信息等诉讼请求。人民法院最终判决被告北京大生知行科技有限公司于本判决生效之日起停止关于原告名下两个手机号码及其用户画像信息、账户密码信息、订单信息等个人信息的处理行为并对已经收集的信息进行删除。在该案中，“上班族”“商务职场”“会说简单单词”等概念并不具备个人属性，用来形容任何人都可以，但是通过这些词之间的相互联系并“绑定”当事人的注册信息，便可完成对一个人的“人格画像”，因此应当被视为侵犯了公民的个人信息保护权。

8.1.2 个人信息的权益表达

个人信息的权益首先体现为人格权益，《民法典》第四编即人格权编的第六章中规定了个人信息权益的保护，体现了作为人格权益的个人信息由自然

① 《个人信息保护法》第4条第1款　个人信息是以电子或者其他方式记录的与已识别或者可识别的自然人有关的各种信息，不包括匿名化处理后的信息。

② 《民法典》第1034条第2款　个人信息是以电子或者其他方式记录的能够单独或者与其他信息结合识别特定自然人的各种信息，包括自然人的姓名、出生日期、身份证件号码、生物识别信息、住址、电话号码、电子邮箱、健康信息、行踪信息等。

③ （2021）京0491民初5094号。

人本人独占，自然人本人对于个人信息具有控制、支配与决定权，属于个人自治的范围，并且这一权益应当被认定为具有对世性，其他任何主体都不得未经自然人本人的同意收集、泄露、买卖、利用其个人信息。随之衍生出来的还有自然人享有安宁生活的权益和获得公正对待的权益：享有安宁生活的权益是指个人信息处理者不得利用算法黑箱等根据已知的个人信息对自然人进行“画像”和“描绘”，从而为精准营销等侵扰自然人安宁生活的行为进行准备性工作；获得公正对待的权益是指个人信息的处理者不能根据其所掌握的个人信息对自然人的性格特征、生活状况、收入水平等进行描绘和分析，以此作为价格歧视、就业歧视的依据，使自然人遭受不公平的对待。个人信息在人格权益上的表达概括来说就是自然人不接受在违背自身意愿的情况下，个人信息被不当利用而变成“透明人”，被进行“人格画像”，设定“数字身份”，使个人私生活空间与社会公共空间失去阻隔。

个人信息的权益本质上属于个人的私权益，并不天然地进入公共利益领域。但是在大数据时代，人与人之间的互联互通日益便捷，本质上作为社会关系总和一部分的人很难把自己的个人信息放在绝对安全的“密码箱”中，仅供自己“享用”。在日常使用网络平台社交软件的过程中，或多或少都会涉及个人信息的泄露，此时如果泄露的个人信息只是碎片化呈现的，那么依旧不足为虑，但随着数字技术的发展，泄露的碎片化个人信息完全可以经过系统地整合形成完整的“人像”，即上文所说的“人格画像”与“数字身份”，此时，如果只有一个人被设定了“人格画像”与“数字身份”，那么依然是个人权益的范畴。但如果依据人格画像与数字身份对社会中形形色色的自然人进行分类，依据群体进行差别化对待，如大型互联网企业凭借自身对市场的垄断地位，利用海量的用户数据核对规则的制定权，凭借算法和技术进行“大数据杀熟”，割消费者“韭菜”，这时就涉及了不特定多数人的社会公共利益。从国家的角度来说，若干领域不特定多数人的社会公共利益聚合起来就会涉及国家利益，危害到国家的数据安全，甚至引发系统性风险。社会公共利益与国家利益共同构成了公共利益的范畴。

8.2 个人信息的权益救济

8.2.1 "民—民/官"救济

"民—民/官"救济主要是指私益救济，在公民个人的权益受到侵害时，通过个人力量寻求国家机关的救济，主要分为民事私益诉讼救济和行政私益诉讼救济。在民事私益诉讼救济中，自然人与个人信息处理者的地位在理论上是平等的，但在实际中，个人信息处理者通常是大型公司，在市场地位和技术掌握上具有优势，且资金力量雄厚，单一的自然人在客观上不具备条件与它们抗衡。这首先体现在个人信息处理者的规则制定权上，如在注册APP的过程中有个人信息的格式条款，只有自然人点击同意才能够使用，而一些APP是人们生活和工作所必需的，导致普通自然人根本没有拒绝同意的权利。其次体现在自然人在证据收集等方面存在天然的劣势，无法掌握大型公司内部的有关信息，在举证上显得极为不利，导致维权难度大。例如，在盛某诉中国电信股份有限公司北京分公司案[①]中，法院认为盛某未提交充分证据证明其人格权确实受到损害以及该损害后果与电信公司之间存在因果关系。故盛某提出的电信公司未经其同意，使用其信息为他人办理电话号码，严重侵犯其姓名权、隐私权和个人信息权的上诉主张，人民法院难以采信。该案的客观事实根据现有资料无法还原，但是可以窥见在"谁主张谁举证"的举证责任分配中，法律事实的认定对个人信息侵权案件中的自然人并不友好。在行政私益诉讼的救济中，面临的问题与民事私益救济类似，即公民个人在个人信息侵权领域依旧不具备相关举证能力与行政机关对抗，导致维权难度增加。

8.2.2 "官—民/官"救济

"官—民/官"救济是指在公民个人信息权益遭受侵害时，不用自然人本人出面向国家机关提出救济请求，而是由国家机关出面向私主体或者不同的国家机关提起救济请求，主要包括刑事救济和公益诉讼救济。

---

① （2020）京0101民初4050号。

刑事救济的优势在于，由检察机关负责收集证据并在法庭上举证，检察机关作为公诉机关，其举证能力必然要强过自然人。但弊端在于，刑事救济条件严格，出于对刑法谦抑性的考虑，一般的个人信息权益难以得到保护。侵犯公民个人信息权益的犯罪规定在《刑法》第253条之一和第286条之一中①，由此可见，若要通过刑事救济来维护个人信息权益，就必须达到“情节严重”或“严重后果”的标准，这就可能导致刑事救济的滞后，在公民个人信息受到侵犯之初，并不能及时出手。例如，在解某某、辛某某等人侵犯公民个人信息案②中，涉案公司在2015年7月成立后，最初主要是做网络商业推广，后公司出现亏损，解某某、辛某某便决定通过出售公民信息牟利。2019年6月，公安机关立案侦查，将解某某、辛某某等人抓获，从网站后台提取到公民个人信息共计31万余条。再如，在韦某、吴某甲、吴某乙侵犯公民个人信息案中，吴某甲、吴某乙在广西南宁市江南区经营一家保健按摩中心，主要向产妇提供服务。为了扩大客源，吴某甲向南宁市某医院产科主管护师韦某提出，由韦某提供产妇信息，并承诺每发展一名客户就给韦某50元或60元报酬，若客户后续办卡消费，则另外向韦某支付10%的提成，经查，韦某向吴某甲、吴某乙出售包括产妇姓名、家庭住址、电话号码、分娩日期、分娩方式等在内的产妇健康生理信息500余条。由此可见，只有当侵犯公民个人信息的程度非常严重时，刑事手段才可以介入，且刑事救济存在明显的就案论案的特征，对于相关制度的完善效果并不明显。

公益诉讼救济又可以分为民事公益诉讼救济和行政公益诉讼救济。民事公益诉讼救济可以有效克服民事私益诉讼救济中自然人举证能力不足、维权难度大的弊端，但其对于个人信息受到侵犯的行政机关的不作为或违法行使

---

① 《刑法》第253条　违反国家有关规定，向他人出售或者提供公民个人信息，情节严重的，处三年以下有期徒刑或者拘役，并处或者单处罚金；情节特别严重的，处三年以上七年以下有期徒刑，并处罚金。违反国家有关规定，将在履行职责或者提供服务过程中获得的公民个人信息，出售或者提供给他人的，依照前款的规定从重处罚。

第286条　网络服务提供者不履行法律、行政法规规定的信息网络安全管理义务，经监管部门责令采取改正措施而拒不改正，有下列情形之一的，处三年以下有期徒刑、拘役或者管制，并处或者单处罚金：（一）致使违法信息大量传播的；（二）致使用户信息泄露，造成严重后果的；（三）致使刑事案件证据灭失，情节严重的；（四）有其他严重情节的。

② 检察机关依法惩治侵犯公民个人信息犯罪典型案例［EB/OL］.（2022-12-07）［2023-11-20］. https://www.spp.gov.cn/xwfbh/dxal/202212/t20221207_594973.shtml.

职权并无制约方法，而个人信息权益受到侵犯，往往与行政机关有着密不可分的联系。首先，行政机关对个人信息保护具有监管职责①，由此可见，行政机关应对个人信息处理者进行监督和管理，对于侵犯个人信息的行为，行政机关要及时进行调查，但这是“应然”的状态，在实践中，大规模侵犯公民个人信息的行为背后必然是行政机关的不作为，而民事公益诉讼救济只能处理侵犯公民个人信息的表面行为，对于背后行政机关的不作为却无能为力。其次，行政机关有时还直接作为个人信息的处理者。基于履行职责的需要，行政机关能够直接接触到公民的个人信息，并负有在处理个人信息的同时不侵犯公民个人信息权益的法定义务。这在《个人信息保护法》《中华人民共和国政府信息公开条例》等规范中都有体现②。民事公益诉讼对于私主体侵犯公民个人信息的行为有很好的治理作用，但其对于行政机关作为个人信息处理者时可能存在的侵犯个人信息权益的行为则无能为力，而行政机关作为个人信息处理者时，同样不是绝对的“理性人”，存在侵犯公民个人信息权益的可能。例如，在辽宁省沈阳市大东区人民检察院督促规范政务公开个人信息保

① 《个人信息保护法》第60条　国家网信部门负责统筹协调个人信息保护工作和相关监督管理工作。国务院有关部门依照本法和有关法律、行政法规的规定，在各自职责范围内负责个人信息保护和监督管理工作。县级以上地方人民政府有关部门的个人信息保护和监督管理职责，按照国家有关规定确定。前两款规定的部门统称为履行个人信息保护职责的部门。

第61条　履行个人信息保护职责的部门履行下列个人信息保护职责：（一）开展个人信息保护宣传教育，指导、监督个人信息处理者开展个人信息保护工作；（二）接受、处理与个人信息保护有关的投诉、举报；（三）组织对应用程序等个人信息保护情况进行测评，并公布测评结果；（四）调查、处理违法个人信息处理活动；（五）法律、行政法规规定的其他职责。

② 《个人信息保护法》第33条　国家机关处理个人信息的活动，适用本法；本节有特别规定的，适用本节规定。

第34条　国家机关为履行法定职责处理个人信息，应当依照法律、行政法规规定的权限、程序进行，不得超出履行法定职责所必需的范围和限度。

第35条　国家机关为履行法定职责处理个人信息，应当依照本法规定履行告知义务；有本法第18条第1款规定的情形，或者告知将妨碍国家机关履行法定职责的除外。

第36条　国家机关处理的个人信息应当在中华人民共和国境内存储；确需向境外提供的，应当进行安全评估。安全评估可以要求有关部门提供支持与协助。

第37条　法律、法规授权的具有管理公共事务职能的组织为履行法定职责处理个人信息，适用本法关于国家机关处理个人信息的规定。

《中华人民共和国政府信息公开条例》第15条　涉及商业秘密、个人隐私等公开会对第三方合法权益造成损害的政府信息，行政机关不得公开。但是，第三方同意公开或者行政机关认为不公开会对公共利益造成重大影响的，予以公开。

护行政公益诉讼案[①]中，“沈阳市住房保障网”公示了2013—2022年多个公租房项目申请公租房保障人员的摇号结果、配租结果等信息，公开的各类名单中包含公民个人的姓名、身份证号、户籍所在地、申请住房门牌号、申请家庭人口情况、人均居住建筑面积、人均可支配月收入等信息，共计87000余条。上述公民个人敏感信息未进行任何去标识化、匿名化处理，存在严重的安全隐患，社会公共利益持续受到侵害。2022年5月12日，辽宁省沈阳市大东区人民检察院接到群众举报反映上述问题线索，经沈阳市人民检察院指定管辖，大东区人民检察院于同年5月18日立案调查。经查，沈阳市保障房行政主管部门在政务公开过程中，对足以确定公民身份的个人敏感信息未依法进行去标识化、匿名化处理，致使87000余条个人信息存在严重的安全隐患。2022年5月31日，大东区人民检察院向沈阳市保障房行政主管部门发出行政公益诉讼诉前检察建议，建议其加大对已发布的政府公开信息的审查力度，对本案涉及的个人信息及时进行去标识化处理，防止个人信息泄露。

而行政公益诉讼的优势在于，可以同时很好地解决私主体侵犯公民个人信息权益和公权力主体侵犯个人信息权益的问题，前者主要是针对行政机关不作为的治理，后者主要是针对行政机关违法行使职权的治理。而《个人信息保护法》第70条也对个人信息领域公益诉讼提供了法律依据[②]，但有的观点认为《个人信息保护法》对于国家机关处理个人信息有特别的规定，因此只有第二章第三节的规范才能够约束行政机关。笔者认为，《个人信息保护法》第70条对于该领域公益诉讼的性质并没有明确的限制，而且在提起主体上，除了消费者组织和由国家网信部门确定的组织是典型的民事公益诉讼主体，也赋予了检察机关提起公益诉讼的主体资格，行政机关也可以被“个人信息处理者”的概念所包含。同时，根据实践来看，检察机关提起个人信息保护行政公益诉讼已经成为常态，而非例外。

① 个人信息保护检察公益诉讼典型案例［EB/OL］.（2023-03-30）［2023-11-20］. https://www.spp.gov.cn/xwfbh/dxal/202303/t20230330_609820.shtml.

② 《个人信息保护法》第70条　个人信息处理者违反本法规定处理个人信息，侵害众多个人的权益的，人民检察院、法律规定的消费者组织和由国家网信部门确定的组织可以依法向人民法院提起诉讼。

8.3 个人信息保护检察行政公益诉讼的程序调适

8.3.1 灵活设置检察建议回复期限

个人信息保护具有典型的紧迫性特征，这是由于个人信息一旦泄露，其他人员可以在很短的时间内将相关人员的信息记录下来，给受害者带来持续的甚至二次伤害的风险。个人信息侵权的源头可以被较快找到，并通过屏蔽等手段及时制止侵害，但通过网络传播或者其他可记录的方式进行的二次侵权很难悉数解决。因此，在确认个人信息可能受到侵犯时，应当在最短的时间内中止侵犯的持续，而两个月的回复期限足以使受到侵犯的个人信息通过网络等途径多次传播。因此，对于个人信息保护的检察建议回复期限应当适用紧急期限，即 15 天。不过，对此还应当进行分类讨论，若行政机关本身就是个人信息的处理者，其调查所需要的时间相对较短，因此 15 天的回复期限是强制的。而对于行政机关不是个人信息的处理者，其对个人信息的处理者负有监管职责的情况，行政机关在进行调查时需要一定的期限，在回复期限上可以设置原则上为 15 天，经上一级行政机关批准可以延长，最长不得超过 30 天。

8.3.2 诉前程序轻听证重磋商

诉前程序轻听证的原因是，公益诉讼案件的听证一般公开进行，参加人员与案件有时并无直接利害关系①，如在江西省南昌市人民检察院督促整治手机 APP 侵害公民个人信息行政公益诉讼案②中，南昌市人民检察院组织公开听证会，邀请人民监督员、高校教授、律师作为听证员进行听证监督，省通

① 《人民检察院审查案件听证工作规定》第 5 条第 1 款　拟不起诉案件、刑事申诉案件、民事诉讼监督案件、行政诉讼监督案件、公益诉讼案件的听证会一般公开举行。

第 7 条　人民检察院可以邀请与案件没有利害关系并同时具备下列条件的社会人士作为听证员：（一）年满二十三周岁的中国公民；（二）拥护中华人民共和国宪法和法律；（三）遵纪守法、品行良好、公道正派；（四）具有正常履行职责的身体条件。

② 江西南昌市检察院督促整治手机 APP 侵害公民个人信息行政公益诉讼案［EB/OL］.（2021-05-18）［2023-11-20］. https://www.spp.gov.cn/spp/dxwlzp2021/202105/t20210518_518484.shtml.

信管理局、市公安局、市委网信办相关处室负责人参加听证会。公民个人信息的保护要求尽可能把知悉范围控制在最小，而公开的、无直接利害关系人参加的听证很可能对受害人造成二次伤害。

《办案规则》规定，磋商是非必经程序[①]，且一般在检察机关与行政机关的内部进行，经过前期调查，检察机关与行政机关对于公民个人信息受侵犯的情形已经有所掌握，因此进行内部磋商并不会扩大个人信息泄露的范围。但由于磋商是非必经程序，对行政机关并没有强制约束力，行政机关存在着拒绝磋商的可能，从而将案件拖入诉讼程序，这样就会有个人信息持续受到侵害的可能。实践表明，磋商程序在个人信息保护公益诉讼方面具有独特的优势，如在甘肃省平凉市人民检察院督促整治快递单泄露公民个人信息行政公益诉讼案[②]中，平凉市人民检察院与平凉市邮政管理局就完善快递单个人信息保护措施进行多次磋商，并在其他程序的配合下，案件顺利结案。因此，可以考虑出台行政公益诉讼磋商程序的专门规则，就磋商的强制性、磋商时间、磋商形式、磋商结果等问题作出具体规定，尽量让受损的公共利益特别是个人信息保护领域的公共利益尽早得到恢复，避免案件久拖不决。

---

① 《人民检察院公益诉讼办案规则》第 70 条　人民检察院决定立案的，应当在七日内将《立案决定书》送达行政机关，并可以就其是否存在违法行使职权或者不作为、国家利益或者社会公共利益受到侵害的后果、整改方案等事项进行磋商。磋商可以采取召开磋商座谈会、向行政机关发送事实确认书等方式进行，并形成会议记录或者纪要等书面材料。

② 甘肃平凉市检察院督促整治快递单泄露公民个人信息行政公益诉讼案［EB/OL］.（2021-05-18）［2023-08-19］. https://www.spp.gov.cn/spp/dxwlzp2021/202105/t20210518_518485.shtml.

第九章
税务领域检察行政公益诉讼研究

税务领域涉及广泛的公共利益。首先，依法纳税是宪法规定的公民的基本义务，前文已经阐明，公民的基本权利是识别公共利益的重要标准，没有无义务的权利，也没有无权利的义务，因此基本义务也涉及公共利益。其次，公民依法缴纳的税收是国家提供公共服务的重要资金来源，一旦应收税款无法保证，就会造成国家税收的流失，从而影响公民享受的公共服务的水平，最终损害的还是社会公共利益和国家利益。因此，本章探索的主题是税务领域检察行政公益诉讼研究，与其他章节不同，本章不再就相关理论进行阐释，而是直接从问题入手，以“问题—解决方案”的结构尝试以较短篇幅结束本章。

9.1 税务领域检察行政公益诉讼的受案范围厘定

9.1.1 “等”内与“等”外的争议

目前，主流观点认为，税收行政公益诉讼应当界定为《行政诉讼法》第25条中规定的四大领域中的国有财产保护领域，这一观点也得到了《办案指南（行政）》的支持[①]。但是也有不同的意见认为，国有财产是国家现在就

① 《检察机关行政公益诉讼案件办案指南（试行）》 五、国有财产保护领域行政公益诉讼案件重点问题 （一）受案范围……2. 基于国家行政权力行使而取得的应属于国家所有的财产。(1) 税收类国有财产。税收类国有财产指的是税务机关或海关通过行使征税权所取得国有财产。案件主要表现为：违反法律、行政法规、规章的规定开征、停征、多征、少征、免征税款，或者擅自决定税收优惠，截留、挪用、私分应当入库的税款、罚款和滞纳金等……

占有的财产，而税收在缴纳之前仍然属于纳税人所有，不能算作国有财产，在税收未被征收之前，国家并没有实际上占有这项财产。因而，税收领域的行政公益诉讼不能算作"等"内的国有财产领域，在受案范围上应当属于"等"外扩展。笔者赞成后一观点。

9.1.2　税务领域检察行政公益诉讼的受案范围属于"等"外拓展

首先，对于国有财产的内涵和外延，《宪法》和《民法典》有明确的规定①，税收并没有被列举在其中。即使是在列举范围中的国有财产，也没有全部纳入行政公益诉讼受案范围中的国有财产领域内，土地归国家所有，在"四大领域"中却与国有财产出让并列为国有土地使用权出让领域的行政公益诉讼受案范围；再如，野生动植物资源归国家所有，但其与生态环境和资源保护领域的受案范围亦有重合；又如，文物归国家所有，但根据检察机关的能动履职，文化遗产保护领域在行政公益诉讼受案范围中自成一派。其次，税收所涉及的公共利益并不仅有财产这一个值得保护的法益，还包括国家的税收征管秩序，这也是不可忽视的公共利益。因此，税务领域检察行政公益诉讼的受案范围不能被"等"内的类型所包容，应当被视为"等"外的拓展。

---

① 《宪法》第9条　矿藏、水流、森林、山岭、草原、荒地、滩涂等自然资源，都属于国家所有，即全民所有；由法律规定属于集体所有的森林和山岭、草原、荒地、滩涂除外。国家保障自然资源的合理利用，保护珍贵的动物和植物。禁止任何组织或者个人用任何手段侵占或者破坏自然资源。

第10条　城市的土地属于国家所有。

《民法典》第247条　矿藏、水流、海域属于国家所有。

第248条　无居民海岛属于国家所有，国务院代表国家行使无居民海岛所有权。

第249条　城市的土地，属于国家所有。法律规定属于国家所有的农村和城市郊区的土地，属于国家所有。

第250条　森林、山岭、草原、荒地、滩涂等自然资源，属于国家所有，但是法律规定属于集体所有的除外。

第251条　法律规定属于国家所有的野生动植物资源，属于国家所有。

第252条　无线电频谱资源属于国家所有。

第253条　法律规定属于国家所有的文物，属于国家所有。

第254条　国防资产属于国家所有。铁路、公路、电力设施、电信设施和油气管道等基础设施，依照法律规定为国家所有的，属于国家所有。

9.2 税务领域检察行政公益诉讼中不依法履职的认定

9.2.1 实践中的争议——以兰州市城关区人民检察院诉兰州市税务局不履行法定职责案为例

在兰州市城关区人民检察院诉兰州市税务局不履行法定职责案①中，公益诉讼人兰州市城关区人民检察院（以下简称“区检察院”）诉称，第三人恒基公司的主管税务机关为原甘肃省兰州市地方税务局房地产建筑安装业税收征收管理分局（现更名为甘肃省兰州市地方税务局专业化管理分局）。1999年，恒基公司开发中山路201-1号、201-2号“恒基大厦”项目。自2001年开始对外销售，截至2007年，该公司共计完成销售收入42421763.00元。根据《中华人民共和国税法》（以下简称《税法》）的规定，房地产开发企业应当上缴营业税，税率为5%，该公司应当上缴营业税2121088.15元，从恒基公司账面反映该公司已上缴营业税404258.77元，尚有1716829.28元营业税未缴纳。2017年4月7日，区检察院向原甘肃省兰州市地方税务局（以下简称“原市地税局”）发出检察建议，要求其履行行政监管职责，依据《中华人民共和国税收征收管理法》（以下简称《税收征收管理法》）的有关规定，追缴恒基公司欠缴的1716829.28元营业税税款。2017年5月3日，该局回复：经外调取证、查阅资料、联系当事人，该公司已无银行存款、相关动产和不动产供采取税收保全或强制执行措施，兰州市地方税务局将不断强化征管力度。区检察院认为，根据《税收征收管理法》第32条、第64条、第65条、第68条、第69条之规定，该局作为负有监督管理职责的主税务机关，应依法追缴恒基公司欠缴的1716829.28元营业税税款，但该局怠于行使行政机关管理职责，对此应承担相应的责任。在区检察院发出检察建议后，恒基公司欠缴的税款仍未追回，国有资产仍处于流失状态，该局怠于行使职责。现根据《行政诉讼法》第25条第4款的规定，向人民法院提起行政公益诉讼，请求：1. 依法确认被告市税务局的行政不作为行为违法；2. 依法判令

---

① （2018）甘7101行初125号。

市税务局依法行使行政管理职权，对恒基公司欠缴的税款依法予以追缴。

被告市税务局辩称：

一、公益诉讼人区检察院诉被告市税务局怠于行使法定职责与事实不符，市税务局依法对恒基公司进行征管，不存在不履行职责的违法行为。1. 根据《税收征收管理法》第25条、第26条的规定，现行税收征管实行“以纳税申报为基础”的模式，日常税收征管由纳税人自行申报应纳税款，主管税务机关开具税收缴款书，通过纳税人开户银行将税款化解入库。纳税人不缴或者少缴应纳税款的，应当承担法律责任。2. 恒基公司成立至今，被告依法对其进行税收征管，恒基公司按规定报送相关纳税资料，1997—2009年该公司共缴纳营业税682678.51元。征管期间，对该公司未按期纳税申报及报送资料的违法行为，原市地税局于2006年10月30日作出了行政处罚，在2007年1月、2月、3月又三次发出税务事项通知书，要求该公司如实、足额申报缴纳应纳税款。之后，该公司申报缴纳了2007年4月、5月、7月的营业税款。2009年7月之后，市税务局无法联系到恒基公司，依法将其认定为非正常户，并跟踪管理。2017年4月7日，在区检察院发出检察建议后，原市地税局采取多种措施进行查询，该公司于2012年2月7日吊销营业执照，未查到公司财产信息。

二、根据《税收征收管理法》第3条第1款、第5条第2款的规定，税务机关是征税主体，代表国家依法履行税收征管职责，税收的开征、补税由税务机关依法执行。税务机关查出恒基公司的纳税违法行为，可依据相关证据计算税额，征收税款。金诚信税务公司出具鉴定报告确认恒基公司尚欠1716829.28元营业税款未缴纳，但不能代替税务机关依法对恒基公司核定营业税额。

三、征管期间，被告曾委托兰州房地产交易中心代征税款，按规定要求证前清税。2007年涉案房产办理产权时，涉案房产在无清税证明的情况下，即办理了产权证。

四、被告在查明涉案房产因采用虚假方式违规办理产权证，致使税款未缴纳的情况后，已采取措施核定税款，积极履行征管职责。鉴于涉案房产营业税款未缴清，被告与恒基公司的法定代表人取得联系后，因2008年该公司法定代表人服刑至2014年刑满释放，其间公司无人管理经营，工商营业执照被吊销。目前，该公司无法提供原始账本、记账凭证、销售合同及相关资料，造成被告无法据实征收税款，依据《税收征收管理法》第35条、《税收征收管理法实施细则》第47条第4项的规定，被告对恒基公司开发销售的涉案房产依法核定销售收入为42466604.00元，应缴纳营业税款2123330.20元。1997—2009年，恒基公司申报缴纳营业税款计682678.51元，应补缴营业税款1440651.69元，该公司承诺在2018年8月30日前缴清税款。综上，被告一直依法履行税收征管职责。恒基公司法定代表人因涉嫌犯罪，公司无人管理经营，以及涉案房产违规办理产权证是造成税款无法征管的直接原因，并非被告不作为所致，请人民法院依法查明事实，驳回起诉。

人民法院最终认定公益诉讼人的诉讼请求成立，予以支持。综上，依照《行政诉讼法》第72条之规定，判决如下：责令被告国家税务总局兰州市税务局履行法定职责，在本判决生效之日起90日内，将第三人甘肃恒基房地产开发有限责任公司欠缴的1440651.69元营业税款追缴到位。

了解基本案情后可以发现，在该案中，欠缴的税款未追回是事实，由此造成的国家利益受到损害也是事实。但是，这并非由税务机关主观的不作为所致，其根源在于公司主要负责人服刑，公司长期无人经营管理，营业执照被吊销，公司早已名存实亡，那么是否就等于只要欠缴税款没有收回，就可以认定为税务机关没有依法履职？

9.2.2 由果及因的认定方式

由果及因的不依法履职的认定方式是指，当检察机关通过线索发现国家应收税款处于流失状态时，公共利益受损已经成为定局，税务机关对此并无太多的申辩余地。而这时检察机关就要通过公共利益受损这一结果来判定造成结果的原因是否为税务机关不依法履职，对此应当分情况讨论。

如果公共利益受损并非由税务机关不依法履职造成，而主要是由其他原因造成的（如纳税人无可供执行的财产等），就不存在行政公益诉讼启动的前提条件；如果公共利益受损是由税务机关不依法履职和其他原因共同造成的，就要识别“二因一果”中的哪个原因是造成公共利益受损的直接因素，如果税务机关即使全面履职，对公共利益受损也无能为力，这时应当认定为符合行政公益诉讼的启动条件，因为税务机关不依法履职是客观存在的，但是在判决中仅能够适用确认违法判决；如果公共利益受损的其他因素是税务机关不依法履职造成的，或者其他因素并不是直接原因，税务机关不依法履职才是直接原因，那么行政公益诉讼应当依法启动，法院应当根据具体情况作出判决；如果公共利益受损不存在其他原因，单纯是由税务机关不依法履职造成的，则后续流程与上述情况一致。

9.3　诉前程序中纳税人的权利保护

9.3.1　行政公益诉讼诉前程序中相对人权利保护的缺失

在诉前程序中，通常是检察机关与行政机关双方的交锋，对于相对人权利保护则没有相关的程序。在线索发现、调查核实、检察建议回复与发出等程序中，相对人始终处于被动状态，不能作为这个过程中法律关系的主体参与其中。税收领域行政公益诉讼又十分重视纳税人权利的救济，可得到救济的情形可以参照《税收征收管理法》，如税务机关、税务人员查封、扣押纳税人个人及其所扶养家属维持生活必需的住房和用品；税务人员滥用职权，故意刁难纳税人、扣缴义务人的；税务人员对控告、检举税收违法违纪行为的纳税人、扣缴义务人以及其他检举人进行打击报复的；税务人员利用职务上的便利，收受或者索取纳税人、扣缴义务人财物或者谋取其他不正当利益等。

9.3.2　诉前程序中的纳税人参与

在线索评估阶段，这是检察机关的内部程序，此时不需要听取行政机关的意见，也不需要纳税人参与其中；在调查阶段，可以向纳税人了解相关情况并进行核实；在发出检察建议时，应当听取纳税人的陈述和申辩，这是必经程序；行政机关在回复检察建议时，应当先行向纳税人了解情况，回复的内容应当包含纳税人的意思表示。这些权利是由《税收征收管理法》第 8 条推导出来的[1]，税收领域行政公益诉讼本质上还是为了通过督促行政机关的税收征管来维护公共利益，因此纳税人的权利应当在行政公益诉讼中得到保护。在诉讼程序中，纳税人一般作为第三人，享有第三人的权利，而诉前程序的保护则相对缺乏，通过制度化的方式来明确诉前程序中的纳税人参与就显得尤为必要。

---

① 《税收征收管理法》第8条　纳税人、扣缴义务人有权向税务机关了解国家税收法律、行政法规的规定以及与纳税程序有关的情况。纳税人、扣缴义务人有权要求税务机关为纳税人、扣缴义务人的情况保密。税务机关应当依法为纳税人、扣缴义务人的情况保密。纳税人依法享有申请减税、免税、退税的权利。纳税人、扣缴义务人对税务机关所作出的决定，享有陈述权、申辩权；依法享有申请行政复议、提起行政诉讼、请求国家赔偿等权利。纳税人、扣缴义务人有权控告和检举税务机关、税务人员的违法违纪行为。

第十章 非物质文化遗产保护领域检察行政公益诉讼研究

非物质文化遗产作为中华优秀传统文化的重要载体，具有深厚的历史底蕴和独特的时代价值，是坚定文化自信的重要支撑。2019 年，习近平总书记在敦煌研究院座谈时指出：要加强对国粹传承和非物质文化遗产保护的支持和扶持[①]。作为我国文化软实力的重要体现，保护好非物质文化遗产需要织密由各部门、各领域组成的保护网。2011 年，《中华人民共和国非物质文化遗产保护法》（以下简称《非遗法》）的出台从立法上解决了非物质文化遗产保护中的无法可依问题，同时，该法也对行政机关在非物质文化遗产保护方面的职责作出了规定。但在实践中，非物质文化遗产保护不力、侵权行为时有发生也呼唤着新的保护方式来解决现有困境。检察行政公益诉讼作为具有中国特色的新型诉讼形态，产生于转型发展的大变革之中，以问题为导向，妥善解决社会变革中的矛盾成为其肩负的时代使命。在非物质文化遗产保护领域，检察行政公益诉讼旨在为非物质文化遗产保护提供新的途径。

10.1 非物质文化遗产保护领域检察行政公益诉讼制度构建的必要性

10.1.1 现有立法的不足

我国现有的非物质文化遗产保护措施在立法上主要有《非遗法》，这可以

① 习近平．在敦煌研究院座谈时的讲话［J］．中国文物科学研究，2020（1）：2-3.

说是非遗保护领域的“宪法”，但此部法律在2011年颁布后从未修改。在这十几年中，我国非物质文化遗产保护面临的形势不断变化，在进入新时代后，建设社会主义文化强国也对非遗保护提出了更多新的要求。同时，《非遗法》只是原则性地规定了非遗的定义、一般保护原则、保护主体等，在没有其他法律法规辅助的情况下，很难形成闭环的、系统的保护，这也造成了非遗保护领域的行政本位强势但司法干预不足的局面。除此之外，一些特有的非遗如剪纸，在一定情况下还受到《中华人民共和国著作权法》（以下简称《著作权法》）中关于作品的保护，亦受到《中华人民共和国专利法》（以下简称《专利法》）关于外观设计的保护。还有一些行政法规如《传统工艺美术保护条例》、地方性法规如《山西省非物质文化遗产条例》《恩施土家族苗族自治州民族文化遗产保护条例》、规范性文件如《商务部　国家文物局关于加强老字号文化遗产保护工作的通知》等，但上述法律法规都有着同样的缺陷：行政色彩浓厚、可诉性弱等。同时，这些下位法规也未能将《非遗法》的有关规定加以细化，各地方也没有在地方立法权限内把原则性条款变得具有可操作性。[①]

反观检察行政公益诉讼领域，在立法上，一些地区已经开启了非遗保护公益诉讼实践的先河，如《湖北省人民代表大会常务委员会关于加强检察公益诉讼工作的决定》明确将文物和文化遗产保护纳入公益诉讼范畴，再如《内蒙古自治区人民代表大会常务委员会关于加强检察公益诉讼工作的决定》仅将文化遗产纳入保护范畴，未提到文物；《陕西省人民代表大会常务委员会关于加强检察公益诉讼工作的决定》中提到了历史文化古迹和文物的保护。当然也有相对保守未对相关领域作出规定的，如《浙江省人民代表大会常务委员会关于加强检察公益诉讼工作的决定》《上海市人民代表大会常务委员会关于加强检察公益诉讼工作的决定》等。这为地方人民检察院提起行政公益诉讼提供了依据[②]，但也凸显了非遗公益诉讼领域缺乏全国性统一规范的尴尬，难免使检察机关在履职时有所束缚。

---

① 王立军，刘云升. 非物质文化遗产地方立法缺陷之检讨［J］. 河北法学，2016，34（9）：145-153.

② 严永和，妥学进. 论我国非物质文化遗产公益诉讼制度的构建［J］. 文化遗产，2021（4）：37-48.

10.1.2　行政机关存在违法行使职权或不作为

我国现行《非遗法》将非遗保护的责任重心放在了行政机关身上，《国务院办公厅关于加强我国非物质文化遗产保护工作的意见》也确定了将“政府主导，社会参与”作为非物质文化遗产保护工作的基本原则之一。长期的实践表明，通过非物质文化遗产名录的设置，组成了国家、省、市、县四级保护体系[①]，截至2022年12月，我国共有43个项目被列入联合国教科文组织非物质文化遗产名录、名册，在数量上位居世界第一，从根本上转变了我国非物质文化遗产保护在国际上的不利地位。但在行政机关履职过程中，仍存在重口号宣传、轻行动落实，确定非遗地位时大张旗鼓、事后保护和利用时销声匿迹的乱象。出现这种问题的原因主要是政绩观的扭曲、保护动力的不足以及执法能力的欠缺。

从政绩观来说，在指标考核的制约下，一些地方行政机关更关心本地入选非物质文化遗产名录的数量，至于该非遗保护得好不好、其文化价值是否真正得到充分的利用，则不容易被关注。在传承非遗的过程中，也更多看重经济价值而忽视文化价值，对于那些能给当地文旅等产业带来可观收益的非遗，一些地方行政机关往往更重视它们的存在，甚至会专门以“学习周”“宣传月”“艺术展”等形式加以推广；而对于一些开发价值不高的非遗，则很难被关注，得到的来自政府的投入也有限。从保护动力来说，除了能为当地带来较大收益的非遗可以得到来自政策、资金等多方面的持续跟进，一些行政机关对于大部分非遗缺乏足够的、可持续的保护动力，“运动式保护”“台账式保护”“留痕式保护”等问题依然存在，再加上一些主管人员本身对于非遗的价值认识不足，在工作上就更为消极。同时，行政机关的保护动力主要来自在负责人的任期内有几项非遗入选了哪一级的名录，至于这项非遗的权利人是谁、属于哪个传统村落和社区则没有受到应有的关注，导致非遗传承人的权利极易受到损害。在执法能力上，非物质文化遗产有着无形性、流变性

① 杨明．非物质文化遗产保护的现实处境与对策研究［J］．法律科学（西北政法大学学报），2015，33（5）：135-147.

等特征①，对于非遗遭受破坏等问题的掌握需要行政机关具有极强的信息收集能力。然而，目前非遗保护并没有行政信息沟通和共享机制，即使遭到了破坏或侵权，行政机关也没有能力在第一时间获得消息，最终导致保护不力的现象出现。拥有强大社会控制力的行政机关尚且如此，身为普通人的非遗传承人则更无法及时获得信息来维护自身权利，更不必说有相当一部分非遗的传承人并不明确。

10.1.3 侵权现象依然存在

由于非遗保护的立法尚不完善、行政机关的保护又存在不足，导致非遗领域侵权现象依然存在。笔者认为，有三种现象较为明显：文化内涵遭到破坏、传承载体消失、传播利用不当。

首先是文化内涵遭到破坏。毫无疑问，非遗的传承和保护程度与其经济价值呈正相关关系，但近年来的“非遗热”也使很多打着非遗幌子的商业开发兴起开来。传承非遗不是说不要商业开发，适度的商业开发有利于彰显非遗的历史底蕴、传播其文化价值，问题的症结在于为了追求经济价值而使非遗本身的文化内涵遭到破坏，有些甚至消耗殆尽。例如“木兰传说”作为第二批国家级非物质文化遗产，反映了花木兰保家卫国、英勇战斗的精神品质，但在以“木兰传说”为噱头的商业化利用中，很多都能嗅到浓厚的资本气息，如“木兰山”“木兰湖”旅游就是典型的体现。同样，作为国家级非物质文化遗产的少林功夫也未能幸免，有多家公司抢注了“少林”的商标，遍布各行各业。还有一些地区将非遗民俗活动作为招揽顾客的手段，本来只应该在特殊节日才有的表演、活动天天都有，严重破坏了其文化背景和价值。还有的地区设置了非遗商业一条街，以“纯手工打造”的名义高价售卖非遗产品，实则是大规模机械生产的产品，这些现象背后都有行政机关不作为的身影。

其次是传承载体消失。随着人员流动日益频繁，传统的家庭传承制、师徒传承制受到挑战，很多非遗没有合适的传承人加以传承，最终走向了自然消亡。随着工业化和城市化进程的加快，很多传统村落面临拆迁和搬迁的命

---

① 高永久，朱军．城市化进程中少数民族非物质文化遗产的法律保护研究［J］．西北民族大学学报（哲学社会科学版），2007（6）：46-53.

运，而地方政府和开发商在补偿时只注重对居民物质损失的补偿，如土地、房屋等，鲜有将文化损失纳入补偿范围之内的情况，这就有可能涉及行政机关在征收补偿时存在违法行使职权，而很多非遗正是依托传统村落和长期形成的生活方式得以存在的。例如，第一批国家级非遗南溪号子就是重庆市黔江区鹅池镇南江村居住在吊脚楼中的土家族人民以土家族的生产方式与生活习俗，在千百年的劳动与生活中形成的特色文化符号，如果离开了特定的环境，南溪号子的价值就将大打折扣，其失传很可能只是时间的问题。

最后是传播利用不当。第一表现为欺诈：将不是非遗的商品或服务以非遗的名义出售，或谎称自己为非遗传承人，或者将来源不明的民间艺术成果占为己有、作为自己的作品对外宣传，借机招揽人气、制造噱头。第二表现为仿冒：在巨大经济利益的驱动下，不法分子仿冒非遗的表现形式，以非遗为包装制造足以使观众或消费者产生混淆的产品或服务，这不仅侵害了非遗传承人的权利，也对公众对于传统文化的认识产生了误导，非遗的创造不是一代人就可以完成的，需要数代人的努力才能形成并发展，而仿冒只需要将材料、颜色、工具等拼接起来就可以剽窃一个地区、一个民族千百年来传承下来的智慧结晶，对非遗是毁灭性的打击，其中也涉及行政机关的不作为。

10.2　非物质文化遗产保护领域检察行政公益诉讼制度构建的可行性

10.2.1　非物质文化遗产的公共属性与公益诉讼的目的相契合

对于非物质文化遗产的法律保护，传统上多是以知识产权法律法规作为保护依据，如苏绣《华清浴妃图》著作权侵权案①、乌苏里船歌民间文学艺术著作权保护案②等。此外，通过在裁判文书网上进行检索，以“非物质文化遗产”和“注册商标”为关键词，共有 1481 篇文书；以“非物质文化遗产”和“注册商标专用权”为关键词，共有 1312 篇文书，由此可见，由非物质文

① （2018）苏 05 民初 557 号。

② 《乌苏里船歌》案审结　媒体呼吁保护民间文艺作品［EB/OL］.（2002-12-29）［2023-11-20］. https://www.chinanews.com/2002-12-29/26/258358.html.

化遗产还产生了大量的商标权纠纷。非物质文化遗产保护有专门的《非遗法》进行规制，为何广大当事人却要舍近求远地寻求知识产权法的保护呢？这从侧面可以印证《非遗法》在司法适用上存在一定的困难，在保护非物质文化遗产相关权利人的权利时尚显力不从心。同时，《非遗法》第44条明确指出“使用非物质文化遗产涉及知识产权的，适用有关法律、行政法规的规定”，更是从制度层面将自己剥离在了具体纠纷之外。然而，知识产权法是以保护知识产权这个私权利为核心的，与非物质文化遗产的公益属性从根本上相背离。同时，知识产权制度的最终目的是保护创新，激励创新，激发全社会创新、创造的活力；而挖掘非物质文化遗产资源的目的是通过探究非物质文化遗产背后的文化价值和精神特质来激励后人，非物质文化遗产保护以维护其历史文化价值为重要目标，以原真性为重要标准。因此，非物质文化遗产保护的重点是“守旧”而不是“创新”。可见，非物质文化遗产往往由于缺乏现有知识产权制度所要求的创新性而很难得到知识产权法的保护。知识产权的保护也存在期限性，如著作权的人身性权利保护期没有限制，但财产性权利保护期一般为作品首次发表后的50年，而众所周知，非物质文化遗产基本上都经过上百年甚至几千年的沉淀，这些期限对于非物质文化遗产保护来说自始至终就没有存在的价值。

与知识产权保护私权利的根本不同在于，非物质文化遗产不仅关系到传承人的私权利，也关系到公共利益，非遗既能反映国家的文化底蕴，又能体现民族的精神气节，还是一个国家在国际上赖以生存的政治软实力，因此，非物质文化遗产的公共属性集中体现在其具有文化价值、精神价值和政治价值。在文化价值方面，非物质文化遗产是民族文化的象征，它代表了一个民族悠久的历史文化传统，保留着该民族的原生状态，反映了他们的思维方式、心理结构和审美观念等。非物质文化遗产也是民族文化创新和发展的源泉，当代文化发展的高度往往取决于非物质文化遗产历史积淀的厚度。在精神价值方面，非物质文化遗产蕴含着一个民族的精神信仰和价值观念，是民族精神的外在表现形式。非物质文化遗产经过民族成员一代代的传承，已经成为维系民族成员的纽带，对于凝聚民族精神具有不可替代的重要作用。不同民族的非物质文化遗产经过长时间的演变，已经形成独特的表现形式，是本民族区别于其他民族和群体的重要标志。在政治价值方面，文化是国家软实力的重要体现，对于国家权力、国际关系以及国家在国际政治中的话语权都会产生重要影响。而非物质文化遗产作为一国文化的象征，是文化发展的源泉和基础，在国际竞争中起着维护国家安全的重要作用。保护非物质文化遗产，就是在保护中华民族的文化荣誉，捍卫我们的文化归属感。[①]

《保护非物质文化遗产公约》和《非遗法》规定的主体既有“各社区”“各群体”，也有“各族人民”，足以看出非遗的集体属性。[②] 根据公益信托原理，具有公共属性的社会利益应当由全社会共同维护，不能仅依靠私益诉讼来维权。《行政诉讼法》中规定的行政公益诉讼的受案范围是生态环境和资源保护、食品药品安全、国有财产保护、国有土地使用权出让等领域负有监督管理职责的行政机关违法行使职权或者不作为，致使国家利益或者社会公共利益受到侵害的行为，作为具有公共属性的非物质文化遗产，其应当归于该法条的“等”之内，纳入行政公益诉讼的受案范围。

10.2.2　检察行政公益诉讼的介入有利于扭转司法救济在非物质文化遗产保护中的弱势地位

在公民的权利救济制度中，“司法最终救济”是最为重要的原则之一。传统的行政诉讼制度对原告资格提出了限制条件，由于非物质文化遗产本身具有多样性和复杂性的特点，加之《非遗法》的运用空间有限，导致合法权益受损的当事人很难通过传统行政诉讼制度获得司法救济。同时，非物质文化遗产保护领域的行政违法与行政不作为通常不如其他领域表现得明显，具有明显的“间接性”特征，所以“民告官”的行政私益诉讼效果并不明显。

“直接利害关系”规则使诉讼当事人难以确定。根据我国《行政诉讼法》的规定，原告必须与本案有直接利害关系。[③] 一般而言，非物质文化遗产传承人可以认为是与所传承的非物质文化遗产项目具有直接利害关系，但现存的代表性传承人的认定体系较为混乱，存在四个认证部门四套认证序列并存的

---

① 陈娥．非物质文化遗产的公益诉讼保护［J］．理论观察，2013（3）：82-83.

② 严永和，妥学进．论我国非物质文化遗产公益诉讼制度的构建［J］．文化遗产，2021（4）：37-48.

③ 《行政诉讼法》第 25 条第 1 款　行政行为的相对人以及其他与行政行为有利害关系的公民、法人或者其他组织，有权提起诉讼。

局面[①]，称号除了有“国家级非物质文化遗产项目代表性传承人”，还有“中国工艺美术大师”“中国民间文化杰出传承人”等，名单相互交叉重叠，也有实际传承人并不在官方认定的名单中的现象。还有相当一部分非物质文化遗产是一个村落、一个地区，甚至是一个民族共有的，对于这种案件，很难有个人说自己和非物质文化遗产具有直接利害关系，原告的资格常常受到质疑，这一点在有关非物质文化遗产保护的民事私益诉讼中就有体现，如在安顺的戏案和乌苏里船歌案中，原告是否适格均成为法庭辩论的焦点。

我国现行《行政诉讼法》还规定了代表人诉讼制度，用于处理利害关系人数量较多的群体案件[②]，这项制度的实施在非物质文化遗产保护案件中存在一定的困难，首先要求权利受到实际损害的当事人达到一定数量，而正如前文所述，对于一些集体性、地域性的非物质文化遗产，没有任何人有证据直接证明自身权利受到了损害。其次，诉讼代表人是需要经过权利人推选产生的，有的非物质文化遗产权利人居住分散且底数不清，推选起来十分困难，诉讼成本过高，这是代表人诉讼无法解决的弊端。

司法救济对于非物质文化遗产保护而言具有重大意义，它可以使权利受损的当事人平等地参与到程序中来，对其合法权利提供保障，使非物质文化遗产获得来自社会和个人的救济。在涉及非物质文化遗产的行政诉讼中，当诉讼成本过高，导致所维护的集体利益不能弥补个人付出的诉讼成本时，公地悲剧就会发生。这就要求我们必须摒弃个人主义的诉讼观念，寻求一种全新的、可以满足公共权利救济需要的新型诉讼制度，即非物质文化遗产检察行政公益诉讼制度。《宪法》第 22 条第 2 款规定“国家保护名胜古迹、珍贵文物和其他重要历史文化遗产”，《宪法》将保护历史文化遗产作为国家责任，而检察机关作为国家的法律监督机关，肩负着监督《非遗法》等有关法律法规执行的责任，理应在非物质文化遗产保护领域分得一块属于自己的责任田。

① 田艳．非物质文化遗产代表性传承人认定制度探究［J］．政法论坛，2013，31（4）：81-90.

② 《行政诉讼法》第 28 条　当事人一方人数众多的共同诉讼，可以由当事人推选代表人进行诉讼。代表人的诉讼行为对其所代表的当事人发生效力，但代表人变更、放弃诉讼请求或者承认对方当事人的诉讼请求，应当经被代表的当事人同意。

10.3　非物质文化遗产保护领域检察行政公益诉讼的要素构成

10.3.1　受案范围

受案范围是非物质文化遗产公益诉讼领域的核心问题，也是非物质文化遗产公益诉讼的价值所在，在非物质文化遗产检察行政公益诉讼案件中，受案范围决定着检察机关对受到侵害的非物质文化遗产寻求权利救济的范围和审判机关有权对非物质文化遗产进行法律保护的范围。非物质文化遗产具有无形性、群体性、地域性、活态性等特征，其遭受侵权的方式多种多样，并且已经呈现出数字化的趋势，很难预测未来还会有什么样的非物质文化遗产侵权案件发生。因此，行政机关在履职时很容易由于对最新侵权行为识别不到位而导致不作为的发生。在受案范围的界定中，根据立法惯例，对于范围尚不明朗的案件，一般会采取"举例+兜底"的立法方式。但笔者认为，用此种方法规定非物质文化遗产公益诉讼的受案范围稍有不妥，因为"举例"部分要求所举之例具有代表性，但随着互联网技术的发展，非物质文化遗产的侵权案件不断呈现出新颖性，难以保证当下具有"代表性"的侵权行为或侵权方式在今后仍然普遍发生，侵权行为失去"代表性"，也就意味着行政机关违法行使职权或不作为的表现形式也失去了"代表性"。若案件失去"代表性"的特征，则会对整个法律条文起到适得其反的效果。对于非物质文化遗产行政公益诉讼的受案范围，需要从立法的本意出发，根据非物质文化遗产的特性作进一步分析，从长远保护非物质文化遗产的角度来看，笔者倾向于采用类型化的规定方法，将受案分为两类。

第一类是破坏性开发。一些地方政府为了获得经济效益，采用商业模式，对非物质文化遗产和非物质文化遗产地点进行过度开发，致使一些传统村落、传统街道、传统院落破坏严重，非物质文化遗产的传承失去了承载空间和传承基础，这主要涉及行政机关违法行使职权。

第二类是不正当利用。首先是来源不明，一些人随意使用民间艺术作品，既不标注来源，也不标注权利人，不尊重非物质文化遗产传承者的合法权益，也有张冠李戴甚至将成果据为己有的现象；其次是无偿使用，即使用了非物质文化遗产的表现形式，利用大众对于传统文化的情感进行宣传、开发，却没有给予相应权利人应有的回报；再次是歪曲非物质文化遗产的本质，某些开发者为了追求商业利益最大化，对非物质文化遗产的起源、内涵作夸大解释，甚至有庸俗化的趋势，在过度商业元素的裹挟下，一些非物质文化遗产变得不伦不类；最后是假冒，要提防不法经营者假借非物质文化遗产之名牟利，将不是非物质文化遗产的产品宣传为非物质文化遗产产品等，这主要涉及行政机关不作为。

10.3.2 线索来源

线索来源是开启诉讼的关键要素，《办案规则》中明确了检察机关需要对线索进行评估。①

首先是主动发现。主要是主动发现文化主管部门存在违法行使职权或不作为，《非遗法》第 7 条明确规定，对非物质文化遗产保护负有义务的行政机关是县级以上地方人民政府文化主管部门，这一点在前期的行政公益诉讼实践中也得到了适用，如在乌苏里船歌案中，人民法院肯定了黑龙江饶河县四排赫哲族乡政府的原告资格；在安顺的戏案中，人民法院也肯定了贵州安顺市文化和体育局的原告资格。由此可见，无论是立法还是司法，都明确了文化主管部门及其所属人民政府在非物质文化遗产保护方面的职责。但是，目前大部分文化领域特别是非物质文化遗产领域的法律仍处于软法状态，行政机关在日常执法时很难有“带牙齿”的手段去惩治非物质文化遗产侵权行为，同时由于上文阐述的原因，行政机关存在违法行使职权或不作为的情况，因此检察机关主动发现线索十分有必要。

其次是其他社会组织和个人。这里的社会组织应作广义理解，除了直接从事非物质文化遗产保护与宣传的组织，还应包括非物质文化遗产所在地或人民法院，或有密切联系的村委会和居委会。后者的范围在《宪法》《村民委员会组织法》《居民委员会组织法》等相关法律法规中有明确的界定，在此不

① 《人民检察院公益诉讼办案规则》第 67 条　人民检察院经过对行政公益诉讼案件线索进行评估，认为同时存在以下情形的，应当立案：（一）国家利益或者社会公共利益受到侵害；（二）生态环境和资源保护、食品药品安全、国有财产保护、国有土地使用权出让、未成年人保护等领域对保护国家利益或者社会公共利益负有监督管理职责的行政机关可能违法行使职权或者不作为。

再赘述。除了这些基层自治组织，还有社会团体，应当说明的是，对于提供线索的社会组织，不需要类比在行政公益诉讼中有关社会团体作为环境公益诉讼原告的要求，即在县级以上民政部门登记的社会组织，组织章程中明确表明从事非物质文化遗产的保护、宣传以及研究工作并且成立已满五年且连续五年以上无违法记录。这是由于线索提供类似于“报案”的过程，与起诉不一样，对主体的要求不必过于严格。此外，公民个人也是线索收集的重要来源，如在福建省晋江市人民检察院督促保护安平桥文物和文化遗产行政公益诉讼案①中，2018 年 11 月，部分全国人大代表在视察安平桥时，呼吁对该文物及其周边生态文化环境开展综合治理、协同保护。为此，福建省晋江市人民检察院依托“驻安平桥景区检察工作室”加强对安平桥及其周边生态环境的巡查，发现当地的“嗦啰嗹”“掠鸭”等非物质文化遗产项目与民众生活融合较少，传统文化面临传承危机等问题。为了督促解决这些问题，该院决定立案审查，启动行政公益诉讼诉前程序。

10.3.3　举证责任

非物质文化遗产检察行政公益诉讼具有专业性强、技术要求高、诉讼成本高等特点，承担举证责任的一方必须有一定的财富、时间、专业知识做基础。非物质文化遗产遭受侵害后，其侵害结果需要很长时间才能明显地表现出来，并且检察机关几乎无法对非物质文化遗产的未来发展作出预测，故非物质文化遗产的侵权结果具有一定的模糊性和不可预见性，而文化行政主管部门在此方面具备相应的专业性，但其处于被告地位，举证方面具有“被动性特征”。因此，可以考虑在非物质文化遗产检察行政公益诉讼中，探索以检察机关和第三人举证为主、行政机关举证为辅的举证责任分配方式。这里的第三人是指非物质文化遗产的权利人以及有重要利害关系的人，具体包括国家级非物质文化遗产项目代表性传承人、非物质文化遗产所在的村落、从事非物质文化遗产保护的社会群体等，这些第三人对非物质文化遗产情感深厚且具有较强的专业性，其举证能力强、积极性高，可以避免检察机关由于相

① 检察机关文物和文化遗产保护公益诉讼典型案例［EB/OL］.（2020-12-02）［2023-08-19］. https://www.spp.gov.cn/xwfbh/dxal/202012/t20201202_487962.shtml.

关专业知识匮乏而导致的举证能力弱，最终致使公共利益保护不力。另外，对于诉讼中的技术性判定，需要引入相应的机构给予技术支持，保证作为审判机关的人民法院在其中立地位不变的情况下，作出更加有利于非物质文化遗产保护的判决，进一步保证非物质文化遗产检察行政公益诉讼案件的公平、公正审理。

非物质文化遗产是一个地区或民族的成员在其生存和发展的过程中，不断积累、世代相传，以一种动态发展的方式产生的文化现象，是一个族群智慧的结晶。由于其具有非物质性等特点，与知识产权法保护的客体有诸多相似之处，加之其所在族群为非物质文化遗产的产生和传承付出了智慧，因此，法律应当赋予相应族群运用法律手段来保护其利益，进而促进非物质文化遗产保护的权利。文化多样性是人类本身得以存续和发展的重要保障，保护非物质文化遗产就是在保护文化的多样性。在行政保护面临困境的情况下，探索建立非物质文化遗产检察行政公益诉讼制度既可以为非遗保护提供新的选择，又可以为行政公益诉讼制度的完善与发展提供新的契机。

第十一章
教育领域检察行政公益诉讼研究*

公益诉讼作为一种新型诉讼形态，既是中国共产党领导中国人民进行百年司法实践的重要制度结晶，也是新时代推进我国司法体制改革的重要方向，其有着独特的历史厚重感，并肩负着时代赋予的维护公共利益的使命。“天下为公”是中国精神中的鲜明品质，公益诉讼的对象是可能侵犯或已经侵犯国家利益和社会公共利益的行为，保护的是国家利益和社会公共利益，这与以人民为中心的发展思想有着天然的一致性。党的十八届四中全会首次提出“探索建立检察机关提起公益诉讼制度”①，经过两年左右的试点，2017 年全国人大常委会分别修改了《民事诉讼法》和《行政诉讼法》，公益诉讼制度正式诞生②。教育是国之大计，党之大计，近十年来，我国义务教育兑现了“一个都不能少”的承诺，义务教育质量迈入世界先进行列，实现了从“有学上”到“上好学”的跨越；国民教育体系中承上启下的普通高中完善了招生考试管理，促进教育公平发展；高等教育实现“内涵式”发展，“双一流”建设成效显著。但在看到成就的同时，也要看到择校暗箱操作、校园暴力、学生管理失范等侵害学生合法权利的现象依然存在。教育关乎民族的未来，涉及社会和国家的根本利益，与生态环境保护、食品药品消费安全等领域相

---

* 本文原题目为《教育公益诉讼的法理基础、实践现状及进路思考》，发表在《社会科学家》2022 年第 12 期，作者为李鹏飞。在本书中根据需要对文章进行了适当修改。

① 颜运秋. 习近平法治思想中有关公益诉讼的重要论述及其展开 [J]. 中国政法大学学报，2022 (1)：5-25.

② 江必新，蒋清华. 习近平法治思想对宪法理论和实践的发展创新 [J]. 法学评论，2021，39 (2)：1-14.

比，教育公益诉讼还缺乏系统的制度规范和成熟的实践规则。

11.1 教育公益诉讼的法理基础

11.1.1 教育问题的公共利益属性

针对教育公益诉讼的定义，有的学者提出了“教育公益诉讼是指检察机关、行政机关、社会组织、公民个人等对教育领域内违反教育法律法规，侵犯国家或社会以及公民受教育权等合法利益的行为，即使与自己无法律上的直接利害关系，也可依法提起诉讼的制度”①。从上述定义可以看出，教育公益诉讼主要维护国家利益、社会利益和公民受教育权。根据传统观点，国家利益和社会利益就是公共利益。但在教育领域，公民通过行使自己享有的受教育权接受教育并将自己接受的知识转化为社会生产力，最终实现造福社会的目的，由此可见，公民受教育权与公共利益有着密切的联系。因此可以说，保护公民的受教育权也是保护公共利益，公民受教育权是公共利益的一个特殊维度。

《中华人民共和国教育法》（以下简称《教育法》）在第5章“受教育者”中详细规定了受教育者应享有的权利，大致可以分为受教育平等权（第37条、第39条、第40条）、受教育者获得资助权（第38条）、终身受教育权（第41条、第42条）、受教育者获得救济权（第43条），这几项共同构成了公民受教育权。教育平等本身就是一个社会问题，马克思主义认为人是社会性的动物，人的本质就是一切社会关系的总和，平等与否是在与社会中其他人的比较中得出的，教育平等即受教育者是否有机会享受平等的教育资源，这是社会公平的生命线。受教育者获得的资助主要来源于国家财政和社会资助，国家财政的主要来源为税收，税收取之于民、用之于民就是社会性的体现，社会资助受教育者更加体现了维护公民受教育权是全社会共同的责任。终身教育关系到提升全民素质，保障公民终身受教育权是构建学习型社会的应有之义。受教育者在自己的受教育权利遭受不法侵害时能够获得来自司法、

① 范履冰. 我国教育公益诉讼制度的建构探析［J］. 现代法学，2008（5）：159-166.

行政等方面的救济，体现了对公民受教育权利的保护要全方位、多层次，构建全社会群策群力的保障体系。由此可见，保护公民受教育权不仅是保护受教育者本身，更是为了社会拥有美好的明天。

综上所述，教育问题不仅涉及国家利益和社会利益，更涉及公民受教育权，三者统一于教育问题的公共利益属性。

11.1.2　公益诉讼干预教育问题的适恰性

我国的司法在一定程度上是一种政策实施型司法，即司法的目的不仅是适用法律，同时也肩负着贯彻党的大政方针和国家政策的使命，而公益诉讼虽然在诉讼模式上实现了对传统诉讼的突破，但其所秉承的社会本位价值理念与党和国家政策的价值取向不谋而合。以《环境保护法》为例，在其第4条中就开宗明义地指出，保护环境是国家的基本国策，而环境公益诉讼自然也担负着贯彻这一基本国策的任务。教育要回答“培养什么人、怎样培养人、为谁培养人”这一事关方向性、全局性、战略性的重大问题，加快推进教育现代化、建设教育强国、办好人民满意的教育的党和国家的重要战略。

从诉讼目的上看，教育公益诉讼维护的是国家利益、社会利益和公民受教育权，三者都具有明显的公共利益属性，都是推进教育现代化的价值所在。从诉讼程序上看，教育问题本身具有利益多元、规范繁杂的特征，个人的私利救济在其中的作用十分有限，因此，由法律监督机关、社会团体提起公益诉讼具有必要性和可行性。同时，教育公益诉讼是为了“中国的明天”在起诉，在诉讼程序的启动上具有担当性。在权利保障方面，对公民受教育权的保护既涉及公民的个人权利，其背后也蕴含着社会大众对公平、正义、法治、人权等社会价值的追求，这也是教育公益诉讼的意义所在。

与其他的救济手段相比，教育公益诉讼具有独特的优势，《中华人民共和国行政复议法》并没有对教育行政复议的内容作出具体规定，但通过对受案范围的分析可以了解到，对于教育行政处罚等领域，受教育者可以提出复议。但相比于教育公益诉讼，教育行政复议的主体局限于受教育者和教育行政主体，申请行政复议的主体一般为权益遭受侵害的相对人，救济渠道也局限在教育系统之内，并不能体现教育问题的公益属性。有的学者提出，应当由权力机关来实现对教育问题的监督，从而使教育这一关乎公共利益的问题充分体现人民的意志，这一观点有一定的合理性。全国人民代表大会的监督权是《宪法》规定的，这也决定了这一权力是一种更为宏观、更高层次的监督，在微观、具体的领域缺乏操作空间，同时由于我国行政机关长期处于较为强势的地位，全国人民代表大会对于教育行政机关侵犯受教育者权益的监督有时并不行之有效。全国人民代表大会本身也并不具备执法权，且工作程序较为复杂，对于一些紧迫的案件并不能及时处理，从而会影响办事效率。除了上述两种救济途径，还有行政机关能动性地发现问题，主动救济。鉴于此，笔者将教育问题分为两种：一种为教育行政主体主导型的教育问题，即侵害受教育者合法权益的主体为教育行政机关和法律法规授权的组织即学校，这类案件以入学纠纷、升学纠纷、校园管理纠纷为代表；第二种为非教育行政主体主导型的教育问题，即教育行政机关和学校并不是侵害受教育者合法权益的主体，如校园暴力、学校周边违规开设不适宜未成年人的场所、家长强制义务教育阶段学生辍学等，教育行政机关和学校在这类案件中并不起主导作用。针对前者，由教育行政机关和学校自己造成的问题很难通过自我纠错来解决，在我国，教育行政机关掌握着学校的财政和人事大权，学校掌握着教师职务和职称晋升的推荐权，其力量不可谓不强大，在这种权力构造下，指望教育行政机关和学校自我纠错可谓难上加难。[①] 对于后者，虽然侵害权利的主体不是教育行政机关和学校，但其仍然有不作为之嫌，纠正其不作为还是外力更为有效。因此，与其他救济方式相比，教育公益诉讼在保护公共利益、贯彻国家政策和制度强制力上具有适恰性。

11.1.3 教育公益诉讼独特的功能定位

教育公益诉讼的功能定位既体现了诉讼的目的，又体现了这一制度的运行逻辑。笔者认为，教育公益诉讼应当具有引导功能、预防功能、赔偿功能和溢出功能。

首先是引导功能。司法本身就有判断是非曲直的功能，对案件的判决也会对社会大众的心理和行为产生预期效应。教育公益诉讼维护的是教育领域

---

① 龙耀. 论教育行政权力的边界：基于中国教育行政化问题的研究［J］. 教育学术月刊，2011（6）：3-6.

的公共利益，经过公益诉讼程序，那些侵犯公共利益的行为就会得到纠正，充分展示了公益诉讼输赢立判和黑白分明的特点。公益诉讼不仅是定纷止争的工具，更是对社会正义的宣扬。在教育领域，通过公益诉讼解决人民群众普遍关心的教育热点、难点问题，引导广大群众了解教育政策，通过个案示范推动我国教育事业健康发展。

其次是预防功能。公益诉讼的影响不仅局限于诉讼参加人，更要着眼于案外人。对于诉讼参加人来说，公益诉讼的结束就意味着案结事了；但对于案外人来说，公益诉讼更要预防其未来侵害公共利益的行为。在教育领域中，既可以对已经侵害公共利益的行为提起公益诉讼，也可以对尚未造成损害但存在损害风险的行为提起诉讼，如农村地区学校危房改造不利，就可以对当地教育行政部门的不作为提起教育公益诉讼，从而避免现实危险的发生。

再次是赔偿功能。对于公益诉讼是否具有赔偿功能，目前尚存在争议，《人民检察院公益诉讼办案规则》规定人民检察院对于破坏生态环境和资源保护、食品药品安全领域的公益诉讼可以提出惩罚性赔偿的要求。但通说认为，民事领域的赔偿只能由被侵权人提起，因此从理论上否定了公益诉讼的赔偿功能。但笔者认为，根据公益信托原理，既然肯定了检察机关或社会组织有权提起公益诉讼，而请求赔偿权又是诉讼权利中重要的组成部分，就应当肯定公益诉讼的赔偿功能。具体到教育公益诉讼领域，赔偿范围应以被侵权人受到的实际损失为限，且赔偿应当归于被侵权人。

最后是溢出功能。即教育公益诉讼的效果并不局限于案件本身，其对于教育政策的完善、促进我国教育领域的制度改革具有重要的意义。目前，我国教育制度的改革工作主要由教育行政主管部门单一推进，有时并不能很好地反映社会需求，一些本意很好的政策被误读后，经过炒作反而升级为舆论热点事件，导致被动局面的出现。通过教育公益诉讼，揭示我国现存教育政策的不完善之处，清晰地反映人民群众对教育改革的需求。公益诉讼主体的扩张还能将社会团体、行业组织等社会力量吸纳为教育改革的参与者，从而形成合力，促进我国教育事业良性、健康发展。

11.2 教育公益诉讼的实践现状

11.2.1 法律条款的模糊并不构成实质障碍

《行政诉讼法》第 25 条规定了行政公益诉讼的受案范围是生态环境和资源保护、食品药品安全、国有财产保护、国有土地使用权出让等领域。若想探究教育公益诉讼的合法性基础，需要从《行政诉讼法》规定的受案范围中的"等"字出发，有的学者认为既然相关规范已经对公益诉讼的受案范围有了明确的规定，就不应再随意扩大，否则会让成文的规定陷入尴尬的境地。笔者认为，"等"字的出现正是立法者为未来法律适用中可能出现的新情况有意作出的"模糊处理"，且这一模糊并不构成教育公益诉讼的实质障碍。

在立法上，《未成年人保护法》第 106 条提出，当未成年人合法权益受到侵犯，相关组织和个人未代为提起诉讼的，检察机关可以督促或支持其起诉，涉及公共利益的，也可以提起公益诉讼。这里的相关组织自然包括对未成年人成长负有法定职责的行政机关，这就有可能引起行政机关不依法履职的检察行政公益诉讼。除此以外，《最高人民法院关于互联网法院审理案件若干问题的规定》也将互联网相关案件纳入了公益诉讼的范围；2017 年，最高人民检察院下发通知，规定检察机关可以对幼儿园食品安全、教育设施质量等问题提起公益诉讼。而在地方层面，《河北省人民代表大会常务委员会关于加强检察公益诉讼工作的决定》结合地方实际，将检察公益诉讼的范围扩展到安全生产、防灾减灾、应急救援、文化和文物遗产保护、弘扬社会主义核心价值观等。

在司法上，检察公益诉讼的范围早已不局限于法条的规定，贵州省黎平县人民检察院开展"公益诉讼守护民族多彩文化"专项行动，用公益诉讼保护传统村落和民族文化村寨，守护悠久的侗族文化；新疆维吾尔自治区博乐市人民检察院针对谢某某等 9 人盗掘古墓葬提起了刑事附带民事公益诉讼，有的学者认为这里的古墓葬应当归属于国有财产保护的公益诉讼类型，但笔者认为，国有财产保护是行政公益诉讼的范畴，但这一案件属于民事公益诉讼，依然属于"等"字的扩展；针对东山县渔民海上养殖侵占军港和军用通道，时常发生渔网缠绞军舰螺旋桨等险情，省市县三级人民检察院联合军事检察院开展案件办理，通过军地检察合作，利用公益诉讼保障国防和军队利益。在教育公益诉讼领域，早在1997年，就有四川省泸县得胜镇初级中学因拒送子女接受义务教育起诉5名学生家长案①；还有入选2019年全国十大公益诉讼案例的渭源县人民检察院督促渭源县农村义务教育学校食堂食品安全案。除此以外，近年来各地检察机关针对学校周边的非法经营娱乐场所、提供文身等不适宜未成年人成长的案件进行了督查，并向行政主管部门发出检察建议，这就是教育领域检察行政公益诉讼的具体实践。由此可见，由于"等"字的存在，为公益诉讼受案范围的拓展提供了合法性依据，现行法律条文的模糊不能成为限制教育公益诉讼的实质障碍。

11.2.2　案件来源丰富

党和国家始终坚持教育优先发展战略，我国的教育事业也取得了历史性成就，但也暴露出一些需要用新的手段去解决的问题。而教育问题又是社会大众最关心的问题之一，学生以及家长的维权意识越来越强，因此在教育公益诉讼领域有着丰富的案件来源。

如前文所述，这类案件可以分为两大类：第一类是教育行政主体主导型的案件，如四川省射洪市某中学强制学生购买平板电脑；定州某中学强制女生留超短发；浙江某中学保安威胁该校女生，学校不仅没有履行强制报告义务，反而安排学生私了等；第二类是非教育行政主体主导型案件，如北京某小学校园欺凌案件、严某诉浙江省台州市淑江区中山路小学旁开设色情表演节目的娱乐场所案②。前者主要涉及行政机关违法行使职权，后者主要涉及行政机关不作为。

案件的发现方式有公权力机关发现和公民起诉、申诉或举报两种途径，前者如新疆阿克苏地区的玉尔其乡、阿恰勒乡人民政府起诉辍学学生家长

① 赵晓梦. 为孩子的明天起诉：学校状告5名学生家长违反《义务教育法》的前前后后［J］. 法律与生活，1997（11）：9-12

② 常光玮. 公益诉讼在路上：近年来我国公益诉讼研究状况综述［J］. 法律文献信息与研究，2007（1）：1-4.

案[①]；枣庄市山亭区人民检察院在办理未成年人案件时发现义务教育阶段辍学现象，并向教育主管部门发出检察建议。在检察公益诉讼蓬勃发展的背景下，线索摸排成为检察机关发现公益诉讼线索的重要渠道，这方便了学校在育人的过程中、行政机关在执法的过程中、司法机关在办理案件的过程中及时发现问题、解决问题。后者如青岛三名高考生诉教育部侵犯平等受教育权案、河北衡水桃城中学落实“双减”不到位和教师惩戒失当事件通过学生网络举报后发酵等。针对这一案件发现方式，笔者认为只要公民维权的手段是合法的，就要鼓励和支持，这样不仅能够及时发现问题，还能够调动公民参与公益诉讼的热情。

11.2.3 系统构建教育公益诉讼制度的时机已然成熟

从比较法的角度检视教育公益诉讼制度可以发现，在域外相关领域已经有比较成熟的立法先例。《俄罗斯联邦教育法》第 49 条第 1 款规定：国家教育管理机关作为国家的全权代表，对经国家评估确认资格的教育机构毕业生培养工作质量低下者，有权对该机构提起诉讼，要求其补偿在其他教育机构重新培养这些学生所需的补充经费。[②] 由这条规定可以看出，俄罗斯的教育法赋予了国家教育管理机关对教育机构提起诉讼的资格。巴西于 1996 年制定的《全国教育方针与基础法》第 5 条规定：参加基础教育是客观公共权利，任何公民、公民团体、地方社团、工会组织、学生团体或其他合法组建的团体，甚至检察院均可状告政府要求获得此项权利。本条款所述各方均有权要求司法部门免费地通过诉讼程序采取有关法律行动。[③] 巴西将教育公益诉讼的主体扩展到普通公民和社会团体，并且免除了诉讼的费用。而在美国也通过布朗诉教育部（Brown v. Board of Education）案确立了教育公益诉讼制度，特别是在种族隔离诉讼和教育经费诉讼方面积累了丰富的经验。

通过前面的分析可以发现，立法上的模糊不构成教育公益诉讼的障碍；同时在司法上，教育公益诉讼又有着丰富的案例来源，教育公益诉讼作为教

① 新疆 29 名学生忙农活辍学　两乡政府状告学生家长［EB/OL］.（2007-06-25）［2023-11-20］. https://news.sohu.com/20070625/n250741858.shtml.

② 崔玲玲. 教育公益诉讼：受教育权司法保护的新途径［J］. 东方法学，2019（4）：138-149.

③ 范履冰. 我国教育公益诉讼制度的建构探析［J］. 现代法学，2008（5）：159-166.

育领域的公益诉讼，是维护教育领域内的国家利益、社会利益和公民受教育权的最后一道防线。虽然教育公益诉讼在实践中长期存在，但目前立法并没有明确将教育公益诉讼纳入法律条文之中，仅散见于《未成年人保护法》等单行立法中，导致一些人民法院想受理有关案件却找不到合法的依据，因此目前系统构建教育公益诉讼的时机已经成熟。

11.3　教育公益诉讼的进路思考

11.3.1　教育公益诉讼的线索发现

第一，检察机关自行发现。我国《宪法》赋予检察机关进行法律监督的职责，在行政公益诉讼领域，检察机关提起公益诉讼的依据就是其法律监督机关的地位，负责纠正行政机关的违法行为。在教育公益诉讼领域，检察机关对教育领域法律规范的执行情况自然具有监督的职责。

第二，社会组织和公民个人向检察机关投诉举报。社会组织主要包括未成年人保护组织，从事教育研究的学会、协会等。对于公民个人，应当被视为主要的线索来源，从教育本身来说，教育既是公共利益的体现，又是实现个人利益的途径，自古以来就有“朝为田舍郎，暮登天子堂”的希冀，实现阶层跨越的希望在教育。同时，《中华人民共和国义务教育法》（以下简称《义务教育法》）也赋予了公民个人对违反义务教育法的行为向国家机关提出检举和控告的权利。

11.3.2　教育公益诉讼的受案范围

受案范围是教育公益诉讼领域最为核心的问题，也是教育公益诉讼保护的价值所在，教育公益诉讼作为教育领域的公益诉讼，其目的是解决教育领域侵犯公共利益的问题。因此在这一部分，笔者仍然延续前文的分类方法，将此类案件分为教育行政主体主导型案件和非教育行政主体主导型案件，并分别确定其受案范围。

首先是教育行政主体主导型案件。第一，教育行政主体侵犯学生受教育权：①义务教育阶段学校违法“劝退”成绩较差的学生；②义务教育阶段学校违法拒绝学生参加升学考试；③学校违反教育部关于“统筹保障不同群体入学”的政策，拒绝接受适龄残疾儿童入学；④学校拒绝符合政策的义务教育随迁子女入学；⑤学校拒绝新冠病毒感染康复者、乙肝病毒携带者、未接种新冠疫苗的学生入学；⑥违反《义务教育法》，对适龄儿童采取考试入学的方式等。除了直接侵犯学生的受教育权，还存在侵犯学生的平等受教育权，教育公平是指教育资源的公平分配。当然，受经济发展条件的制约，实现教育的完全公平在短期内并不现实，但教育资源的机会公平还是必要的。第二，教育行政主体侵犯学生的平等受教育权：①教育行政机关落实教师“轮岗”制度不力，导致本地区部分学校师资力量薄弱；②除了国家另有规定，学校对学生的男女比例人为进行限制；③学校官方举办招生考试培训班，或委托校外机构进行培训；④义务教育阶段将学校划分为重点与非重点学校。除了学生的受教育权要受到保护，教育行政主体还应当采取科学的教育方式，底线是教育方式合法，这是提高教育质量的保证。第三，教育行政主体的教育方式存在违法：①义务教育阶段存在按学生成绩分班的现象；②义务教育阶段违规组织考试，公布学生排名；③义务教育阶段学校未按照国家规定定额招生，存在大班额、超大班额的现象；④学校落实“双减”不力，学生存在超负荷的课业负担；⑤教师存在惩戒失当的行为；⑥高校以未签署就业协议为由，扣发学生毕业证、学位证；⑦学校违规削减、占用体育课课时，使体育课不能达到国家规定的标准等。第四，教育保障方面的案件：①义务教育阶段违规收取学费、杂费；②教育行政部门未能贯彻就近入学的原则，为学生和家长增加了不必要的负担；③县级以上人民政府或者其教育行政部门违反《义务教育法》第 52 条[①]的规定；④向学校、学生摊派费用或与教育教学无关的指标；⑤未按照国家规定向家庭经济困难的学生提供资助或资助程序违规；⑥学校未落实校园欺凌、性侵等案件的强制报告义务等。其中既包含行政机关违法行使职权，也包含行政机关不作为。例如，在推进中国法治进

① 《义务教育法》第 52 条　县级以上地方人民政府有下列情形之一的，由上级人民政府责令限期改正；情节严重的，对直接负责的主管人员和其他直接责任人员依法给予行政处分：（一）未按照国家有关规定制定、调整学校的设置规划的；（二）学校建设不符合国家规定的办学标准、选址要求和建设标准的；（三）未定期对学校校舍安全进行检查，并及时维修、改造的；（四）未依照本法规定均衡安排义务教育经费的。

程十大行政复议案例之一白某诉苏州市教育局不依法履职案①中，白某通过多种途径反映其女儿小白（苏州某国际学校小学二年级学生，该校系被申请人代管的民办学校）在学校遭受校园欺凌，要求被申请人（苏州市教育局）按照教育部等 11 个部门联合印发的《加强中小学生欺凌综合治理方案》（以下简称《综合治理方案》）进行处理。被申请人接到反映后，开展了一系列工作，包括要求学校提供情况说明、进行现场调查、督促学校带申请人女儿看病和劝导申请人女儿回校上课、组织并指导学校及双方家长进行调解、向上级部门作出汇报等，也通过电话、网络及面谈的方式给出了相关的处理意见。但白某认为被申请人未按照《综合治理方案》的规定成立调查组对事件是否属于校园欺凌进行认定，构成不作为。在本案中，《综合治理方案》作为教育部文件对各地教育行政部门的职责进行了明确的规定，对教育行政机关产生了法律意义上的拘束力。因此，教育行政机关没有按照《综合治理方案》认定校园欺凌应当被认定为不作为。尽管该案最终没有进入诉讼程序，但可以看出复议申请人的诉求是要求行政机关依法履职，且得到了复议机关的支持。此类案件若进入公益诉讼程序，应当将其归为行政公益诉讼，诉讼请求为行政主体依法履职。

其次是非教育行政主体主导型案件。这类案件主要包括：①家长拒绝适龄儿童接受义务教育；②用人单位违法雇用童工；③在中小学周边开设营业性网吧、歌舞娱乐场所、文身店等不适宜未成年人活动的场所；④用人单位在实习期间侵犯学生合法权益；⑤学校周边存在扰乱学校教学秩序的其他行为，如噪声、污染等；⑥教育培训机构违规提供学科类培训、超前培训等。其中主要涉及行政机关的不作为。例如，在固阳县人民检察院督促校园食品安全监管行政公益诉讼案中，固阳县人民检察院在履行公益监督职责时发现，固阳县市场监督管理局根据包头市市场监管部门对校园食品抽检发现的固阳某学校食堂自制蛋糕中存在铝超标问题作出罚款 4.015 万元的行政处罚决定。该院经审查认为，该事件发生的源头不明，隐患仍未消除，不能从根源上排除安全隐患，保障广大师生的食品安全，立即依法启动公益诉讼诉前程序。

---

① 推进中国法治进程十大行政复议案例（2）[EB/OL].（2019-10-29）[2023-11-20]. https://yuanyulai.blog.caixin.com/archives/214647.

固阳县人民检察院发现线索后，随即与县市场监督管理局深入某学校进行排查，围绕食品安全关键控制环节、食品安全管理制度落实情况、环境卫生、原料采购、食品储存、加工制作流程是否符合规范要求等问题进行全面检查，重点查找导致铝超标的原因。经查明，铝超标原因系该学校工作人员食品安全意识淡薄，食品加工操作不规范，在制作蛋糕时，使用含铝食品添加剂不当。针对以上原因，为了督促相关行政主管部门主动全面履职，避免类似问题再次出现，该院分别向县教育局、县市场监督管理局发出完善治理的检察建议，深化源头防控，促进相关部门建章立制，发现监管盲区和治理漏洞。既针对个案暴露出的问题促进规范行政执法行为，又以点带面督促相关主管部门开展全面排查治理，以“我管”促“都管”，合力保障广大在校学生的食品安全，发挥公益诉讼检察治理效能，更好地守护人民群众的美好生活。

最后是教育公益诉讼和学校以及教师的自主权的关系。扩大学校办学的自主权是建设现代学校制度进程中不可回避的理论与现实问题，《国家中长期教育改革和发展规划纲要（2010—2020）》在第十三章明确提出要建设现代学校制度，而建设现代学校制度的题中之义就是要落实和扩大学校办学自主权。对于教师来说，争取教师的教学自主权也是教师的职业诉求——教师如何授课、如何管理班级，应当由教师与学生通过合作决定，而不是做所谓教育专家、家长、教育管理者的“提线木偶”。

然而，公益诉讼的介入必然会对学校以及教师的自主权产生冲击，为此应当明确教育公益诉讼受案范围的确定必须有明确的依据，首先来自《教育法》《义务教育法》《高等教育法》等法律，其次来自《中华人民共和国学位条例》《中华人民共和国中外合作办学条例》等行政法规，再次是《流动少年儿童就学暂行办法》《国家教育考试违规处理办法》等部门规章，最后是《教育部办公厅关于进一步做好普通中小学招生入学工作的通知》《关于深化体教融合 促进青少年健康发展的意见》等规范性文件，这些都可以构成教育公益诉讼受案范围的依据，而在合法范围内，学校培养方式的选择、教师教学方法的改变等问题则不应被列入受案范围。例如，在女童不能最近入学起诉教育局败诉案[①]中，6岁女童小甜的代理人称在浦东教育局2014年4月1日公布的《2014年浦东新区义务教育招生小学招生地段公示》中，自己的户籍地址同时也是房产所在地和实际居住地没有对口的小学。这种做法违反了《义务教育法》和《上海市未成年人保护条例》的相关规定，侵犯了原告合法的受教育权，请求法院判令浦东教育局按照由近及远的顺序安排小学就学学位并赔偿其精神损失。对此，浦东教育局回应称：一方面，因为小甜户籍地编制单元内小学班级规模严重短缺；另一方面，小甜户籍地是新建住宅，建设时并未配套教育公建设施。按照规定，对涉及教育公建配套设施建设的，应事先征求教育部门的意见，但小甜户籍地的住宅从规划到建成，从未向教育局征求教育公建配套设施的意见。对此，该案审判长赵宗元认为，《义务教育法》中的"就近入学"是原则性规定，其模糊性和不确定性使这一规定在具化为教育行政行为时，可能出现一些误解。本案中，小甜在诉讼请求中提出，按照离家距离近和远，依次从福外花园校区、竹园张杨校区、二中心巨野校区、六师二附小西校区、六师二附小东校区中选择入学，这就等于是把"就近入学"与"最近入学"等同起来。"就近入学"并非就读离户籍地址直线距离最近的学校，而是指相对就近所属地段的学校，就读学校的招生地段由所在区县教育行政部门根据辖区人口分布、道路、小区边界等因素合理进行划分。由此可以看出，教育行政主体在法定职责范围内的自主权应该得到尊重。

11.3.3　教育公益诉讼的"诉行结合"

司法救济一般被看作维护权利的最后一道防线，具有程序烦琐、诉累负担重、维权效率低等特点，有的学者指出，"教育公益诉讼绝不能取代教育行政执法的主导地位"[②]。因此，在教育公益诉讼的诉前、诉中和诉后都应当贯彻"诉行结合"的原则。

第一，发挥诉前程序的主导作用，敦促教育行政主体履行法定职责。《公益诉讼司法解释》规定了行政公益诉讼诉前督促程序：向行政机关发出检察

---

① 黄安琪．"就近入学"等于"最近入学"吗？——上海女童状告教育局败诉［EB/OL］．(2016-07-30)［2023-11-20］．https://www.chinacourt.org/article/detail/2016/07/id/2046214.shtml.

② 何菊玲．教育正义：对教育合法性的价值判断［J］．教育研究，2020，41（11）：36-45.

建议。对于教育行政主体主导型案件，发出检察建议的目的是纠正行政机关违法行使职权或不作为；对于非教育行政主体主导型案件，发出检察建议的目的是督促行政机关依法履职。这样有利于在案件进入审理程序前解决问题，维护当事人的合法权益，节约司法资源。

第二，在诉后充分发挥检察机关的法律监督作用，构建“检行合作”体制，遏制违法行为的再发生。教育公益诉讼涉及利益复杂、个案影响深远，每一个判决都可能引起舆论的关注，甚至带动我国教育事业的发展。为了发挥好教育公益诉讼案件的示范和引领作用，诉后的“检行合作”应当构建信息共享平台，针对教育公益诉讼案件中反映出来的共性问题，教育行政机关和检察机关应当做到信息共享，由检察机关收集、分析、整理相关案件中的资料和信息，对于教育行政机关乱作为和履职不力的“高风险点”提前发出预警，已经发现违法问题的，要及时发出检察建议，将问题消灭在苗头时期。必要时，检察机关和教育行政机关可以召开联席会议或共同开展专项行动，针对教育领域典型的、普遍的问题增加合作，使检察权和行政权共同致力于维护受教育者的合法权益，推进教育事业持续健康发展。

党的十八大以来，我们党坚持以人民为中心发展教育事业，努力破解人民群众关心的教育领域的热点、难点问题。百年大计，教育为本，人民对美好生活的向往要求有更高质量的教育，要求在自身教育权益受到侵害时能够求助有门。我国的公益诉讼多年来积累的经验为教育领域检察行政公益诉讼制度的构建提供了重要参考，构建教育公益诉讼制度宜早不宜迟，在提起诉讼主体的限制上宜松不宜紧。通过构建教育公益诉讼制度为教育强国建设提供法治保障。

第十二章
养老保险领域行政公益诉讼检行合作机制初探

法治既是治国之重器，又是发展之保障，推进社会保障法治化是全面依法治国的应有之义。习近平总书记指出："要从立法、执法、司法、守法各环节加强社会保障工作，在法治轨道上推动社会保障事业健康发展。"[①] 养老保险在社会保障体系中处于支柱地位，又属于人民群众普遍关心的重大民生工程，提升其法治化水平对于推进社会保障事业健康发展具有重要意义。检察行政公益诉讼是党的十八届四中全会以来对于诉讼形态探索的创新成果，具有浓厚的中国特色和强烈的时代使命，党的十八届四中全会首次以中央全会公报的形式提出了"探索建立检察机关提起公益诉讼制度"的要求，旨在督促检察机关监督并纠正行政机关的违法行为或者不作为，以检察权监督行政权。社会本位是养老保险的价值基准，这与公益诉讼的制度功能不谋而合。养老保险作为公共权利和公共产品，某些行政机关在养老保险基金监管、养老保险金发放等问题上存在不作为和乱作为的现象，重复领取、死亡冒领、服刑人员领取养老金等问题时有发生，很容易造成国有财产流失和公共利益受损。

笔者认为，在检察行政公益诉讼中，虽然强调检察权对行政权的监督，但二者之间并不存在根本利益上的冲突，应将二者结合起来，对传统的"检行对抗"机制进行扬弃，在现有行政公益诉讼的制度框架下构建检察权和行

---

① 习近平. 促进我国社会保障事业高质量发展、可持续发展［J］. 中国人力资源社会保障，2022（5）：5-7.

政权密切配合的检行合作机制。通过检行合作机制，对养老保险领域实现公民监督权、检察机关检察权和行政机关行政权有机结合，共同构建养老保险法治化保障格局具有重要的意义。

12.1 养老保险法治化保障的现实困境

12.1.1 立法供给不足

我国养老保险制度起步较早，早在新中国成立前，党就在解放区推行劳动保险制度，主要集中在矿山、军工、铁路等七个主要行业。新中国成立后，由于我国长期实行计划经济体制，对于养老保险的制度探索主要集中在职工基本养老保险方面，在农村基本还是按照家庭养老的模式来解决农民的养老问题。① 党的十四大提出了社会主义市场经济的改革目标，与此同时，养老保险也由单纯的国家负担变为国家和社会共同负担②，开始了建立农村养老保险体系的尝试。进入21世纪，公平成为我国养老保险改革的重要方向，机关事业单位养老保险与城乡居民和职工基本养老保险走向并轨；农村方面，在原有“老农保”的基础上推出了“新农保”，又在“新农保”的基础上进行改革，建立了统一的城乡居民养老保险制度。③

但纵观我国养老保险乃至社会保险的立法历程，仅有《中华人民共和国社会保险法》（以下简称《社会保险法》）一部基础性法律，其他均由行政法规、部门规章、地方性法规甚至行政规范性文件构成。除了上文提到的“33号文”，比较有代表性的还有1951年的《中华人民共和国劳动保险条例》、1997年的《国务院关于建立统一的企业职工基本养老保险制度的决定》（国发〔1997〕26号）、2000年的《国务院关于印发完善城镇社会保障体系试点方案的通知》（国发〔2008〕42号）、2015年的《国务院关于机关事业单位工作人员养老保险制度改革的决定》（国发〔2015〕2号）等。除了国家

---

① 杨复卫. 新中国养老保险法治建设70年：变革、成就与启示［J］. 现代经济探讨，2020（2）：93-103.

② 1991年，国务院颁布了《国务院关于企业职工养老保险制度改革的决定》（国发〔1991〕33号）（史称“33号文”），其中明确指出个人按其工资3%的缴费比例缴纳基本养老保险费。

③ 同①.

层面的发文，地方层面还有《农民合同制职工参加北京市养老、失业保险暂行办法》（京劳险发〔1999〕99 号）、《江苏省劳动和社会保障厅关于参保人员应缴或未足额缴纳基本养老保险费达到退休年龄时有关问题的通知》（苏劳社〔2000〕15 号）、《关于妥善解决企业未参保人员纳入企业职工基本养老保险问题的通知》（粤人社发〔2011〕237 号）等。

养老保险立法肩负着明确各个责任主体权责分配，强化公民对于老有所依稳定预期的使命。但从上文可以看出，我国目前的养老保险制度主要依靠的是政策体系，即通过“通知”“决定”“意见”等形式对外公布，具有“碎片性”“行政主导性”等特征。《社会保险法》作为社会保险领域的“宪法”，也仅仅是一部原则性的立法，这导致各级行政部门既是规则的制定者又是执行者，拥有极大的自由裁量权，若司法机关贸然通过公益诉讼直接参与，则会导致检察权、审判权和行政权的相互掣肘，甚至是冲突。因此，检行合作机制是养老保险立法供给不足情况下的合理选择。

12.1.2　司法障碍尚存

在传统的行政公益诉讼领域，具有“审判主导”“检行对抗”“合法性审查”等特征，前文已述，立法供给不足是当下养老保险法治的典型特征，而政策化、碎片化的立法特征也让人民法院在审理相关案件时略显无从下手。同时，人民检察院和人民法院更多地对行政行为的程序与依据进行审查，并不能触及养老保险基金监管问题的实质。除此以外，有的学者认为，养老保险领域的争议和纠纷以现有的司法手段可以得到解决，即民事纠纷就提起民事诉讼、刑事犯罪就提起刑事诉讼、行政纠纷就提起行政诉讼，笔者对此有不同的观点。

在民事诉讼领域，养老保险诉讼很难有适格的主体。民事诉讼属于私益诉讼，对提起主体有严格的限制，虽然养老保险事关每一个人，但重复领取、冒领等问题并不直接损害当事人的利益，而民事诉讼解决的是私主体之间的纠纷，显然不适用于养老保险的诉讼。从价值内核上看，我国《民事诉讼法》总体上承袭了民事实体法的“个人本位”精神，对公共利益的纠纷鲜有涉及。尽管民事公益诉讼制度的问世在一定程度上缓解了民事诉讼对公共利益的保护不足，但民事公益诉讼的被告人依然为私主体，在冒领养老金等问题中，虽然冒领的人是个人，属于私主体的范畴，但显然问题的症结在于养老金监管上，并不能归结在某一个人身上。因此，民事诉讼在解决养老保险问题上具有先天的劣势。

在刑事诉讼领域，骗领、冒领养老金的问题由诈骗罪进行规制，《全国人民代表大会常务委员会关于〈中华人民共和国刑法〉第二百二十六条的解释》明确指出，骗取养老等社会保险金或者其他社会保障待遇的，属于刑法规定的诈骗行为。刑罚似乎很严厉，但与民事诉讼的问题类似，其针对的对象仍然是个人，只能就案论案，不能从根本上解决养老保险基金流失的问题，造成问题根源的监管机关和责任人并不能受到问责与处罚。

在行政诉讼领域，养老保险基金流失自然与行政机关的不作为或者乱作为有着密切的联系，但《行政诉讼法》第 2 条提到只有当行政相对人认为行政机关或其工作人员侵犯其合法权益时才可以提起诉讼，正如前文提到养老保险基金流失关系到每一个人但又不与每一个人直接相关，同时此类诉讼亦不包含在《行政诉讼法》第 12 条规定的受案范围内，因此人民法院很有可能以原告不适格或者不属于行政诉讼受案范围为由驳回起诉。同时，在法律依据上，只有《社会保险法》明确了养老保险基金监管的主体及其责任，但规定比较笼统，缺乏具体细节和可操作性。

12.1.3 行政本位强势

2022 年修订的《社会保险基金行政监督办法》（以下简称《监督办法》）从职责、范围、权限等方面详细地规定了社保基金行政监督的内容。从监督范围看，涵盖了对社会保险经办机构的监督、对社会保险服务机构的监督以及对与社会保险基金收支、管理直接相关的单位的监督。在监督权限上，人力资源和社会保障行政部门有资料的查阅权、记录权、复制权，对被监督单位和个人的询问权，责令改正权，对违规行为的制止权，对相关证据的封存权。在具体实施上，明确了人社部门在监督中可以采用现场检查和非现场检查的方式，同时可以聘请会计事务所等第三方机构进行审计，并对违法线索的移交等程序性问题作出了规定。在责任追究上，《监督办法》将有关责任分为三类，分别是社会保险经办机构及其工作人员的责任，欺诈骗保的责任，以及违规进行工伤认定、提前退休、劳动能力鉴定的法律责任。《监督办法》对社保基金监督工作规定得如此完善，似乎通过内部的行政监督就可以将社保基金监督好，不需要外部力量的干预。《社会保险法》和《社会保险稽核办法》的相关规定似乎也体现着这一层含义。但众所周知，只有中立的、外部的监督才能行之有效，内部的监督不仅会在效果上大打折扣，也会引起权力寻租的风险。

综上所述，在养老基金保障上，司法直接介入存在立法和制度上的障碍，而行政机关在相关工作中又处于强势地位，但养老基金的有效保障又需要外部力量的介入，检行合作机制恰好符合这一要求。

12.2　养老保险领域行政公益诉讼检行合作机制的实践意义

12.2.1　推动社会保障权深入人心

权利保障是立法逻辑的根基[①]，党的十八大以来，“全面建成多层次社会保障体系”成为党和国家在全面建设社会主义现代化国家新征程中的重要使命，充分体现了以人民为中心的发展思想，这并不仅是一句政治宣誓，其背后是社会保障权逐渐成为全社会的共识。

“新兴权利的产生在根本上乃是因应社会的发展而在法律制度需求上的‘自然’反应。”[②] 从时代背景来看，在新时代完善覆盖全民的社会保障体系、促进我国社会保障事业高质量发展和可持续发展的时间点上，无论是社会保障体系的广度还是深度，都为社会保障权深入人心提供了契机。同时，随着人权法治化保障迈向新高度，社会保障权的实现也从求助权力转向了行使权利。[③]

有的学者认为，社会保障权这一概念是一个“伪概念”，理由是在目前我国的任何法律中都找不出有关社会保障权的表述，也没有官方的阐释。笔者

---

① 刘翠霄．社会保障权的基本理论问题［J］．温州大学学报（社会科学版），2016，29（5）：40-49.

② 姚建宗．新兴权利论纲［J］．法制与社会发展，2010，16（2）：3-15.

③ 王景通．社会保障权在我国法语境中的新型权利属性［J］．贵州社会科学，2021（5）：74-82.

对此并不认同，从《宪法》层面来看，社会保障权的规范体系是以物质帮助权为核心，以其他规范为补充。《宪法》第 45 条明确了公民具有获得物质帮助的权利，同时规定了国家为公民能够享受到物质帮助所要履行的义务，这也被一些学者看成是我国社会保障权的根基性规定。此外，《宪法》第 44 条规定了退休制度，同时指出了“退休人员的生活受到国家和社会的保障”；第 14 条规定了“国家建立健全同经济发展水平相适应的社会保障制度”；第 33 条明确了“国家尊重和保障人权”。由此可见，《宪法》对于社会保障权的规定已成体系，不能仅仅因为没有“社会保障权”的字样就否定其存在。

从新中国成立至今，除了《宪法》，还有各领域、多层次的法律法规对公民社会保障权的具体实现和技术问题作出规定。在计划经济体制下，有 1951 年的《中华人民共和国劳动保险条例》、1955 年的《国家机关工作人员退休处理暂行办法》等；进入改革开放时期，有 1990 年的《中华人民共和国残疾人保障法》、1997 年的《国务院关于建立统一的企业职工基本养老保险制度的决定》、2010 年的《社会保险法》等；在新时代党中央把社会保障体系建设摆在更加突出的位置的背景下，2014 年的《社会救助暂行办法》、2018 年的《社会保险法》修正都契合了这一要求。

社会保障权的实现是解决发展不平衡不充分的有力武器，其运行必须依靠法治。以养老保险为例，在立法上，不仅要明确参保人、政府、用人单位等其他主体之间的权利义务关系，也要充分考虑养老保险的特殊性，如代际层面的跨越性和去劳动化等特征。① 受制于本文的主旨，立法问题在此不再赘述。社会保障是治国安邦的重要方面，让人民群众实实在在地感受到幸福感、获得感、安全感的是执法和司法层面，而公平正义是执法和司法的重要尺度，冒领、重复领取养老金的行为所造成的不仅是养老基金的流失，更破坏了养老保险制度的公平性。但是，养老保险法律关系复杂，单靠行政或司法的手段很难解决实质问题，因此“创设符合社会保险权特征的司法救济机制”便成了必然要求。② 通过检行合作机制，发挥行政机关在养老保险业务上的专业性，与司法机关的外部监督相配合，构建行之有效的养老基金监管机制，让

① 张宗良，褚福灵. 社会养老保险立法：逻辑依据、国际比较与经验启示［J］. 兰州学刊，2022（9）：80-96.

② 林嘉. 社会保险的权利救济［J］. 社会科学战线，2012（7）：175-181.

人民群众的养老钱有切实有效的保障，使人民意识到社会保障权是自己实实在在的权利。

12.2.2 倒逼养老基金监管机制改革

进入改革开放新时期后，我国的经济制度、分配制度经历了从计划经济到社会主义市场经济的转型，各种矛盾叠加；而经济发展和社会保障是水涨船高的关系，我国长期处于社会主义初级阶段和世界上最大的发展中国家的国情在短期内不会发生变化，而2035年前后我国将进入重度老龄化社会，未富先老问题突出；城乡二元壁垒依然存在，人口流动的数量和范围日益增加，平台经济蓬勃发展导致的非标准用工增加，这都为养老保险制度的发展带来新的挑战。为此，改革养老基金监管体制，守住人民的养老钱就显得尤为重要。

在“十三五”时期，养老保险基金监管取得了一定的成就，加强了第三方审计、联合检察、企业职工退休审核等多种监管方式，建立了人社、公安、民政等多部门的信息核查对比机制、警示教育机制、案件通报机制等，“政策、经办、信息、监督‘四位一体’的风险防控机制初步形成。”① 但仍存在一些问题，首先是监管范围的问题，对机关和企事业单位退休人员的养老基金监管已经日趋完善，但在城乡居民养老保险基金的监管中，由于存在政出多门、管理层次复杂等问题，监管效果并不理想；其次是机构设置的问题，对于城乡居民养老保险的监管存在机构设置不健全、工作人员专业性不强等问题，极大地影响了监管实效；最后，在养老保险基金委托投资如火如荼进行的背景下，对投资的监管体制是不能回避的一个重大课题，如准入门槛的问题，投资公司的出身主要是银行系、保险系和证券系，都有各自的监管机构，若其分别审批，就会造成准入门槛各异，为了抢占地盘，各自领域在竞争中降低准入门槛不是没有可能，这极易导致投资风险的上升，而这仅仅是养老金委托投资监管问题的一个缩影。而单独依靠行政机关主动发现问题进行改革的难度较大，有了司法力量的介入，可以从外部倒逼养老基金监管体制的改革，守护人民钱袋子的安全。

---

① 汤晓莉. 社保基金监管见实效［J］. 中国人力资源社会保障，2021（1）：24-25.

12.2.3 促进权力本位向权利本位转变

就目前而言，我国行政机关仍然占据强势地位，行政主导型的养老保险制度体系总是侧重于政策改革但法治回应不足，重大改革于法有据的原则只停留在顶层设计上，在具体的技术性操作上还是存在政策先行的现象，被动的“回应式立法”在养老保险乃至社会保险的立法上表现得较为明显。这种模式也导致了只有行政机关一个主体在养老保险领域处于主导地位，其他组织特别是行政相对人都在围绕着行政权展开活动，行政机关既是决策者又是执行者，也是处于排他地位的监督者，其自我形成了一个完整的闭环，存在权力本位问题。

从法治的角度来看，权利本位已经成为我国法理学研究的一个范式，黄文艺教授以“四个先于”① 对权利本位论作出了概括。推进人权法治化保障，在立法、执法、司法、守法全链条、全过程、全方位尊重和保障权利既是新时代中国特色社会主义法治建设的基本要求，又是习近平法治思想的重要内涵。随着新发展格局的构建，对社会主义市场经济的发展提出了更高的要求，人们的权利意识越来越强，重权力轻权利的传统不仅造成了干群关系的紧张，甚至诱发了群体事件。在养老保险领域也是如此，如失地农民养老保障、农民工养老保障等问题无不刺激着社会公众敏感的神经。

如今的养老保险已经不局限于获得物质上的帮助，更发展为满足人民群众晚年美好生活需要的保障；不仅是一项需要落实到位的宪法权利，也要凸显社会主义养老保险工作的人文关怀，这都使人们更加坚定养老保险不是向权力求来的，而是自己的权利应得。权利本位的观念体现在立法上要求强化法律的引领功能，把零散的、碎片化的法律法典化，与其他部门法在《民法典》出台之后掀起的法典化热潮不同，社会保障相关法律的法典化呼声在2001年社会法成为一个独立的法律部门后就从未停歇。而在本书重点探讨的执法和司法方面，若想从根本上解决长期以来行政机关主导型的养老保险工作导致的权力本位问题，依然要依靠外部的干预。但也有学者指出，公益诉讼体现的是司法机关的司法权，仍然是权力，这样一来人民群众面对的将是

---

① 四个先于，即权利先于功利、权利先于义务、权利先于权力、权利先于立法。

行政权与司法权的双重叠加，使权力本位更加巩固。实则不然，社会力量参与公益诉讼无论是在理论上还是实践上都已经有了成熟的实务支撑，同时检察行政公益诉讼的诉讼构造主要针对的是行政机关的不作为或者乱作为，其对立面是行政机关，而行政机关行政行为的对立面才是行政相对人，二者并不是叠加的关系，而是制约的关系。养老保险领域的公益诉讼保障是以司法权来保障权利，制约行政权在该领域的一家独大，从而促进权力本位向权利本位转变。

12.3　养老保险领域检行合作机制的构建路径

12.3.1　强化检察建议刚性约束

检察机关向行政机关发出检察建议是检察行政公益诉讼的必要诉前程序，如果行政机关采纳了检察建议，那么既解决了问题，又节约了司法资源，做到了“案结事了”①。检察建议的刚性约束是保证检行合作机制顺利进行的前提，如果检察建议没有刚性约束力，行政机关视其为没有牙齿的老虎，就只能进入诉讼程序，检行合作自然也就不存在了。

从检察建议本身来说，要加强检察建议本身的说服力。《人民检察院检察建议工作规定》赋予了检察官在发出检察建议时的调查核实权，养老保险具有极强的专业性和严谨性，且关系到社会稳定，检察官在发出检察建议时要做到事实清楚、证据确凿，充分运用调查核实权，注重现场调查，对相关负责人和当事人进行走访以获取一手资料，必要时可以聘请专业审计机构对养老保险基金运行情况进行专业审计，使检察建议精准地命中问题要害，增强行政机关的可接受性。但检察建议毕竟属于非强制力的诉前程序，检察机关不能为了片面追求检行合作而完全依靠检察建议发挥作用。对于具有拒不执行检察建议、超期不回复等行为的行政机关，检察机关应立即起诉，维护养老基金安全。

除了检察建议本身应该具有说服力，也应当对检察建议设置科学、合理

① 胡卫列，迟晓燕．从试点情况看行政公益诉讼诉前程序［J］．国家检察官学院学报，2017，25（2）：30-48，170-171．

的考核评价机制，防止检察建议的功能虚化。传统人民检察院的考核激励机制主要是以胜诉率为标准，这也符合检察机关的职责定位。但随着检察行政公益诉讼数量的激增，在诉前程序和诉讼程序受到同等重视的背景下，“检察建议在公益案件的行政检察监督中扮演着‘急先锋’和‘主力军’的双重角色”①，检察建议发挥作用就意味着这个案件没有进入诉讼程序就终结了，此时再用胜诉率来评价显然是不合时宜的。从考核主体上看，笔者认为应当建立检察机关考核的一元考核体制，即在养老保险领域公益诉讼检察建议的考核评价中，只能由检察机关进行内部考核，原因有二：其一，行政机关是检察建议的对象，检察建议是否精准有效、是否真正抓住了问题所在，行政机关确实最有发言权，但如果让行政机关来评价检察建议，那么受制于评价结果，很有可能会产生“好人主义”的现象，最终的结果很可能是检察建议发出—行政机关“积极整改”—公益诉讼终结—检察建议受到高度评价，但问题不但没有解决，还把进入诉讼程序的渠道封堵了。其二，前文提到，养老保险基金流失案件既与每个人有关，又与每个人不直接相关，有的学者提出让群众来评价，但群众从何而来？因此，检察机关内部考核评价符合养老保险领域公益诉讼案件的特殊性。从考核指标上看，应当以检察建议的执行率为考核指标，杜绝数量考核，但为了防止检察官追求检察建议结案以提升执行率，对于诉讼结案的案件，应当由检察委员会、检察长和检察机关内部的法律政策研究部门对检察建议的质量进行审查，如果检察建议事实清楚、证据确凿，并能够与诉讼程序高度衔接，那么仍应当列入执行率的考察范畴。

12.3.2 提升检行协同工作效能

不同于西方的三权分立，我国的检察权和行政权并不是相互掣肘、相互扯皮的关系，因此检察权和行政权的合作不应当被视作行政公益诉讼的倒退，反而应当看作一种进步：行政公益诉讼不是为了诉而诉，而是坚持问题导向，以解决问题为目的。检行合作若想行之有效，就要提升检行协同工作效能，建立检行互联机制和检行信息共享机制。

首先是检行互联机制。养老保险领域的行政执法具有复杂性和专业性，

① 郑雅方. 中国特色检行协作型行政公益诉讼模式研究［J］. 经贸法律评论，2022（2）：128-144.

由于业务功能的限制，检察机关在平时并不储备专门人才，检察官可能对公益诉讼的程序了如指掌，对行政执法的程序却知之甚少。为了解决这一问题，可以会同当地人社部门对检察官进行专门的培训，使其熟悉养老保险业务流程，必要时可以直接组建专门负责该领域的检察官队伍进驻人社行政部门、社保经办机构、社保服务机构进行交流学习，这也有助于提升检察建议的说服力和专业度，否则有外行干预内行之嫌。相反地，人民检察院作为法律监督机关，对行政执法的法律问题理解得更为透彻，对养老保险基金流失防范的法律意识更为强烈，而行政机关主要的工作依据是政策，法律意识相对薄弱，双方应相互交流、优势互补，共同守护养老基金安全。

其次是检行信息共享机制。行政机关处于行政执法的第一线，其掌握着第一手资料，对可能存在或已经存在的风险比检察机关了解得更为深入，在养老保险领域也是如此。尽管可能存在部门利益的牵制，但从维护养老保险基金安全的全局出发，行政机关应当主动与检察机关共享案件线索、风险苗头，主动接受监督；检察机关收到共享信息后，应在检察系统内部再次进行共享，举一反三，将养老保险基金的不安全因素扼杀在苗头处。同时，检察机关也应当向行政机关提供类案分析、违法风险点和有关法律规范的最新动态，帮助行政机关规范工作流程，填补工作漏洞。

12.3.3　优化涉案信息公开制度

检行合作的核心是检察建议，但检察建议采取的是送达机制，《人民检察院检察建议工作规定》也没有对检察建议的公开作出规定，同时又对其送达程序有着严格的限制①，基本上从制度上否定了检察建议公开的可能性，但检察建议不公开并不意味着案件信息不公开。最高人民检察院在2021年印发了

---

① 《人民检察院检察建议工作规定》第18条　检察建议书应当以人民检察院的名义送达有关单位。送达检察建议书，可以书面送达，也可以现场宣告送达。宣告送达检察建议书应当商被建议单位同意，可以在人民检察院、被建议单位或者其他适宜场所进行，由检察官向被建议单位负责人当面宣读检察建议书并进行示证、说理，听取被建议单位负责人意见。必要时，可以邀请人大代表、政协委员或者特约检察员、人民监督员等第三方人员参加。

第20条　涉及事项社会影响大、群众关注度高、违法情形具有典型性、所涉问题应当引起有关部门重视的检察建议书，可以抄送同级党委、人大、政府、纪检监察机关或者被建议单位的上级机关、行政主管部门以及行业自律组织等。

《人民检察院案件信息公开工作规定》，在“业务数据发布”章节，明确对于检察机关的主要办案数据、对社会具有警示意义的数据信息等能够集中反映检察机关工作情况的内容要通过多种渠道和方式主动向社会发布；在其他章节也新增了向社会公开具有示范引领效果的、促进社会治理的相关案件的规定；同时，实现了对“四大检察”办案情况主动向社会公开的全覆盖。而养老保险领域的案件属于“具有示范引领效果的、促进社会治理的相关案件”的范围，因此案件信息的公开具有制度依据。

在公开内容方面，《人民检察院案件信息公开工作规定》在第五章详细地规定了法律文书的公开范围，检察建议书不在其列，因此检察建议书不得公开。但对于案件的基本情况，笔者认为应当属于公开之列，除了案件的基本情况，还应当重点就行政机关的整改落实情况进行公开。检察建议发出后，检察机关并不能强制行政机关整改落实，但可以引入社会监督力量来督促其落实，对于敏感的养老保险问题更是如此。

在公开禁止方面，可以参考《中华人民共和国政府信息公开条例》设置公开禁区：第一，涉及国家秘密，威胁国家安全、公共安全、经济安全和社会稳定的不得公开；第二，涉及第三方权益的，如个人隐私、商业秘密等不得公开，但取得当事人同意的或不公开会对社会利益造成严重影响的除外；第三，对案件结果无实质影响的内部信息和过程性信息可以不予公开，法律法规规章另有规定的，从其规定。同时，《人民检察院案件信息公开工作规定》设置了隐名处理标准，公开案件信息时应当严格遵守该标准，切实防止给他人带来负面影响。

检察行政公益诉讼具有纠正行政违法行为、维护国家法治统一的功能，没有行政机关依法行政，就没有法治中国的建成，因此，检察行政公益诉讼在建设法治中国的征程中任重道远。发展多层次、多支柱的养老保险体系，推动社会福利事业可持续发展，是解决发展不平衡不充分问题的重要途径，是满足人民对于美好生活向往的制度安排，养老保险基金是群众的“养老钱”“救命钱”，通过检行合作机制拓展养老保险领域检察行政公益诉讼的路径，守护养老保险基金安全。

参考文献

一、著作类

［1］金观涛，刘青峰．观念史研究［M］．北京：法律出版社，2009.

［2］颜运秋．公益诉讼法律制度研究［M］．北京：法律出版社，2008.

［3］胡锦光，韩大元．中国宪法［M］．4 版．北京：法律出版社，2018.

［4］谭世贵．中国司法改革研究［M］．北京：法律出版社，2000.

［5］王利明．司法改革研究［M］．北京：法律出版社，2001.

［6］王名扬．法国行政法［M］．北京：中国政法大学出版社，1988.

［7］颜运秋．公益诉讼理念研究［M］．北京：中国检察出版社，2002.

［8］邓思清．检察权研究［M］．北京：北京大学出版社，2007.

［9］杜万华．最高人民法院消费民事公益诉讼司法解释理解与适用［M］．北京：人民法院出版社，2016.

［10］傅国云．行政检察监督研究：从历史变迁到制度架构［M］．北京：法律出版社，2014.

［11］胡建淼．行政诉讼法学［M］．北京：法律出版社，2019.

［12］段明学．检察改革论略［M］．北京：中国检察出版社，2016.

［13］黄学贤，王太高．行政公益诉讼研究［M］．北京：中国政法大学出版社，2008.

［14］贺海仁．公益诉讼的新发展［M］．北京：中国社会科学出版社，2008.

［15］何海波．行政诉讼法［M］．北京．法律出版社，2016.

[16] 龙宗智. 论检察 [M]. 北京：中国检察出版社，2013.
[17] 苏力. 法治及其本土资源 [M]. 北京：中国政法大学出版社，2004.
[18] 甄贞. 法律监督原论 [M]. 北京：法律出版社，2007.

二、学位论文类

[1] 马明生. 行政公益诉讼制度研究 [D]. 北京：中国政法大学，2008.
[2] 汪骏良. 行政公益诉讼诉前程序研究 [D]. 上海：上海财经大学，2020.
[3] 唐震. 检察机关参与行政公益诉讼的理论与实践问题研究 [D]. 长春：吉林大学，2018.
[4] 冉胡君. 行政公益诉讼案件范围拓展的实践困境与优化路径 [D]. 重庆：重庆工商大学，2023.
[5] 卜艺璇. 行政公益诉讼受案范围拓展研究 [D]. 南宁：广西师范大学，2023.
[6] 马习文. 行政公益诉讼受案范围比较研究 [D]. 郑州：郑州大学，2022.
[7] 杨柳. 行政公益诉讼受案范围拓展研究 [D]. 郑州：河南大学，2022.
[8] 沈浩东. 行政公益诉讼受案范围拓展研究 [D]. 扬州：扬州大学，2022.
[9] 彭芳芳. 行政公益诉讼诉前程序的检视与完善 [D]. 南昌：南昌大学，2022.
[10] 陶冶. 行政公益诉讼诉前程序审查标准研究 [D]. 济南：山东大学，2022.
[11] 寇增娇. 行政公益诉讼诉前程序问题研究 [D]. 大连：大连海事大学，2022.
[12] 黄伟. 检察行政公益诉讼举证责任研究 [D]. 济南：山东大学，2022.
[13] 蒋先金. 行政公益诉讼第三人制度研究 [D]. 湘潭：湘潭大学，2021.
[14] 宁婷. 行政公益诉讼第三人制度研究 [D]. 湘潭：湘潭大学，2021.
[15] 刘杰伟. 行政公益诉讼的起诉期限研究 [D]. 上海：上海师范大学，2020.

[16] 杨强强. 行政公益诉讼起诉期限研究 [D]. 海口：海南大学，2020.
[17] 赵美丽. 行政诉讼起诉期限问题研究 [D]. 呼和浩特：内蒙古大学，2022.
[18] 闫慧敏. 行政公益诉讼判决类型研究 [D]. 石河子：石河子大学，2022.
[19] 曲政霖. 预防性行政公益诉讼制度研究 [D]. 长春：辽宁大学，2022.
[20] 李妍秋. 预防性行政公益诉讼制度研究 [D]. 秦皇岛：燕山大学，2022.
[21] 毕雅辉. 个人信息保护检察行政公益诉讼制度研究 [D]. 上海：上海财经大学，2022.
[22] 张超. 税务行政公益诉讼制度研究 [D]. 石家庄：河北经贸大学，2022.
[23] 蒋茜. 论行政公益诉讼 [D]. 成都：四川大学，2004.
[24] 黎鹂. 行政公益诉讼研究 [D]. 北京：华北电力大学，2010.
[25] 徐娟娟. 文化遗产保护适用行政公益诉讼制度研究 [D]. 贵阳：贵州财经大学，2022.
[26] 张云鸽. 行政公益诉讼履行判决适用研究 [D]. 合肥：安徽大学，2022.
[27] 肖显显. 习近平生态文明思想研究 [D]. 青岛：中共山东省委党校，2022.
[28] 盛思媛. 习近平关于生态文明法治建设重要论述的研究 [D]. 杭州：浙江财经大学，2023.
[29] 张梦. 教育领域行政公益诉讼的必要性和可行性研究 [D]. 北京：北方工业大学，2021.
[30] 文敏. 义务教育公益诉讼制度研究 [D]. 重庆：西南大学，2020.
[31] 周娓芳. 检察机关提起税务行政公益诉讼制度研究 [D]. 武汉：中南财经政法大学，2022.

三、期刊类

[1] 林莉红. 检察机关提起民事公益诉讼之制度空间再探：兼与行政公益诉

讼范围比较［J］. 行政法学研究，2022（2）：77-92.
［2］马怀德. 法治政府建设存在的问题与主要任务［J］. 理论学习与探索，2021（6）：10-15.
［3］王青斌. 行政复议不作为的法律治理［J］. 现代法学，2020，42（3）：58-70.
［4］丁志刚，蒋月锋. 现代政府治理视域下的行政不作为及其治理［J］. 西南民族大学学报（人文社科版），2017，38（1）：205-211.
［5］张琦. 检察行政公益诉讼案件范围拓展的现状、问题及进路［J］. 新疆大学学报（哲学社会科学版），2022，50（3）：27-35.
［6］王春业. 论行政公益诉讼对公益保护的创新与制度再完善［J］. 浙江社会科学，2022（10）：56-63，156-157.
［7］王锡锌，彭錞. 个人信息保护法律体系的宪法基础［J］. 清华法学，2021，15（3）：6-24.
［8］崔德旗. 我国弱势群体权益保护的宪法规制：基于比较宪法视角之分析［J］. 西部学刊，2019（4）：39-44.
［9］温辉. 行政公益诉讼“等外”刍议［J］. 河北法学，2020，38（9）：101-112.
［10］王春业，王娟. 行政公益诉讼范围的“等外”解读［J］. 浙江学刊，2019（6）：97-103.
［11］关保英. 行政公益诉讼受案范围类型化的缺陷及理性回归［J］. 江淮论坛，2022（4）：117-125，131.
［12］胡卫列，迟晓燕. 从试点情况看行政公益诉讼诉前程序［J］. 国家检察官学院学报，2017，25（2）：30-48，170-171.
［13］陈冬，李岩峰. 国家治理视野下检察行政公益诉讼诉前程序功能省思：以环境公共利益救济为例［J］. 财经理论与实践，2023，44（3）：140-147.
［14］沈开举，邢昕. 检察机关提起行政公益诉讼诉前程序实证研究［J］. 行政法学研究，2017（5）：39-51.
［15］胡婧，朱福惠. 论行政公益诉讼诉前程序之优化［J］. 浙江学刊，2020（2）：117-126.

[16] 魏竞成，肖兰芳，王诚英．优化行政公益诉讼诉前程序［J］．人民检察，2020（21）：73-74.

[17] 秦天宝，杨茹凯．系统论视角下检察权与行政权良性互动的实现：以行政公益诉讼诉前程序为场域［J］．学术研究，2023（6）：60-67，177.

[18] 关保英．检察机关在行政公益诉讼中应享有取证权［J］．法学，2020（1）：108-123.

[19] 盛琦雯．论我国行政公益诉讼诉前程序的制度完善［J］．河南财经政法大学学报，2023，38（2）：47-58.

[20] 章剑生．论行政公益诉讼的证明责任及其分配［J］．浙江社会科学，2020（1）：52-58，66，157.

[21] 张硕．论行政公益诉讼证明标准［J］．哈尔滨工业大学学报（社会科学版），2018，20（4）：42-48.

[22] 胡婧．行政公益诉讼领域检察调查核实权之理论证成与体系化建构［J］．甘肃政法学院学报，2020（4）：144-156.

[23] 高志宏．行政公益诉讼制度优化的三个转向［J］．政法论丛，2022（1）：127-138.

[24] 练育强．行政公益诉讼第三人制度的实证反思与理论建构［J］．行政法学研究，2019（4）：67-85.

[25] 张颖杰，文贵元．我国行政公益诉讼第三人制度之探讨［J］．湖北文理学院学报，2019，40（9）：48-52.

[26] 周桂党，张宇思．行政公益诉讼第三人范围之厘定［J］．黄河科技学院学报，2023，25（4）：69-77.

[27] 施立栋．论行政公益诉讼的起诉期限［J］．浙江社会科学，2020（1）：77-85，158.

[28] 魏佳乐．1487份司法实务样本下行政公益诉讼起诉期限问题研究［J］．现代商贸工业，2022，43（18）：200-201.

[29] 兰积成，张源．行政公益诉讼起诉期限的完善路径［J］．中国检察官，2020（4）：50-53.

[30] 张艳歌．行政公益诉讼的起诉期限问题刍议［J］．中国检察官，2017（15）：66-69.

[31] 梁春艳，冯丽燕．行政公益诉讼起诉期限的设置及适用问题研究［J］．广西政法管理干部学院学报，2022，37（2）：98-105.
[32] 张昊天．行政公益诉讼起诉期限问题研究［J］．清华法学，2021，15（3）：114-126.
[33] 刘娟，赵智风．环境行政公益诉讼判决方式的检视［J］．华北理工大学学报（社会科学版），2022，22（6）：14-20.
[34] 夏云娇，尚将．环境行政公益诉讼判决方式的检视及其完善［J］．南京工业大学学报（社会科学版），2021，20（3）：29-41，109.
[35] 唐绍均．环境行政公益诉讼判决中确认违法与履行职责的并用及其矫正［J］．行政法学研究，2023（5）：97-108.
[36] 侯曼曼，周骁然．论环境行政公益诉讼确认违法判决的适用规则：基于《行政诉讼法》第74条的体系解释［J］．东北农业大学学报（社会科学版），2020，18（1）：52-59.
[37] 李南．论行政公益诉讼判决类型的特殊化［J］．湖南警察学院学报，2020，32（5）：44-51.
[38] 张彬，许婵．我国行政公益诉讼胜诉判决检视［J］．太原理工大学学报（社会科学版），2022，40（3）：1-6.
[39] 王春业．独立行政公益诉讼法律规范体系之构建［J］．中外法学，2022，34（1）：165-182.
[40] 马煜，曾彩琳．风险视域下预防性环境公益诉讼制度理路［J］．合肥工业大学学报（社会科学版），2023，37（2）：126-134.
[41] 李丹．国家治理体系中预防性环境公益诉讼的规范构造［J］．法学评论，2023，41（2）：177-186.
[42] 李庆保．论环境公益诉讼的起诉期限［J］．中国政法大学学报，2020（2）：29-38，206.
[43] 刘珏，陈洪兵．我国环境检察预防性机制建构的价值与路径［J］．行政与法，2022（1）：99-106.
[44] 梁鸿飞．预防型行政公益诉讼：迈向“过程性规制”的行政法律监督［J］．华中科技大学学报（社会科学版），2020，34（4）：85-94.
[45] 张百灵．预防性环境行政公益诉讼的理论基础与制度展开［J］．行政法

学研究，2021（6）：56-67.

[46] 蒋红珍. 个人信息保护的行政公益诉讼［J］. 上海交通大学学报（哲学社会科版），2022，30（5）：28-38.

[47] 尹少成，王海. 个人信息保护行政公益诉讼制度的逻辑生成与制度建构［J］. 经贸法律评论，2022（6）：54-69.

[48] 陈奇伟，聂琳峰. 个人信息公益诉讼：生成机理、适用困境与路径优化 基于203份裁判文书的实证分析［J］. 南昌大学学报（人文社会科学版），2022，53（3）：54-63.

[49] 邱阳. 财税行政公益诉讼面临的困境及优化建议：以兰州税务局公益诉讼案为例［J］. 企业改革与管理，2022（1）：59-61.

[50] 王广辉，苗晓阳. 个人数据权保护宪法分析：国际比较与中国进路［J］. 河南社会科学，2023，31（5）：38-47.

[51] 王锡锌. 个人信息权益的三层构造及保护机制［J］. 现代法学，2021，43（5）：105-123.

[52] 孙其华. 涉税行政公益诉讼制度的实践困境与完善路径［J］. 黑龙江社会科学，2021（5）：59-65.

[53] 范卫国. 税收行政公益诉讼的理论困境与制度突围［J］. 新疆社会科学，2020（6）：70-76.

[54] 吴家文. 检察行政公益诉讼：理论基础、实践考察和制度完善 基于比较法视野下的思考［J］. 南海法学，2018，2（2）：78-90.

[55] 余凌云. 检察行政公益诉讼的理论构造［J］. 行政法学研究，2023（5）：79-96.

[56] 高家伟. 检察行政公益诉讼的理论基础［J］. 国家检察官学院学报，2017，25（2）：19-29，170.

[57] 林孝文，杜烽. 我国行政公益诉讼理论的“三维度”反思：国家治理现代化视野［J］. 重庆理工大学学报（社会科学），2021，35（2）：103-112.

[58] 朱汉卿. 行政公益诉讼的理论基础［J］. 江汉大学学报（社会科学版），2009，26（1）：61-64.

[59] 张华. 行政公益诉讼之理论基础定位及价值［J］. 黑龙江省政法管理干

部学院学报，2010（11）：19-21.
[60] 何伦凤，曾睿. 风险管理视角下预防性环境民事公益诉讼重大风险认定的审视［J］. 行政与法，2022（10）：79-91.
[61] 文军. 回到“不确定性”：社会风险研究的范式反变［J］. 浙江学刊，2023（3）：103-113.
[62] 王玎. 检察机关提起行政公益诉讼的举证责任［J］. 行政与法，2017（10）：91-98.
[63] 郇庆治. 论习近平生态文明思想的制度维度［J］. 行政论坛，2023，30（4）：5-14.
[64] 李大勇. 论行政公益诉讼“不依法履职”的评判标准［J］. 行政法学研究，2023（3）：50-61.
[65] 王春业. 论行政公益诉讼诉前程序的改革：以适度司法化为导向［J］. 当代法学，2020，34（1）：89-97.
[66] 汪骏良. 论行政公益诉讼中的“公益”识别标准［J］. 河南财经政法大学学报，2022，37（1）：20-29.
[67] 韩康宁，冷罗生. 论预防性环境民事公益诉讼中“重大风险”的司法认定［J］. 中国人口·资源与环境，2023，33（7）：202-212.
[68] 李国和. 失衡与自觉：风险社会的理论溯源与现实诉求［J］. 甘肃社会科学，2023（4）：168-177.
[69] 林莉红. 台湾地区行政公益诉讼的立法与实践：以“美丽湾案”为切入点［J］. 武汉大学学报（哲学社会科学版），2016，69（2）：98-106.
[70] 涂玄. 我国行政公益诉讼判决制度研究述评与展望［J］. 河北科技师范学院学报（社会科学版），2023，22（2）：75-82.
[71] 万冬冬. 习近平生态文明思想的逻辑内涵、理论品格及时代价值［J］. 理论导刊，2023（8）：4-8.
[72] 崔卓兰. 行政自制理论的再探讨［J］. 当代法学，2014，28（1）：3-11.
[73] 刘本荣. 行政公益诉讼中“不依法履行职责”认定的实质回归及其展开［J］. 行政法学研究，2023（3）：62-74.

[74] 张旭勇. 论行政公益诉讼中“不依法履行职责”要件的性质［J］. 经贸法律评论，2022（6）：20-32.

[75] 谭倩. 中国式现代化的生态文明向度：科学理据、价值蕴含及其话语构建［J］. 南京社会科学，2023（7）：46-54，77.

[76] 应松年. 行政公益诉讼试点亟待解决的几个问题［J］. 人民论坛，2015（24）：64-65.

[77] 黄文艺. 论深化司法体制综合配套改革［J］. 社会科学文摘，2023（3）：109-111.

[78] 黄文艺，赵世奇. 论中华法治文明新形态［J］. 吉林大学社会科学学报，2023，63（1）：5-23，235.

[79] 黄文艺. 推进中国式法治现代化 构建人类法治文明新形态：对党的二十大报告的法治要义阐释［J］. 中国法学，2022（6）：5-26.

[80] 张文显. 中国式国家治理新形态［J］. 治理研究，2023，39（1）：4-27，157.

[81] 陈娥. 非物质文化遗产的公益诉讼保护［J］. 理论观察，2013（3）：82-83.

[82] 严永和，妥学进. 论我国非物质文化遗产公益诉讼制度的构建［J］. 文化遗产，2021（4）：37-48.

[83] 田艳. 非物质文化遗产代表性传承人认定制度探究［J］. 政法论坛，2013，31（4）：81-90.

[84] 王立军，刘云升. 非物质文化遗产地方立法缺陷之检讨［J］. 河北法学，2016，34（9）：145-153.

[85] 杨明. 非物质文化遗产保护的现实处境与对策研究［J］. 法律科学（西北政法大学学报），2015，33（5）：135-147.

[86] 高永久，朱军. 城市化进程中少数民族非物质文化遗产的法律保护研究［J］. 西北民族大学学报（哲学社会科学版），2007（6）：46-53.

[87] 李卫国. 教育公益诉讼的法理解析与制度完善［J］. 广西社会科学，2022（2）：12-20.

[88] 张睿哲，王梦飞. 教育行政公益诉讼探析［J］. 华北理工大学学报（社会科学版），2021，21（3）：11-16.

[89] 崔玲玲. 教育公益诉讼：受教育权司法保护的新途径 [J]. 东方法学，2019 (4)：138-149.

[90] 李军，娜迪拉. 教育民事公益诉讼相关问题研究：以新疆为视角 [J]. 社会科学研究，2017 (2)：80-84.

[91] 方颉琳，冯庆俊. 通往行政公益诉讼诉前程序实质化之路：以检察机关和行政机关良性互动为视角 [J]. 行政与法，2022 (7)：98-105.

[92] 王春业. 论行政公益诉讼举证责任分配规则 [J]. 江汉大学学报（社会科学版），2022，39 (3)：5-18，124.

[93] 张琦. 检察行政公益诉讼案件范围拓展的现状、问题及进路 [J]. 新疆大学学报（哲学社会科学版），2022，50 (3)：27-35.

[94] 王冠星. 公益诉讼检察"等"外领域问题初探 [J]. 黑龙江省政法管理干部学院学报，2022 (3)：107-111.

[95] 颜运秋. 习近平法治思想中有关公益诉讼的重要论述及其展开 [J]. 中国政法大学学报，2022 (1)：5-25.

[96] 赵德金，张源. 行政公益诉讼诉前程序司法化改良 [J]. 社科纵横，2021，36 (5)：140-149.

[97] 龙浩. 未成年人检察公益诉讼问题实证研究：以 A 省检察机关 2020 年的 100 起案件为样本 [J]. 少年儿童研究，2022 (4)：57-65.

[98] 程镜戎. 行政公益诉讼的受案范围 [J]. 西部学刊，2022 (6)：126-129.

[99] 王福华. 公益诉讼的法理基础 [J]. 法制与社会发展，2022，28 (2)：59-81.

[100] 郑雅方. 中国特色检行协作型行政公益诉讼模式研究 [J]. 经贸法律评论，2022 (2)：128-144.

[101] 黄亚宇. 引入教育公益诉讼保障公民受教育权的思考 [J]. 兰州教育学院学报，2018，34 (11)：155-157.

[102] 范履冰. 我国教育公益诉讼制度的建构探析 [J]. 现代法学，2008 (5)：159-166.

[103] 何菊玲. 教育正义：对教育合法性的价值判断 [J]. 教育研究，2020，41 (11)：36-45.

[104] 梁鸿飞. 检察公益诉讼：逻辑、意义、缺漏及改良 [J]. 安徽师范大学学报（人文社会科学版），2019，47（3）：126-134.

[105] 许程姝，邬志辉. 城乡义务教育一体化视阈下的教育治理研究：来自“成都经验”的制度分析模型 [J]. 广西社会科学，2020（1）：165-171.

[106] 杨复卫. 新中国养老保险法治建设70年：变革、成就与启示 [J]. 现代经济探讨，2020（2）：93-103.

[107] 刘翠霄. 社会保障权的基本理论问题 [J]. 温州大学学报（社会科学版），2016，29（5）：40-49.

[108] 姚建宗. 新兴权利论纲 [J]. 法制与社会发展，2010，16（2）：3-15.

[109] 王景通. 社会保障权在我国法语境中的新型权利属性 [J]. 贵州社会科学，2021（5）：74-82.

[110] 张宗良，褚福灵. 社会养老保险立法：逻辑依据、国际比较与经验启示 [J]. 兰州学刊，2022（9）：80-96.

[111] 林嘉. 社会保险的权利救济 [J]. 社会科学战线，2012（7）：175-181.

[112] 汤晓莉. 社保基金监管见实效 [J]. 中国人力资源社会保障，2021（1）：24-25.

[113] 郑雅方. 中国特色检行协作型行政公益诉讼模式研究 [J]. 经贸法律评论，2022（2）：128-144.

[114] 黄永维，郭修江. 司法谦抑原则在行政诉讼中的适用 [J]. 法律适用，2021（2）：68-75.

[115] 李洪雷. 检察机关提起行政公益诉讼的法治化路径 [J]. 行政法学研究，2017（5）：52-62.

[116] 韩耀元. 准确把握诉前程序基本特征 科学构筑诉前程序工作机制 [J]. 人民检察，2015，（14）：43.

[117] 程琥. 行政诉讼繁简分流程序构造 [J]. 人民法治，2016（10）：13-16.

[118] 刘建新. 论检察环境公益诉讼的职能定位及程序优化 [J]. 中国地质大学学报（社会科学版），2021，21（4）：28-40.

[119] 刘艳珍，刘海娇．行政公益诉讼诉前检察建议的优化路径［J］．华北水利水电大学学报（社会科学版），2023，39（4）：90–97.
[120] 江必新，蒋清华．习近平法治思想对宪法理论和实践的发展创新［J］．法学评论，2021，39（2）：1–14.
[121] 龙耀．论教育行政权力的边界：基于中国教育行政化问题的研究［J］．教育学术月刊，2011（6）：3–6.
[122] 赵晓梦．为孩子的明天起诉：学校状告5名学生家长违反《义务教育法》的前前后后［J］．法律与生活，1997（11）：9–12.
[123] 常光玮．公益诉讼在路上：近年来我国公益诉讼研究状况综述［J］．法律文献信息与研究，2007（1）：1–4.